イラスト図解
オールカラー

ビジネス力がUP↗する

整理術のきほん

JN248065

新星出版社

はじめに

30分後に使う資料がどうしても出てこない↓再度作るはめになる↓急いで作ったゆえに不備があり仕事がうまくいかず、上司に叱責される……。そんな覚えはありませんか？　そういう人は皆、あきらめたように、

「自分には整理の才能がない。整理がうまくいくはずがない」

と言います。でも本当にそうでしょうか？　整理をする才能とは特別なものなのでしょうか？

実は“整理”に才能なんてありません。整理とは毎日毎日、仕事をしていく中でちょっとしたことを心がけ、習慣づけるだけのことなのです。

たとえば、あなたはひとつの仕事が終わったら次の仕事に入る前に、ざっと机の上を片づけていますか？

3年前に終わった仕事の書類で、ここ2年はまったく

見ていないものが机の引き出しに入っていませんか？本体は捨ててしまった昔のパソコンの説明書を後生大事に持っていませんか？

ひとつでも当てはまったなら整理がうまくいかなくて当たり前です。

本書に難しい整理方法はひとつもありません。ファイルや手帳のメーカーの方などに取材し、リアルなプロのアドバイスを元に、基本的なのに目からウロコなちょっとしたテクニックをいろいろと紹介しています。

「整理するのはめんどうだ」

「忙しくて整理をしている暇がない」

「あまりにもごちゃごちゃでどこから手をつけたらよいか皆目見当がつかない」

そんな方にこそ、整理上手になれるコツが詰まっている本書をおすすめします。ぜひ、実践してみてください。

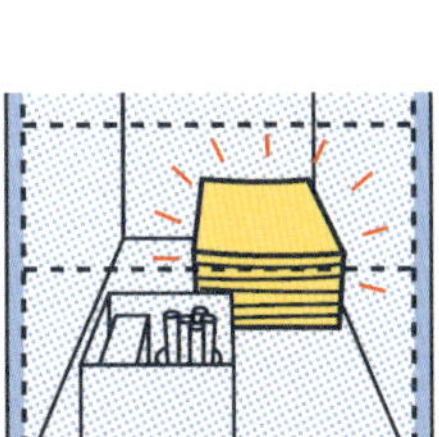

目次

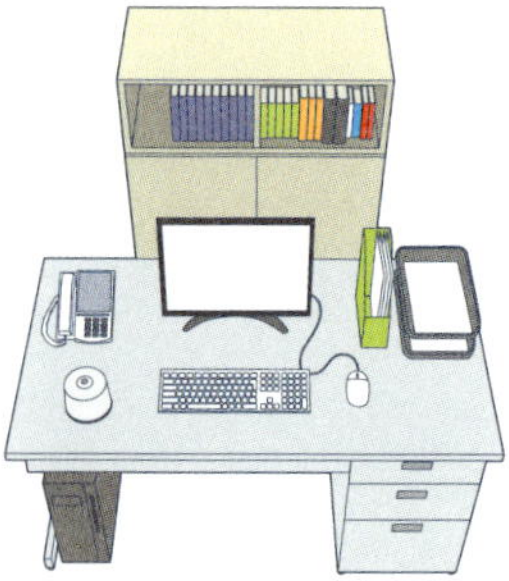

目次

目次

第5章 手帳の整理術

目次

第6章 ノート&メモの整理術

第7章 パソコンの整理術

第8章 思考の整理術

コラム 達人の整理術

STAFF
写真撮影：大内光弘
イラスト：内山弘隆、桔川伸
デザイン：仲デザイン事務所（仲一彌、美崎麻裕子）
編集・制作：バブーン株式会社（矢作美和）

第1章
整理上手になる

あなたの整理指数は何パーセント？

整理指数チェックリスト

まずは以下の質問に答えてみてください！

		YES	どちらでもない	NO
1	机の上は基本的にいつも片づいている			
2	終わった仕事の資料の整理をすぐやるほうだ			
3	仕事の段取りはよいほうだと思う			
4	Todoリストを毎日かならず作っている			
5	パソコンのデスクトップは1列しかフォルダが並んでいない			
6	メールの受信トレイはいつもすっきりしている			
7	ものを捨てるのは得意なほうだと思う			
8	領収書で財布がパンパンなんてありえない			
9	引き出しの中に何が入っているか把握している			
10	書類を入れたファイルには名前をつけている			
11	貴重品など、ものをしまう場所はほとんどすべて決まっている			
12	仕事で必要なものをなくすなんて信じられない			
13	資料の整理はこまめにするほうだ			

		YES	どちらでもない	NO
14	いつもノートを持ち歩いている			
15	手帳にアポイントメント以外のスケジュールも書いている			
16	だいたいの年間スケジュールを作っている			
17	理路整然としゃべることができるほうだ			
18	はっきり言って自分は片づけ上手だと思う			
19	誰のものかわからない名刺はひとつもない			
20	万が一必要かもと思って取っておくということはない			

YESを3点、どちらでもないを2点、NOを1点で計算！

50～60点のあなたは…

整理指数 100パーセント

不要なものを捨てたり、ものを定位置にしまったりといった、整理の基本ができているタイプ。このままの生活スタイルを保ちながら、より整理上手になれるよう、細かいテクニックを身につけていこう。

40～49点のあなたは…

整理指数 70パーセント

ある程度は整理できているけれど、細部に詰めの甘さが残るタイプ。捨てるサイクルを作ったり、ファイリングの基本を身につけたりと、ちょっとしたことに気をつかえばより整理上手になれる可能性大。

30～39点のあなたは…

整理指数 50パーセント

どちらかというと整理は苦手だと思っているタイプ。整理しているつもりなのに、使い勝手が悪かったり、効率的に仕事が進まなかったり。整理を習慣づけていくことで、仕事の能率はぐんとアップ！

20～29点のあなたは…

整理指数 20パーセント

大掃除が終わると「今年こそきちんと整理しよう」と思うのに、いつの間にかぐちゃぐちゃになってしまうタイプ。はっきり言ってあなたはかなりの整理下手。まず、いらないものを捨てることから始めよう！

整理上手になる 2

整理の基本は①戻す、②分ける、③捨てる

❶ 使ったら戻す

どんなにきれいに片づけても、使ったものをそのままにしていると、あっという間にぐちゃぐちゃになってしまいます。整理したいならやりっぱなし、出しっぱなしは厳禁です。

コレができないと

➡ 使ってすぐに戻せば少しの労力で済むが、ためると大変なことに…。

❷ 雑多なものを分ける

さまざまなものを所定の場所にきっちり分けてしまうことで、整理はぐんとしやすくなります。何がどこにあるかを把握するためにも、分ける作業は必要です。

コレができないと

➡ 取り出したいときに、何がどこにあるかわからず時間がかかる…。

❸ いらないものを捨てる

管理できるものの量には限界があります。いらないものに囲まれていたら、本当に必要なものを見失ってしまいます。いらないものはどんどん捨てるしくみを作りましょう。

コレができないと

➡ ゴミの中に必要なものが隠れてごちゃごちゃになり、能率が低下する…。

整理上手になる 3 カンタン整理のための5つのしくみ

しくみ1 定位置を決める

どこに何をしまうかが決まっていないと、当たり前ですが、ものが迷子状態になりがちです。どこに何があるかがわからないようでは、整理できているとはいえません。きちんと片づけたいなら、ものひとつひとつの定位置を決めましょう。

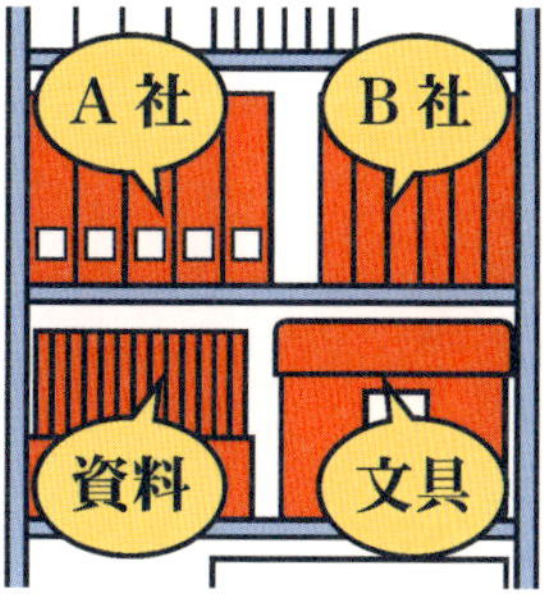

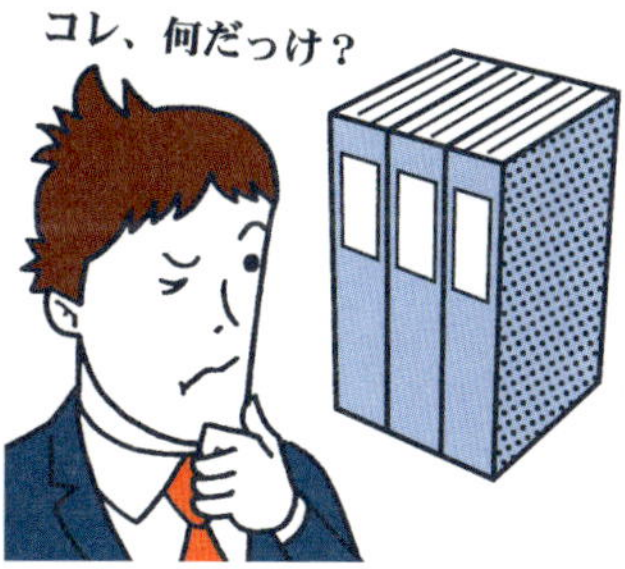

しくみ2 ひと目でわかる

クリアファイルやファイルボックスが整然と置かれていても、その中に何が入っているか、ひと目でわからないようでは、使い勝手がよいとはいえません。それが何なのかひと目でわかる工夫をしましょう。

しくみ3 すぐ取り出せる

何かを動かさないと取り出せない、誰かに手伝ってもらわないといけない…。そんなしまい方をしてはいけません。機能的かつ、取り出しやすい形で収納するのは基本中の基本です。

しくみ4 使用頻度に合わせる

よく使うものが棚の奥にあるのに、めったに使わない文具が、なぜか机の上に置かれている…。これは使いやすい配置ではありません。使用頻度の高いものほど、自分の近くに置くようにしましょう。

しくみ5 しまいこまない

どんなに有益な資料でも、棚の奥で眠っていて、存在自体を忘れているようでは、何の役にも立ちません。しまい込んで忘れるぐらいなら、捨てたほうがまし。しまった情報は活用できないのです。

整理上手になる 4
整理の達人のタイムスケジュール

整理する習慣を日常化するのがコツ

整理は年に一度大掛かりにやればよいというものではありません。出社したらさっと片づける、郵便物が届いたら封書を開けて所定の場所にしまうなど、日々の生活の中で整理を習慣づけましょう。

朝	身じたく	出かける前に1分でよいのでかばんやポケットの中を整とん
	通勤時間	今日の仕事の内容をイメージトレーニング 何をまずやらなければならないか、考えておく
	出 社	今日の仕事のTodoリストを確認。出かける場合は、必要な書類を順番にそろえる
昼	仕事中は…	・FAXや会議の書類で必要のないものはその都度捨てる ・空き時間にちょっとした片づけをする ・文具などを使った後は定位置に戻す ・緊急の書類と緊急でない書類はその都度分ける ・保留の案件をなるべく作らない （→保留の案件を作らないことで、ムダな書類をため込まないようになる） ・ひとつの仕事が終わったらひと片づけを基本にする
夜	帰 社	帰る前にかならず机の上をきれいに片づける 返事をしなければならないメールや電話を明日に持ち越さない
	通勤時間	今日の仕事をざっと思い返す
	就寝前	明日やるべきことをイメージトレーニング 何から手をつけるかをおおまかに考えておく

整理上手になる 5

整理を習慣にするにはサイクル作りが大切

形を決めれば少ない労力でOK

たとえばメールチェック時に、毎回1分整理すれば、快適な受信トレイを保てます。ところが、受信するだけで整理をしないと、あっという間に受信トレイはいっぱいになり、気がついたときにはどこから手をつけたらよいかわからない状態に。ちょっとずつの整理が大切なのです。

　といっても、それができない人は多いでしょう。そういう人は整理のサイクルを習慣づけてしまうこと。毎日10分、週末20分、月末に30分、半期に一度60分。積み重ねが大事です。

1日10分

朝5分、帰社前5分

朝5分、前の日に整理し残したことをチェックし、できる限り整理を進める。また、帰宅時にはかならず、机の上をきれいに片づけ、クリーンデスクに。

週1回20分

週末に20分

週末には、かばんの中やファイルの中などを整理する。ぐちゃぐちゃにならないうちに軌道修正するためにも、週に1回の身のまわりの整理は必要。

月1回30分

月末に30分

月末には、捨てようかどうしようか迷った保留箱を片づける。保留箱をブラックボックス化してはダメ。1週間に1回はかならず中を確かめること。

半年に1回60分

6・12月末に各60分

半期に一度、保管スペースの掃除を。捨てるものは捨て、新しく保管するものは捨てる時期を決めた上で保管スペースへ移動させるとよい。

整理上手になる 6

捨てるルールを機械的に決める

こんな考え方はNG！

NG 1 **もしかしたら後で使うかも…**

1年使わないものは、その後も使わない可能性のほうが高いと考える。もしかして…とムダにものを所有してはダメ。

NG 2 **持っていたら便利かも…**

本当に必要なものなら、そんなふうには考えないはず。便利ではなく便利かもと思うようなものは捨てること！

NG 3 **捨てたら後で困るかも…**

後で必要になったときに、労力をかければ手に入れられるようなものは、いさぎよく捨てるべし。

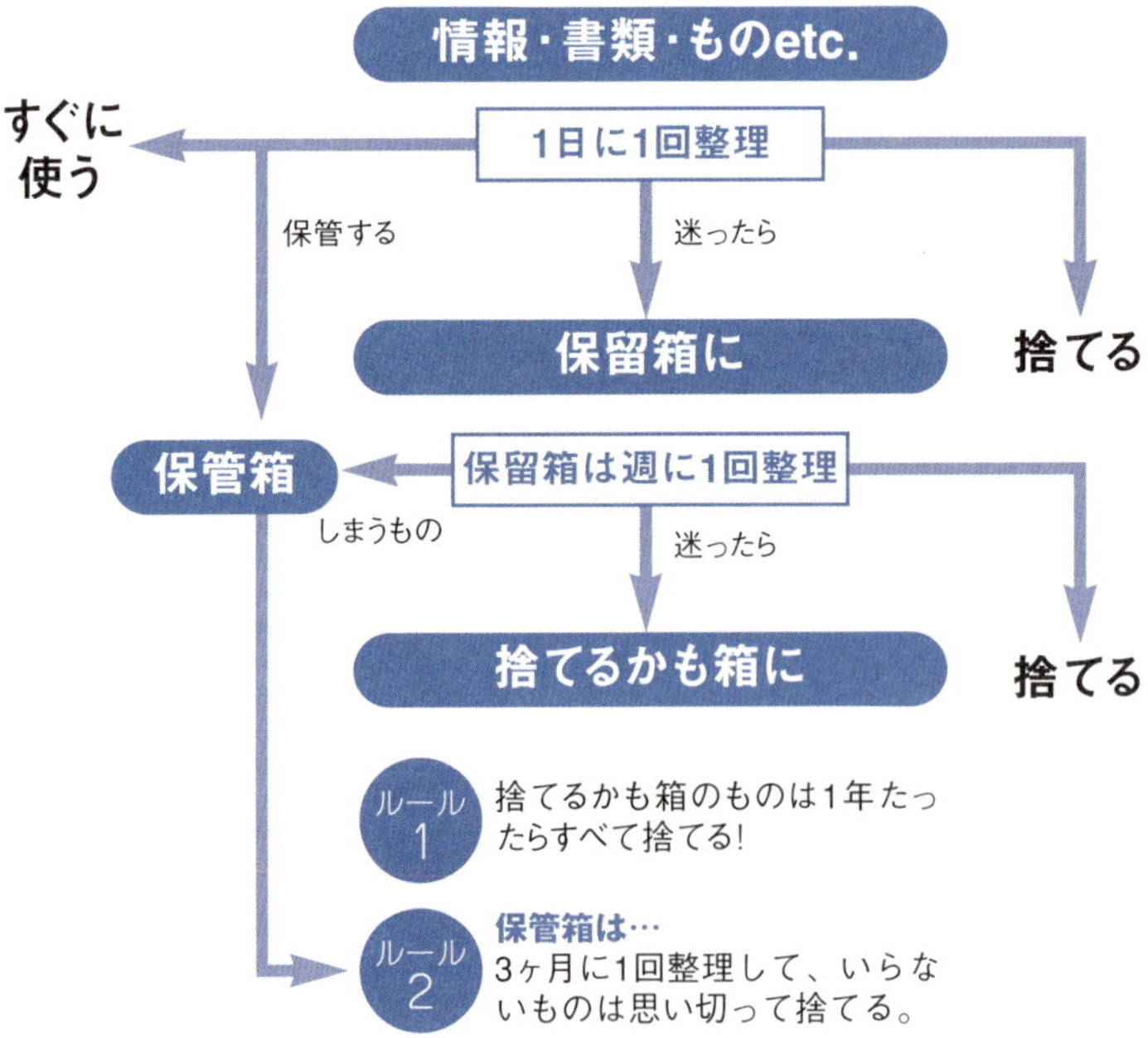

捨てるしくみのポイントは、迷ったらその場で判断しなくてもよいということ。迷ったらまず保留箱へ入れ、その後、期限を決めて、それが過ぎたら無差別に捨てるようにすれば、優柔不断な人も捨てられるようになる。

整理上手になる 7

分けるルールは単純かつ矛盾のないものに

分けられるルール

50音順や時系列で分けていくと、当てはまらないものが生まれないので、矛盾が生じにくく、誰でも分けられる。

VS

分けられないルール

当てはまらないものが出てくるルールは分けられない。テーマ別や担当者別などで分けると矛盾が生じやすい。

整理上手になる 8

テーマ分けするときは大まかに

細かくテーマを分けると矛盾が生じがち

テーマ別で分けるときは、なるべく大まかなくくりにすること。細かいテーマ設定は、どうしても矛盾が出ます。下記のように、商品情報、スクラップ記事といったテーマは、一見どこに何があるかわかりやすそうですが、分けるテーマの数が多すぎて、結果的に探しづらいということになりかねません。

また、細かいテーマ設定は、どうしても迷子のものが出てきがちです。迷子が出るたびに、新しいテーマを作るのは、賢い分類法とはいえません。

たとえば…

1. 秋の新商品情報
2. 部内の会議で使った資料
3. 取引先の会社情報
4. 役に立ちそうな雑誌記事
5. 会社の就業規則変更の知らせ

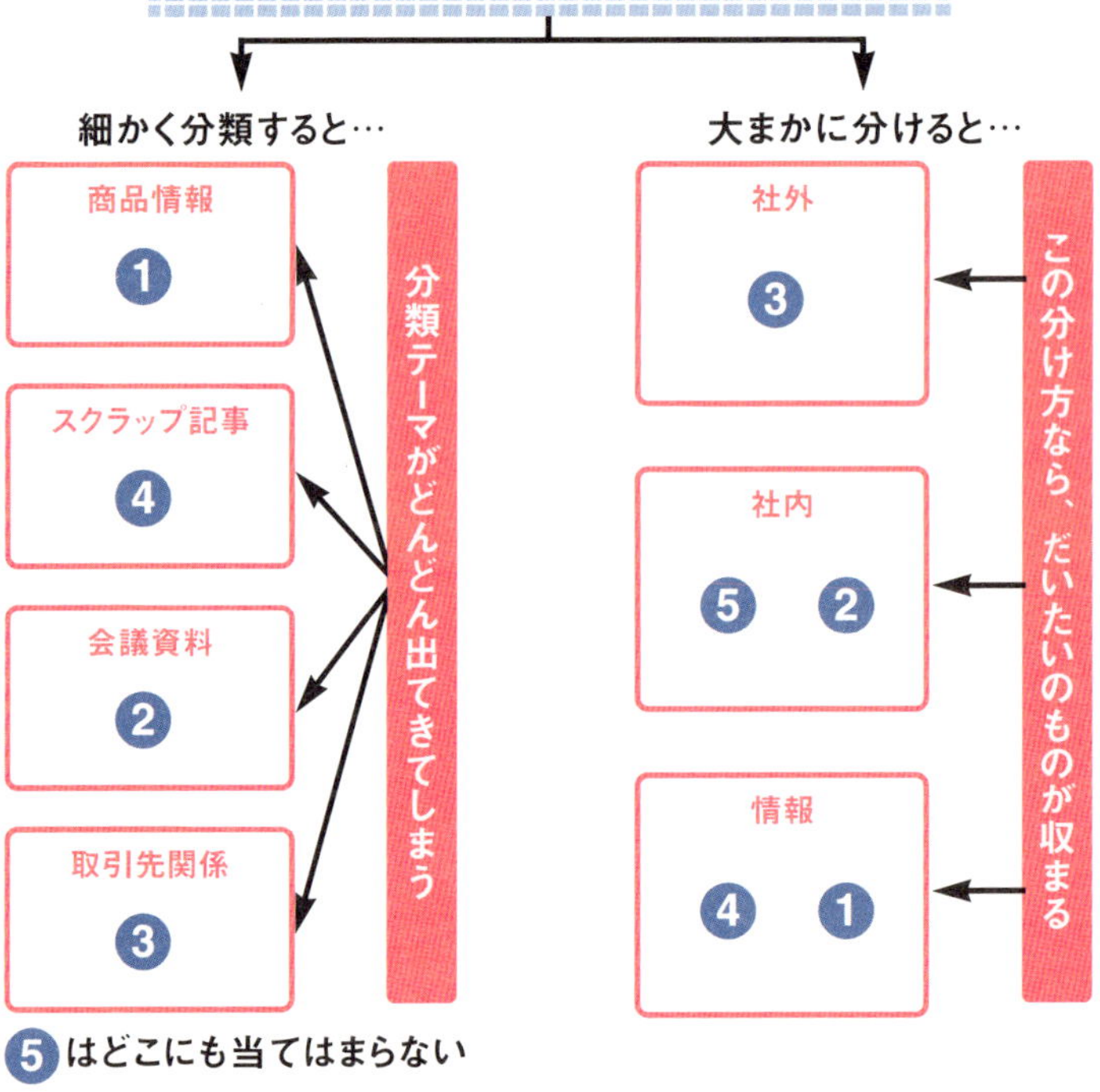

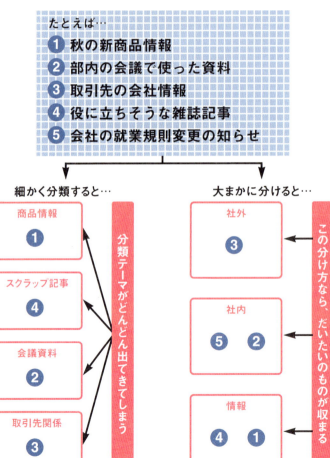

整理上手になる 9

必要頻度や時間軸で分ければ矛盾が生まれない

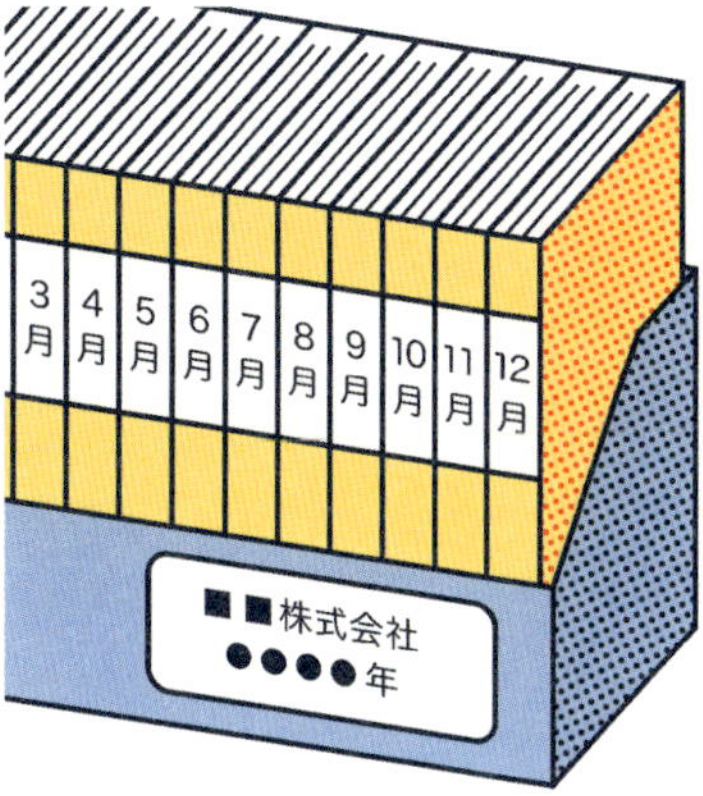

もれが出ない分け方はコレ

会議、接待などテーマ別で分けると矛盾が出ますが、11月10日の資料、11月11日の資料というように、時間軸で分けると、当てはまらないものは絶対に出ません。どんな資料にも発生した年月日はあるはずですから。同じく必要頻度で分ける方法も、もれが出ない分け方です。

こんなときはこの分け方で

資料なら

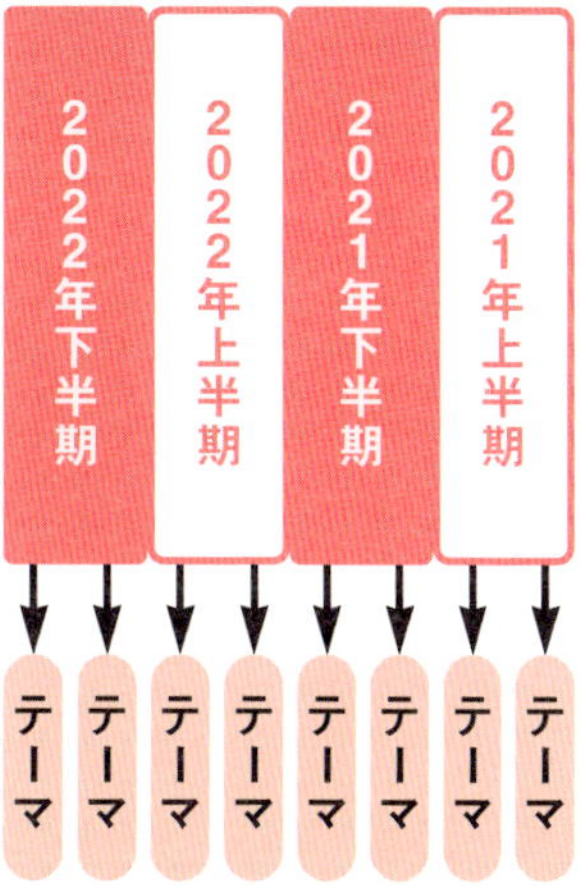

資料はまず時系列に並べる

↓

その中でテーマ別にファイリングしておく

どの資料がどこに入っているかを、簡単にまとめて表にしておくと検索するときに便利。

書類なら

- 緊急で重要な書類 A
- 緊急だが重要でない書類 B
- 重要だが緊急でない書類 C
- 緊急でも重要でもない書類 D

↑ 上にいくほどすぐ処理する

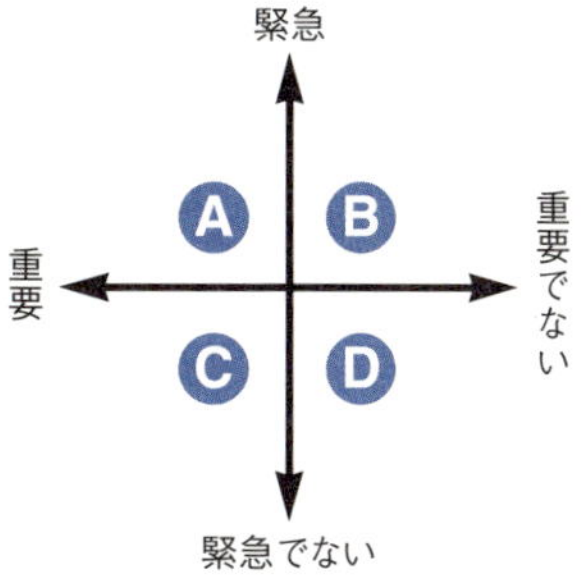

書類を分けた時点で仕事の優先順位もある程度は決まってくるので、能率もアップする。

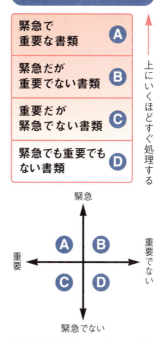

整理上手になる 10

情報は入ってきたときにまず分別

OK

情報が入ってきたときすぐ分ければ…

何がどこにあるかを把握するためにも、最初の分別が重要になる。

NG

情報が入ってきても振り分けせずに置いておくと…

情報はためてしまうと、いざというときに活用できない“死に情報”に！

整理上手になる 11

情報の5W2Hを考えると整理しやすい

情報の裏にひそむ5W2Hを意識することが大切

漠然とした情報は、ビジネスの場では何の役にも立ちません。情報を得たときは、細部の裏づけを取るようにしましょう。通常は5W1Hですが、ビジネスの場でお金は最重要項目のひとつです。ゆえにハウマッチを足して、5W2Hとなります。

5W2H

What	何を
When	いつ
Where	どこで
Who	誰が
Why	なぜ
How	どうする
How much	いくらで

例1

Sさんが A社と1000万円の契約を結んだ

What	何にまつわる、どんな契約なのか
When	契約はいつの時期に施行されるのか
Where	A社のどの部署との契約なのか
Who	A社の担当者は誰か、Sさんとはどんな関係か
Why	Sさんはなぜ契約を結ぶことに成功したのか
How	Sさんは契約を結ぶためにどのようなことをしたのか
How much	契約金額である1000万円は妥当か

例2

取引先のB社の業績が悪いらしい

What	業績が悪いというが実態はどうなのか
When	いつから業績が悪いのか
Where	B社のどの部署の業績が悪いのか
Who	業績の悪い部分の担当役員は誰か
Why	なぜB社の業績が悪くなったのか
How	業績悪化にまつわる経過はどんなものか
How much	前年に比べて売り上げはどのくらい落ちたか

整理上手になる 12

優先順位を見極めることで整理も進む

優先順位＝整理のポイント 悩んだらまず優先順位を

「何から手をつけたらよいかわからない」。これは整理下手な人が言いそうなことです。整理とは必要か不要かを判断していくことに他なりません。悩んだら、最初にやらなければならないことは何か、書き出すことから始めましょう。

・すぐに必要なものや情報
・すぐにやらなければならないもの

↕ 分ける

・今すぐやらなくてよいこと
・今すぐ必要ではないものや情報
・不要なものや情報

優先順位を用いた整理術とは?

❶スケジュールがぐちゃぐちゃ

➡ **Todoリストで交通整理**

やらなければいけないことをまず大小問わず書き出す。Todoリストができあがったら、緊急のものから順番をつけて手をつけ片づけていくと間違いがない。

❷机の上がぐちゃぐちゃ

➡ **今すぐ処理する書類と後でもよい書類に分ける**

書類の山を緊急か緊急でないかで分けて、とりあえず、緊急の書類の処理を急ぐ。その後、時間をとって、緊急でない書類が必要か不要かを分けていくとよい。

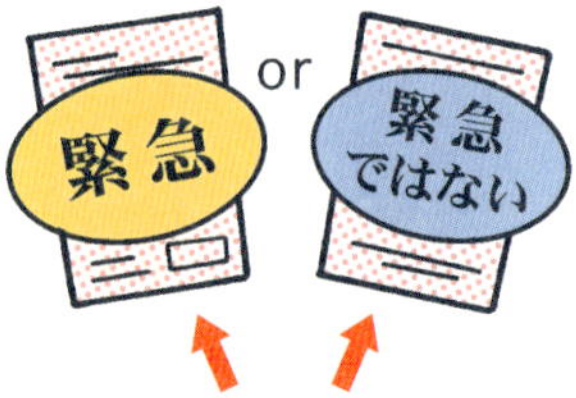

❸頭の中がぐちゃぐちゃ

➡ **とりあえずすべてを書き出し、必要なものを選ぶ**

企画などを考えて煮詰まったときは、考えていることすべてを、ひとつずつ粘着メモに書き出していく。全部書き出したら、それを貼り替えつつ、必要なものから並べていけばよい。

整理上手になる 13

色・形・大きさ・形式をそろえるのが整理の鉄則

そろえることですっきり感が増す

色や形、大きさ、形式をそろえると、見た目がぐんとすっきりします。たかが見た目とあなどってはいけません。不思議なもので、きれいに片づけられていると、たいていの人は「なんとかしてこのきれいな状態を維持しよう」と思うものです。

　見た目のすっきり感は、整理しようというやる気をアップしてくれます。加えて、色や形、大きさ、形式をそろえることで、どこに何があるか、ひと目でわかるようになるという視覚的効果もあります。

❶形をそろえる

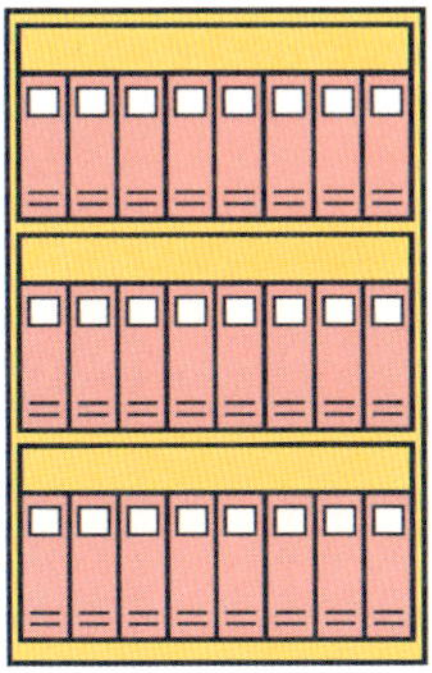

形をそろえると、収納庫などに収納するとき、ムダな空間が生まれにくく、きれいに収まる。

❷色をそろえる

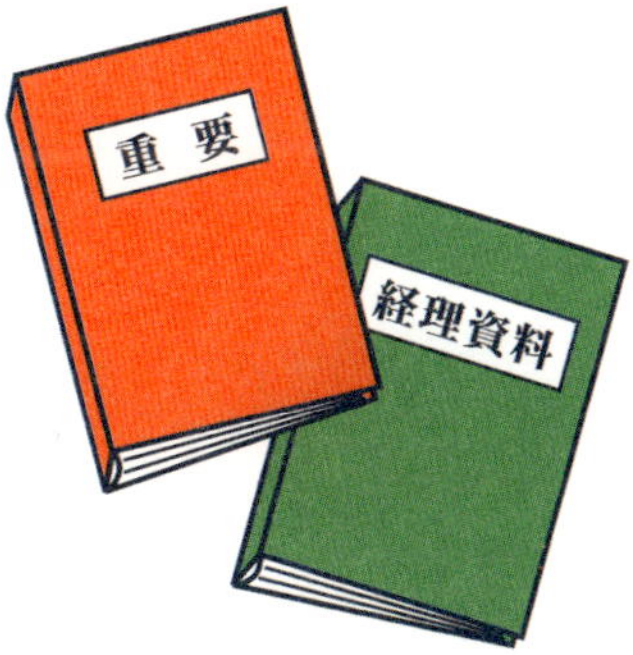

重要なものは赤、経理資料は緑というように色分けし、すべての収納用具をこれで統一するとよい。

❸形式をそろえる

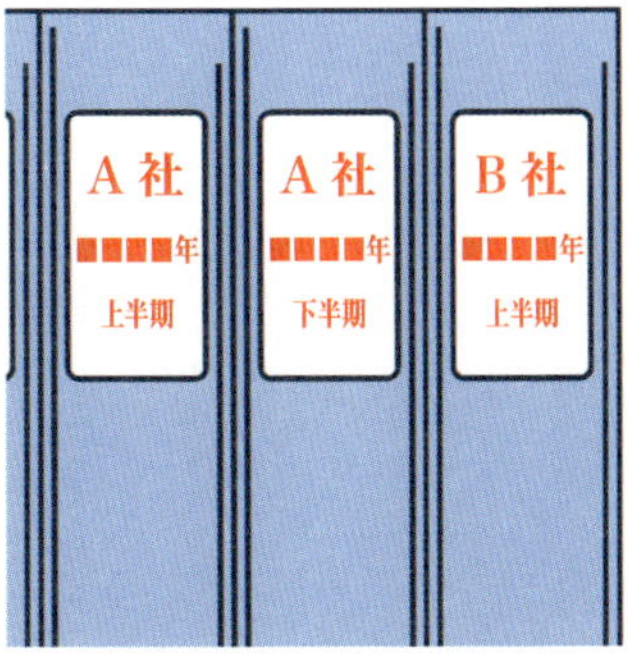

見出しのつけ方や日時の書き方などをそろえておくと、後から見直すときに探しやすくて便利。

❹大きさをそろえる

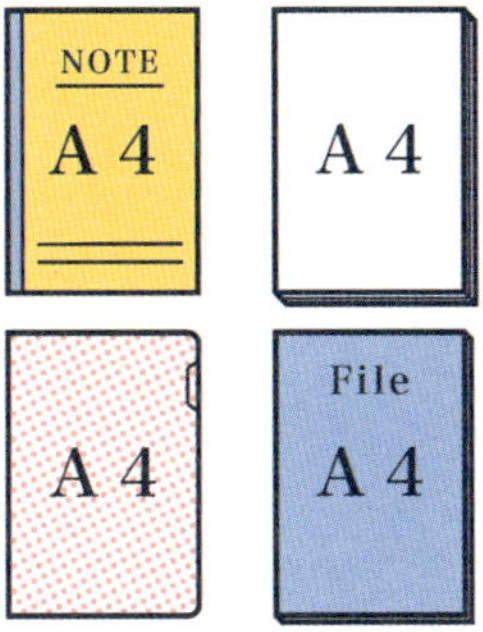

最近の書類はA4サイズが多いので、ノートやメモを貼る紙などもすべてA4サイズにすると使いやすい。

整理上手になる 14

整理と整とんの違いをはっきり認識する

整理＝処分、整とん＝片づけ 違いがわかればより整理上手に

整理＝並べることと思っている人は多いようですが、その認識は間違っています。整理とはいらないものを処分すること。不要なものを「整理」して、分類や片づけなどの整とんをして使いやすくする、これが整理整とんの正しい意味です。

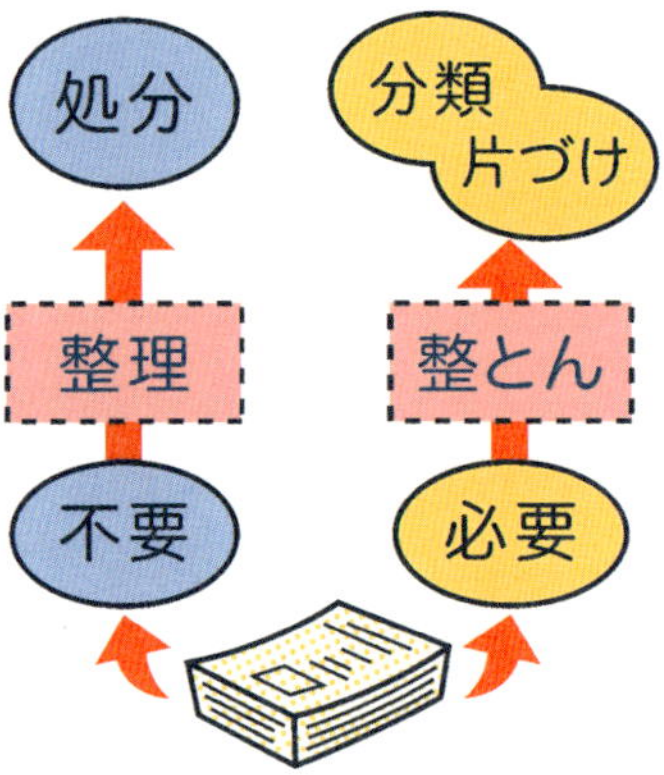

これは整理？　それとも整とん？

	整理	整とん
・書類をいるものといらないものに分ける	✓	
・ファイルのサイズを合わせて並べる		✓
・メモをテーマごとにA4の紙に貼る		✓
・机の上にあるものをとりあえずダンボール箱に移す		✓
・会議資料を引き出しにしまう		✓
・机の引き出しにしきりを入れて、文具を取り出しやすいようにしまう		✓
・帰る前に机の上をざっと片づける		✓
・必要のない名刺を捨てる	✓	
・本棚の本を分類ごとに並べる		✓
・終わった仕事の資料で、とっておくものと捨てるものを分ける	✓	
・パソコンのファイルをテーマごとに分類する		✓
・使った資料を棚に戻す		✓
・机の上のものを使いやすいように並べ替える		✓
・外出後にかばんの中を整理し、いらないものを捨てる	✓	

整理上手になる 15

ひとつの仕事が終わったらまとめることで後に生きる

後から見直すという意味でもまとめておくことは大事

仕事において大切なのは、反省です。ひとつの仕事が終わったら、ざっとまとめることを習慣づけましょう。進行状況や評価などを簡潔にまとめることで、頭の中も整理され、今後の展開もスムーズになります。

プロジェクト名	「●●ショッピングセンター建設」
プロジェクト内容	地域開発で建てられたショッピングセンターのテナントをニーズに合わせて集め、開店させる。また、オープンにまつわる宣伝活動を行う。
期間	令和●年4月1日～令和●年11月30日 （オープン日　令和●年9月1日）
担当者	建設部　●●●、●●●●　広報部　●●●●
取引先	Kプランニングオフィス　担当　●●●●（●●部） 電話　012-3456-7891 株式会社　ナガナワ　担当　●●●●（●●部） 電話　0135-2658-9682 株式会社　創造　担当　●●●● 電話　258-6812-5891
プロジェクトの進行状況	・カップルユーズでレストラン、ショップともに集めたが、不況のためかなかなか条件にあったところが集まらなかった。 ・コンセプトを多少変え、コストパフォーマンスのよいファミリーユーズの大型店というものにしたところ、出店がスムーズにいくようになった。 ・オープン当初の宣伝活動としては、インターネットでの宣伝に力を入れた。また、雑誌の編集ページでも取り上げられ、オープン初日は２万人の人出があった。
評価	・オープンから2ヶ月がたつが、概ね好評である。ただ、オープン時の宣伝活動でインターネット重視にしたのは、時期尚早の感あり。

整理上手になる 16

「無理せず自分なりに」が長続きの秘訣

できることから始める

整理はオール・オア・ナッシングで考えてはいけません。できることから一歩ずつ始めましょう。

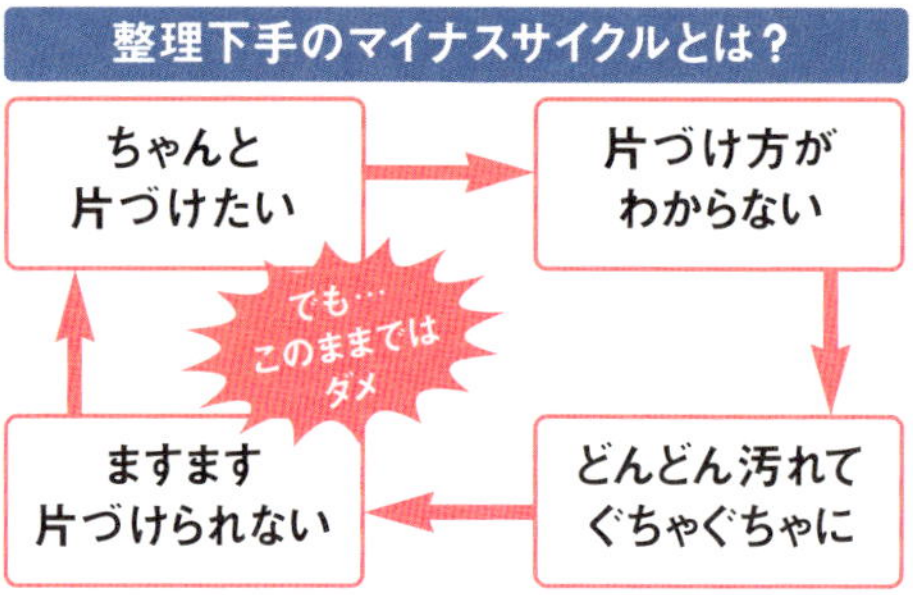

整理下手のマイナスサイクルとは？
ちゃんと片づけたい
片づけ方がわからない
どんどん汚れてぐちゃぐちゃに
ますます片づけられない
でも…このままではダメ

やる気が起きないときこそ整理整とんを

「今日は何となく仕事がはかどらない」というときは、思い切って仕事をやめ、整理を。整理嫌いな人も、仕事からの「逃避」なら楽しく整理できる。

完璧を目指さない 一度に何もかもしない

ごちゃごちゃなものをいっぺんに片づけようとすると、多大な労力が必要。できる範囲を決めて余力を残すぐらいでやめたほうが長続きする。

とりあえず片づけから始めてみる

整理整とんは捨てるかどうかを決めたり、分類したりと意外に頭を使うもの。めんどうなら、ファイルを立てて並べる、机の上をきれいにするなどの片づけを。

1歩ずつ

時には他人に整理をまかせてみる

自分で片づけられないなら、誰かに手伝ってもらうとよい。仕事を一緒にしている人に、関係資料を持っていてもらうのもひとつの手。頼れることは頼ること。

おおまかでいいからまず分けてみる

社外か社内か、緊急か緊急でないかといった大まかな分類なら、そんなに頭を使わずできるはず。スタートは「ざっと仕分け」で十分と考える。

整理上手になる 17

混乱したら離れてみるのもひとつのやり方

別の視点に立つために有効な方法とは

手がつけられないほど、本当にぐちゃぐちゃなときは、生半可な整理方法ではどうやってもうまくいかないものです。そういうときは、違う方向から見てみるとよいでしょう。

といっても、ものごとを別の視点から見るのはけっこう難しいもの。まずは頭の中をからっぽにすることから始めてください。机の上の山積みな書類を、とりあえずダンボール箱にどさっと入れるように、頭の中も一度リセットしてみましょう。新たな展開が見えてくるものです。

単純作業をする

封入作業や宛名書きなどの単純作業をやっていると、頭の中がからっぽになって、だんだんクリーンになっていく。

ひと息つく

整理できていない状態で進める仕事の出来はたいしたことがない。とりあえず手を止めて、ひと息つこう。

片づける

いわゆる掃除的な片づけは、混乱しているときは効果的。まわりがきれいになるとだんだん頭の中も整理されてくる。

歩く

もくもくと歩きながら、自分の考えを頭の中でつぶやいているうちに、不思議なことにだんだん考えがまとまってくる。

整理上手になる 18

整理することで得られる〝時間〟という財産

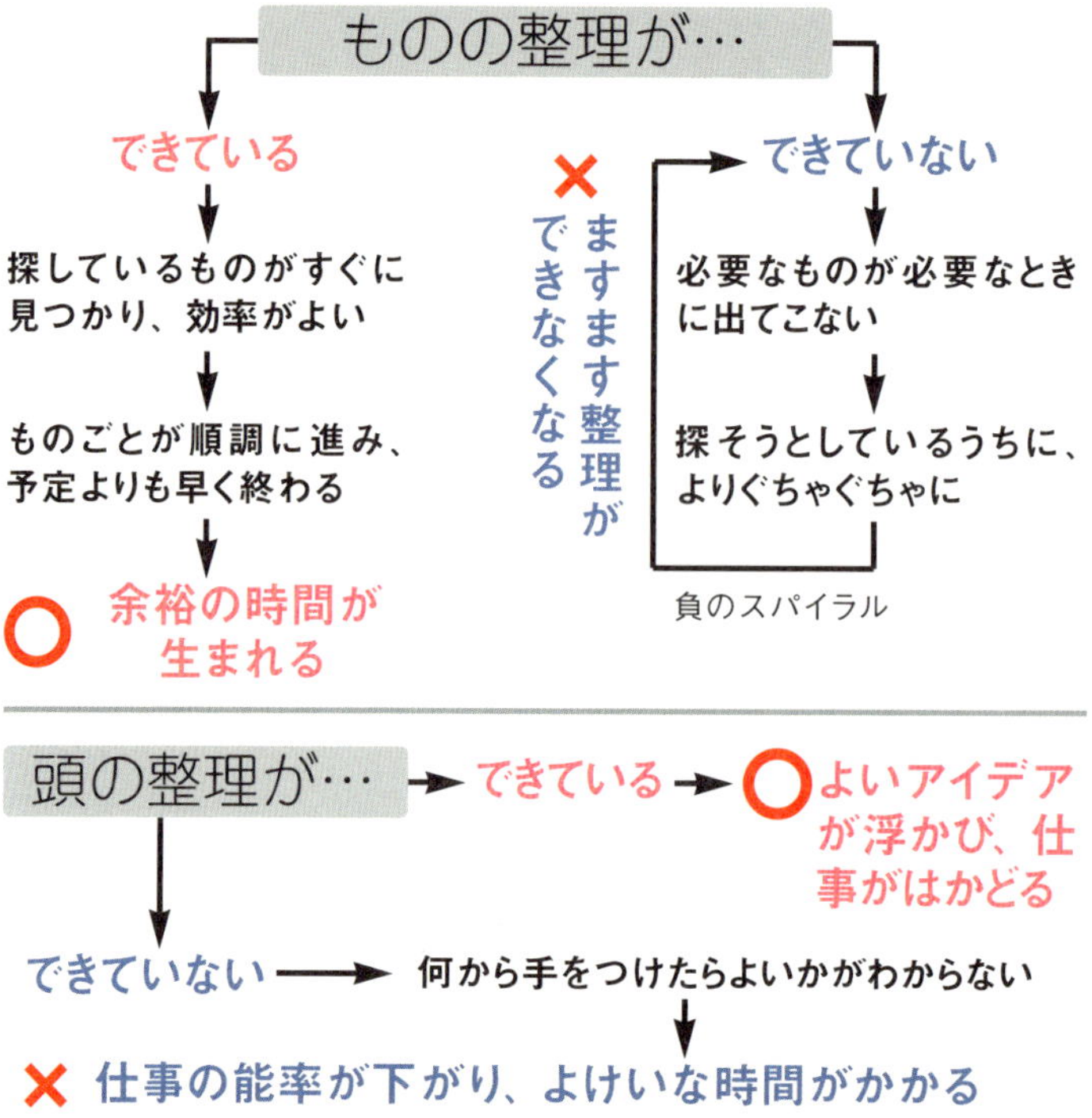

整理することで得られるもの

・必要のないものを自分のまわりから排除することで、仕事やものごとが順調に進み、時間に余裕が生まれる
・単純に探しものをする時間がなくなるだけで、効率がよくなる
・ムダな時間を整理することで、時間にゆとりが生まれる

いらないものを整理して余裕を作る

「整理」をすることで、「時間」という名のゆとりが得られます。1日5分探しものをする人は、1年に1825分、つまり30時間以上もムダな時間を費やしているのですから。

　整理ができるようになれば、こうしたムダな時間は少しずつ減っていきます。いろいろなことがスムーズに進むようになり、気持よく仕事ができるようになります。整理上手になる一番の近道は、整理できた状態の気持よさを実感することで、それを持続しようという意識を持つことなのです。

第2章

ものの整理術

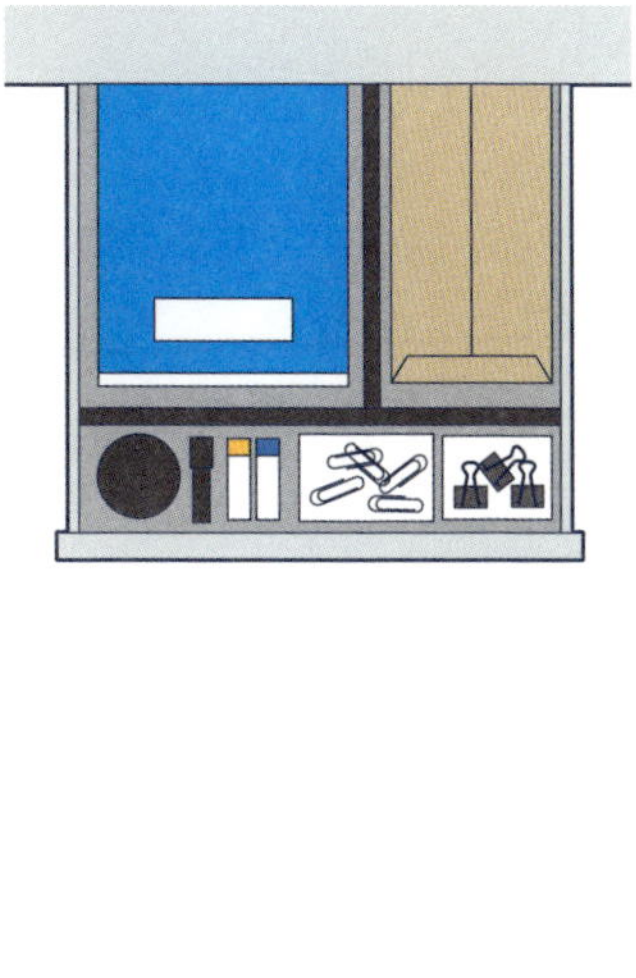

ものの整理術 1

整理が必要なのはずばりココ！

身のまわりで整理するのはココ！

ポケットの中にレシートや小さいゴミが入っているのはビジネスマンとして失格です！　まず、自分の身のまわりからいらないものを排除してクリーンを心がけましょう。

胸ポケット

パンパンにふくらんだ胸ポケットはみっともない。手帳を入れる場合も、よけいなものをはさまず、いつもスリムな状態に。

上着のポケット

コンビニなどで買い物をした後、小銭を何気なく入れてはダメ。ポケットの中にものを入れない習慣をつける。

ズボンのポケット

ズボンの後ろポケットに財布を入れている男性は多いが、防犯的にも、見た目にもあまりおすすめできない。

バッグ＆ブリーフケース

外出前と後に、使わないものを整理するクセをつけるとよい。整理することで、必要なものがすぐ出てくる。

財布＆手帳

携帯する場合は、胸ポケットに入るサイズを。また、財布は定期的に整理するとよい。

オフィスで整理が必要なのはココ！

きれいな環境は仕事の能率も上げます。机まわりがごちゃごちゃでは周囲からの評価も下がります。いらないものを捨て、使いやすく並べることで、仕事もやりやすくなります。

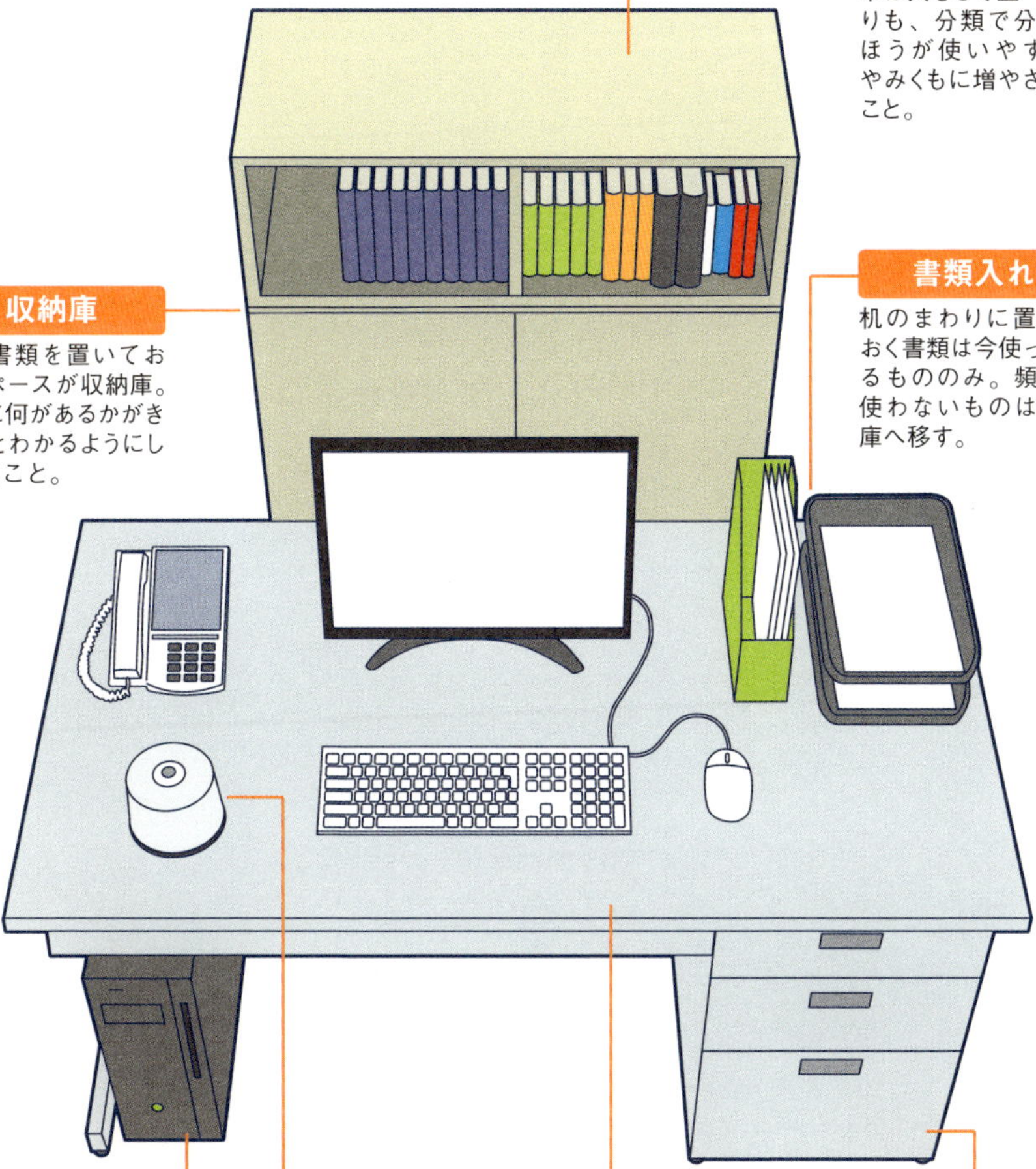

本棚

本は大きさで並べるよりも、分類で分けたほうが使いやすい。やみくもに増やさないこと。

収納庫

保管書類を置いておくスペースが収納庫。どこに何があるかがきちんとわかるようにしておくこと。

書類入れ

机のまわりに置いておく書類は今使っているもののみ。頻繁に使わないものは収納庫へ移す。

パソコンのハードディスク

ハードディスクはツリー構造で管理するのが一番。まめな整理がポイント（第7章参照）。

DVD－Rなどの記録メディア

何がどこにあるかわかるよう、かならずラベルで名前をつけ、いつまで保管かも記す。

机の上

帰宅するときには常に机の上によぶんなものがない「クリーンデスク」を心がけること。

机の引き出し

引き出しはひとつひとつに収納するものを決め、有効に活用する。ブラックボックスにはしない。

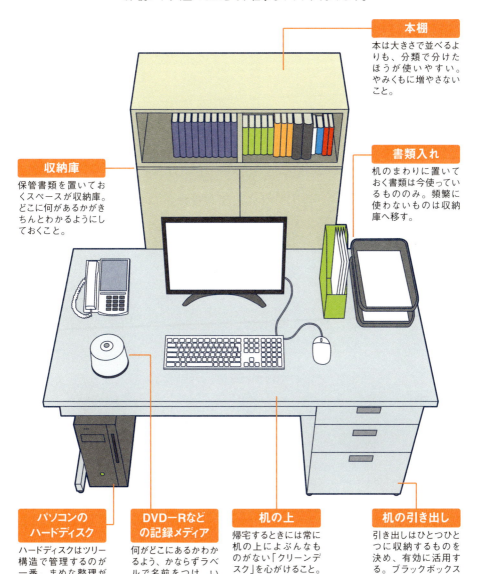

ものの整理術 2

ものの整理の基本・5原則

整理しやすい形さえ作れば片づけられる

整理されたきれいな状態は、年に数回の大掃除で作れるものではありません。日々のちょっとした習慣が大切です。逆に、毎日少しずつの整理を心がければ、大掃除など必要ないともいえるのです。

原則 1
すべてのものにしまう場所を作る

ものの定位置が決まっていれば、取り出して使うときもしまうときも迷わなくて済む。これが決まっていないと、どこに何があるかわからないから、取り出すときに「そのものを探す」というよけいな時間がかかる。しまうときにも、どこにしまったらよいかわからず、結果的に散らかるという負のサイクルに。

原則 2
使いやすい形を想定する

何かをどかさないと取り出せない場所によく使うものをしまうのはおすすめできない。よく使うものは取り出しやすい場所に置き、めったに使わないものは収納庫など遠くにしまうとよい。また、書類は立ててしまうと、どこに何があるかが判別しやすく取り出しやすい。書類を積んではいけない。

原則 3
ものはなるべく増やさない

文具類を整理せず、見つからないからと、そのたびにボールペンを新しくおろすようなことをしてはいけない。自分のまわりに置いておくものの分量はあらかじめある程度決めておき、それ以上増えたら捨てるようにすると、きれいな状態でいられる。「ひとつ増えたらひとつ減らす」を心がけるとよいだろう。

原則 4
完璧に整理しようなんて考えない

いるかいらないかの境界線は微妙だし、日々ものは増えていく。どんなに毎日整理しても、完璧に整理するのは難しい。神経質に思いつめず、ある程度のところで妥協も必要だ。整理する時間をとるために残業するのは馬鹿らしい。整理は仕事を円滑に進めるための「手段」であって「目的」ではないことを忘れずに。

原則 5
「もしかして必要かも」という考え方をやめる

ものがあふれてしまう人に限って「もしかしたら使うかもしれない」「まだ使えるのにもったいない」という思考にとらわれがちだ。そういう考えが頭に浮かんだら、「ものを置いておくスペースにもお金がかかっている」「一度手に入ったものはもう一度手に入れられる可能性が高い」と考えるべきだ。

あなたはこんなものを大事に取っていませんか？

本当はゴミなのに、ゴミと気づかず、捨てていないものもけっこうあるはず。あなたのかばんの中や机の引き出しに、下記のようなものが後生大事に入っていませんか？

未開封の「ダイレクトメール」

1日1～2通としても1か月に20～40通は来るダイレクトメール。開封はこまめにしないとあっという間にたまる。

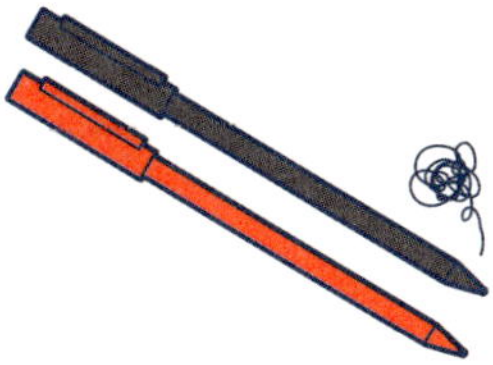

書けなくった「ペン」

使えなくなった文具類をとりあえず、机に放っておくと、使えなくなったことを忘れて、引き出しに逆戻り……ではいけない。

誰かの「忘れ物」

忘れ物はすぐ返せばいいが、「今度来たら返そう」なんて思っていると、持ち主が誰なのかいつの間にか忘れ、迷子状態に。

誰のものか思い出せない人の「名刺」

10年前に一度会ったきりの人の名刺をいつまでも取っておく必要はない。顔も思い出せない人の名刺は必要がない。

昔使っていたPCの「マニュアル」

PCや電化製品の説明書はその製品がなければ、無用の長物。製品を捨てるときに、説明書も捨てることを忘れずに。

数年前の「通販カタログ」

商品の品ぞろえや価格は刻一刻と変わっていく。期限が切れたカタログは持っていても仕方がない。即刻ゴミ箱に!

昔のモデルの「ACアダプター」

説明書と同じく、ACアダプターも機種ごとに違うもの。昔のモデルのACアダプターを使うことは残念ながら二度とない。

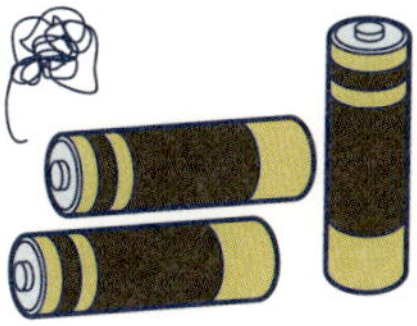

切れている「電池」

電池はゴミ箱に捨てられないものだから、つい引き出しなどにしまい忘れがち。使えなくなったら、わかるよう印をつけよう。

今や使えない「FD」

どんなに貴重な情報が詰まっていようと、読み込めなければただのプラスチックの板。フロッピーディスクはいさぎよく捨てよう。

ものの整理術 3

機能的なオフィス空間の作り方

仕事に応じて必要なスペースは違ってくる

机の大きさや配置の仕方、収納庫の収容能力などは仕事の内容次第で違います。

全員営業職でオフィスに在席するのは短時間という場合と、経理や財務のように、1日中デスクワークの場合、人数は同じでも必要なスペースは大きく変わります。前者と後者では必要な個人のスペースが異なるからです。

オフィスデザインは、仕事の内容をよく考えることが重要なのです。

色や素材で同じ配置でもオフィスイメージは変わる!

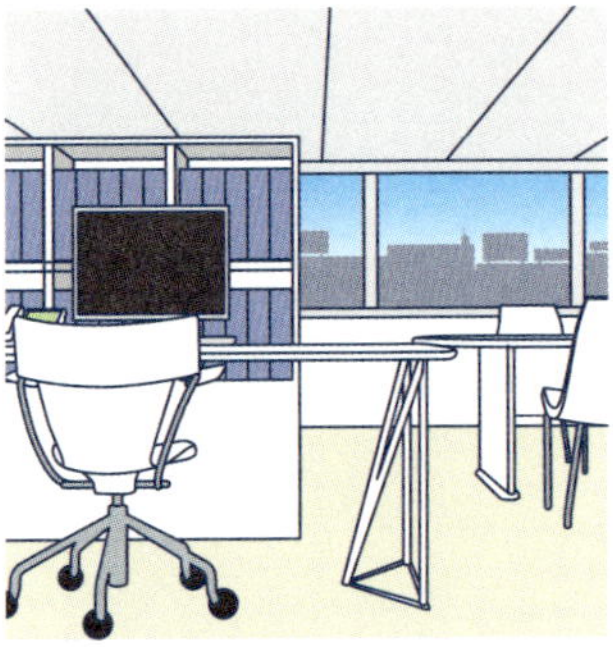

白を基調としたイメージ

白い机や収納庫を中心にすると、明るいイメージに。圧迫感もないのでスペースがより広く見える。

ナチュラルなタイプ

ナチュラルなイメージは誰にでも好感を持たれやすい。来客が多いオフィスに向いている。

スチール家具の定番オフィス

オーソドックスなイメージのオフィスにしたいのなら、スチール家具中心のレイアウトにするとよい。

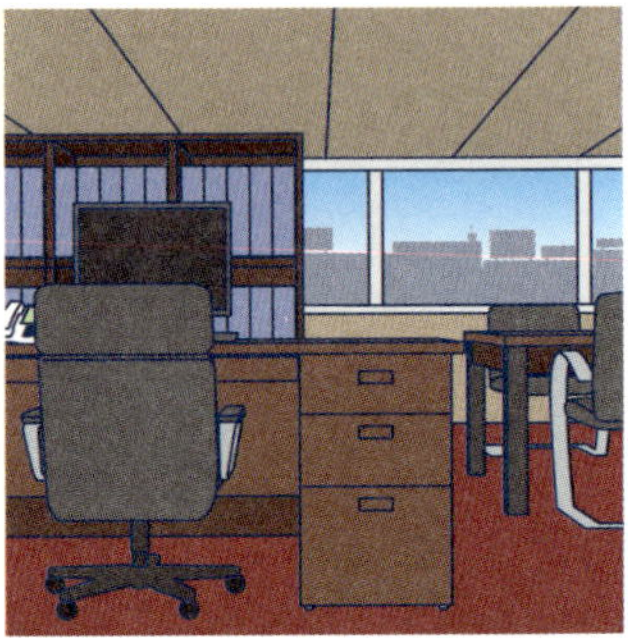

シックな濃い木目調

高級感のあるレイアウト。重厚感を出したい場所にふさわしい。応接室や重役室などに向く。

オフィスにいる時間が……

機の配置は仕事の種類で大きく違ってきます！

短い

1人にひとつの机はいらない

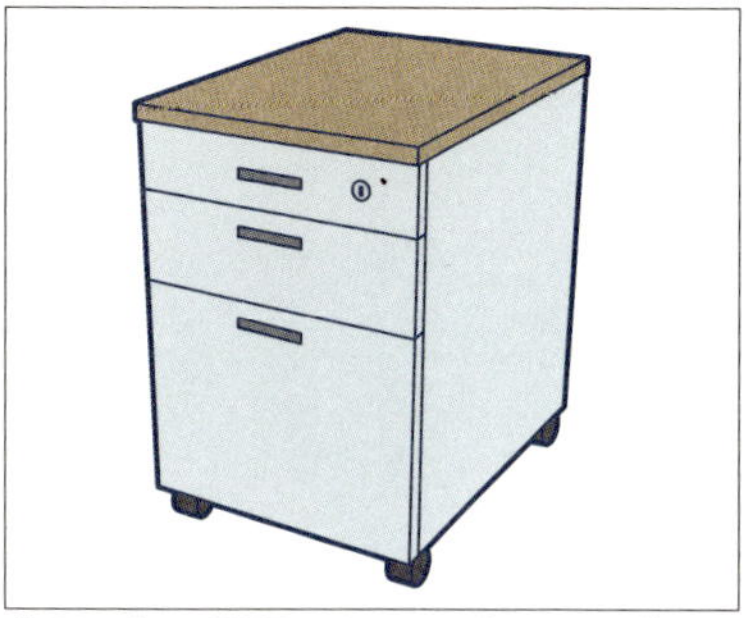

共同の机で問題はない。1人ひとつずつ可動式の収納庫に個人所有のものをしまう形にすれば、スペースが節約できる。

長い

集中力の高まるレイアウトを！

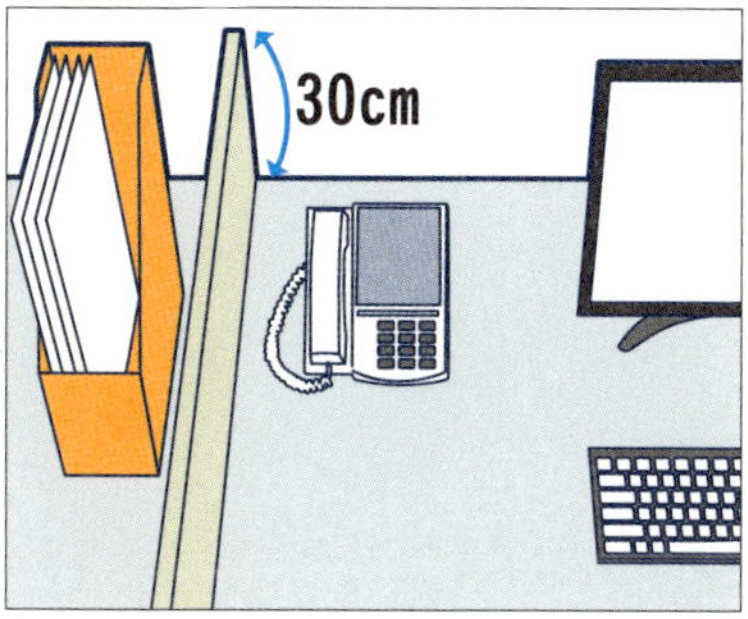

机と机の間に高さ30cmほどのデスクトップパネルを置くと、周囲の視線をシャットアウトできる。机も少し広めのほうがよい。

机の配置にもいろいろある

机を向かい合わせに置く形

もっともスペースを節約できる形。コミュニケーションは取りやすいが、その分周囲との距離は近い。

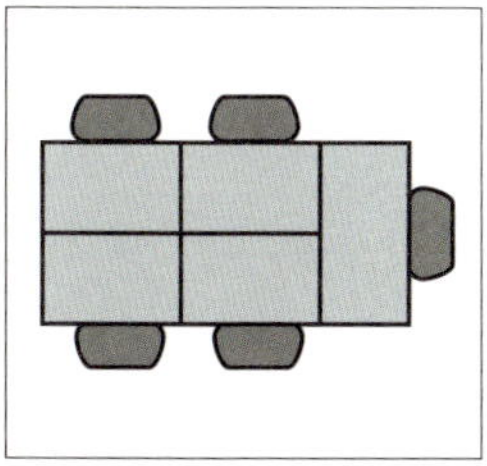

壁に向かって机を置く形

机は壁に向かって置き、真ん中にある程度のスペースを持たせる。椅子を回転させれば会議も可能。

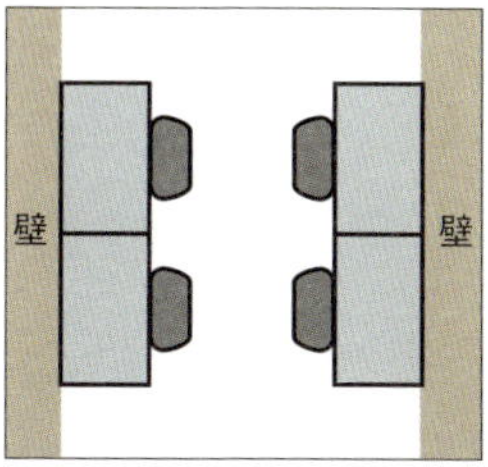

コーナーを利用して机を置く形

二面が壁なので、周囲の雑音を遮断できる。ただし、スペースはどうしてもムダになる。

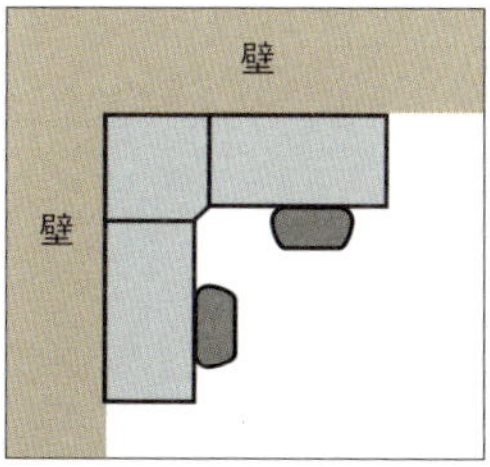

Check!

オフィスの壁をホワイトボードに！ スペースの省エネはこんなところから

スペースを有効活用する一番の鉄則は、ムダなものを置かないことにつきる。たとえばホワイトボード。常に使うわけではないのに、オフィスの片隅とはいえけっこうな場所を占領している場合も多い。ここでおすすめなのが、壁に貼るタイプのホワイトボード。会議スペースの壁をホワイトボード状にしておけば、省スペースになる。

ものの整理術 4

すっきりオフィス実現のための3カ条

すっきりオフィスの法則

法則 1 「なるべく私物化せず、できるだけ共有する」

すべてを共有にするのは難しいが、はさみやカッター、テープカッターなどの文具や、議事録や就業規則など全員が閲覧する書類を共有することで、ものが減りオフィスは広く使える。

法則 2 「ムダな収納スペースはとらない」

不要なものをどんどん整理(＝捨てる)するためにも、収納スペースは最低限にする。入れる箱に合わせてものの量は変わる。ムダに広い収納スペースは、ものが増えるきっかけとなる。

法則 3 「すべてのものは発生から廃棄の流れを作る」

どんなものも寿命があり、不要になる時期がくる。すでに廃棄する時期が来ているのに、廃棄されずに残っていればスペースは狭くなる。すべてのものの捨てる時期を決めることが大切だ。

他にもあります！

すっきりオフィスのコツ

オフィスをきれいかつ、整理された状態に保つためには、ムダを省かなければいけない。いらないものを捨てるのはもちろんだが、よけいなものを持たないことが重要である。
たとえば、蛍光ペン。特殊な仕事でない限り2色もあれば事は足りる。必要以上のストックもムダなだけ。文具は注文すればすぐに届く。ストックは1セットあれば十分で、仕事道具はむやみに増やしてはいけない。余分な印刷やコピーで紙類を増やすのもやめたほうがよい。

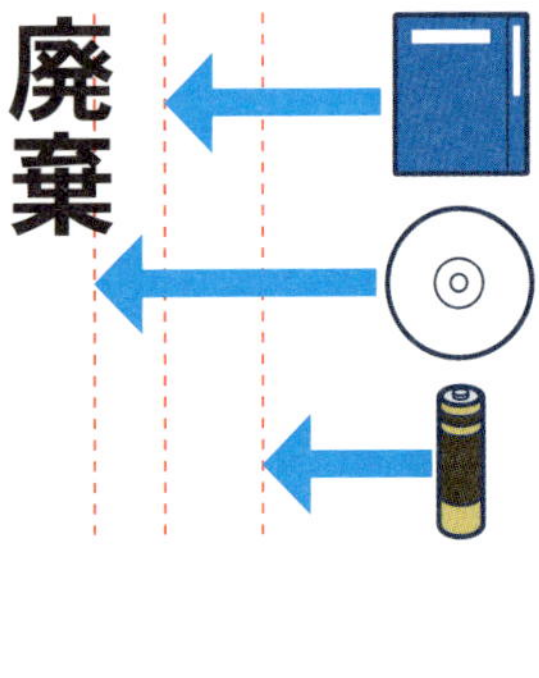

捨て方をきちんと確立することが大切

33ページのようなものが周囲にあったら、すっきりオフィスは実現できません。最初から捨てる時期を決められるものは決め、その他のものは定期的に整理する、つまり、捨てるサイクルを作りましょう。

ものの流れを決めれば整理もカンタンに！

進行中の仕事関係のもの

今現在着手している仕事に関係するものは机の近くに置く。ただし、折りにつけ整理をし、必要なくなったものはどんどん捨てていく。

保管

廃棄

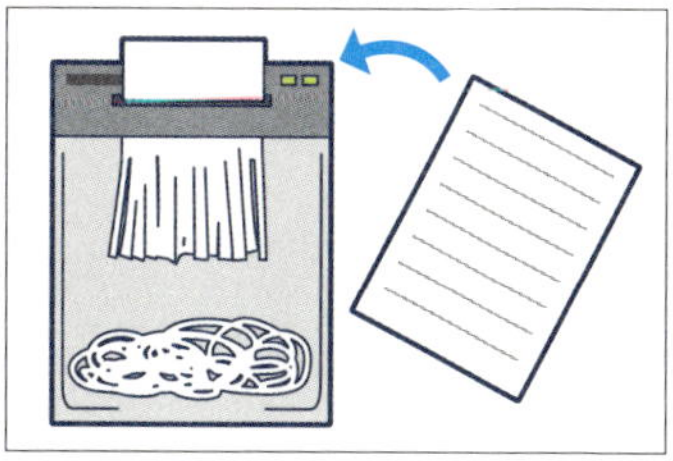

保存期限の過ぎた書類はシュレッダーをかけて捨てる。また、資料も古くなり不要になったものは捨てる。

廃棄

保管するもの

個別の仕事関係のものは、仕事が終わってからある程度の期間はオフィスで保管する。また、全員が閲覧する資料も保管用スペースに置く。

保存

廃棄

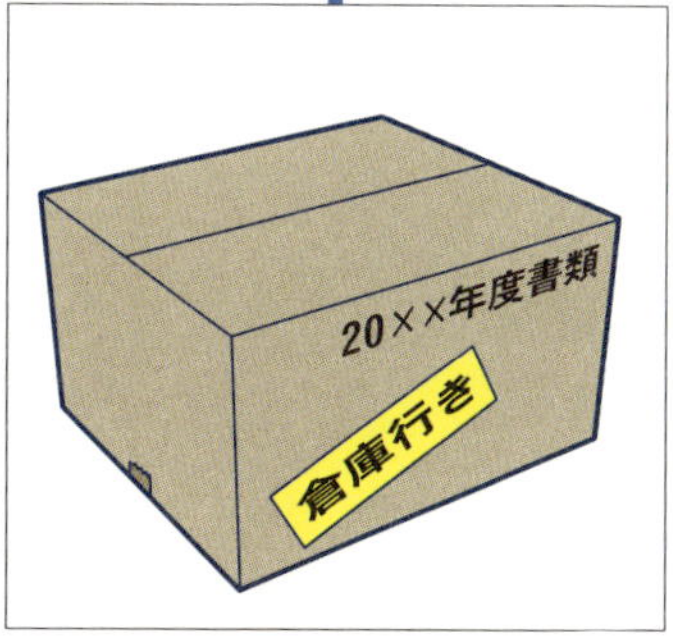

保存するもの

年に数回必要になるようなものをオフィスに置いておくのはスペースのムダ遣いである。どこにあるかさえわかっていれば倉庫にしまっておいて問題はない。

使わないものは倉庫へ

オフィスのスペースは限られている。めったに使わない(が捨てられない)ものは、倉庫に置いておいても問題は生じない。ときどき使うものはオフィスで保管し、それ以外は倉庫で保存が基本である。ちなみに、保存したものをそのままにしてはいけない。期限を決めて廃棄するのが整理の鉄則だ。

ものの整理術 5

「机の上はいつもきれい」を実現するコツ

机の上はコーナーで整理が基本

机の上はあくまで作業する場所です。進行中の仕事関係以外のものは、基本的には置かないようにしましょう。また、PCコーナー、文具コーナーというように役割ごとにコーナーで整理すると便利です。

机の上は帰社前に毎日リセット

自分の机とはいえ、会社であることに変わりはない。机の上が汚いと周囲に不快感を与えることも。帰社時に5分、机の上をざっと片づける習慣をつけたい。

机の上が散らかる4つの理由

理由1 動線を考えずに置いている

よく使うものが奥にあると使いづらい。また、電話は左手で取り、右手でメモ（右利きの場合）が使いやすい形。

理由2 ムダなものが出しっぱなし

ひとつの仕事が終わったときに片づけをせず、次の仕事を始めると書類も混ざるし、作業効率も悪くなる。

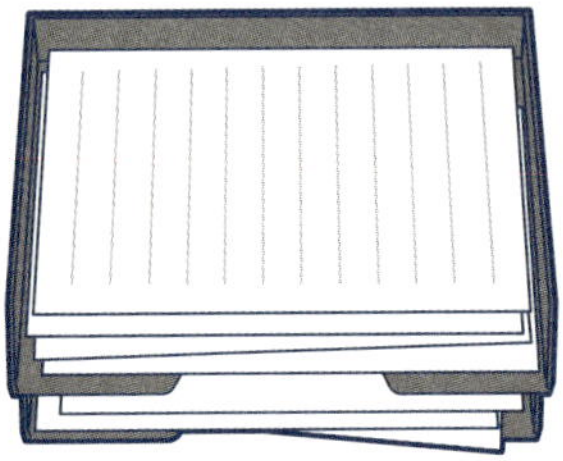

理由3 書類などを重ねて置いている

書類は縦置きが基本。重ねて置くと取り出しにくいし、どこに何があるかわからず、ぐちゃぐちゃになりやすい。

理由4 たまにしか使わないものを置いてある

1週間に1回しか使わないものを、貴重かつ限られたスペースである机の上に置くのはもったいない。

机の上はこうして整理

自分が使いやすい形でものを配置すると、作業効率はぐんとアップします。

書類入れ

今現在使用している書類のみ縦置きで
現在進行中の仕事の書類のみ、机の上に置く。クリアファイルなどに分別して、ボックスに立てて入れるとよい。

モニター&キーボード

なるべく端に寄せて机のスペースを広く
机の上を広く使うためにも、モニターやキーボードは端に。モニターの下にキーボードを収納できる台(45ページ参照)を使うとすっきりする。

PC本体

横置きよりも縦置きがスペースを取らない
スペース効率を考えると、PC本体は縦置きがよい。PC横に取りつけるタイプのラックもある。

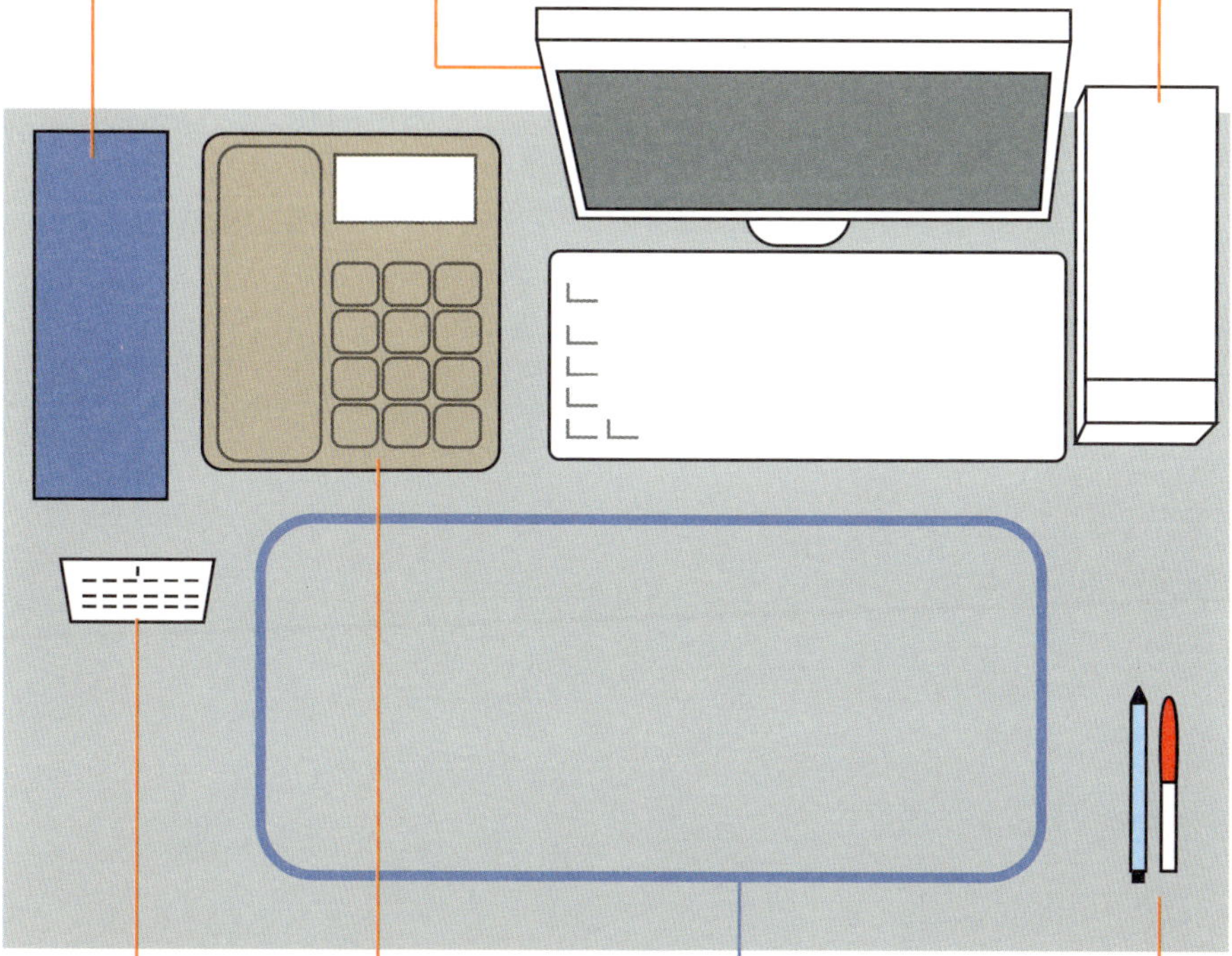

卓上カレンダー

Todoリストは卓上カレンダーなどの目立つ場所に貼る
Todoリストはいつも目に入る場所に貼らなければ意味がない。卓上カレンダーがおすすめ。

電話

カスタマイズできるなら空間使用もひとつの手
電話は台を取りつけると空間使用できてスペース効率がよい(45ページ参照)。

自由に使えるスペースをなるべく大きく取る
作業スペースを大きく取るためにも、机の上に置くものは本当に必要なものだけにしたい。

文具

必要最低限のもののみ置くすべてを引き出しに入れるのも手
文具は毎日使うものだけを。一番上の引き出しに収納して、机の上には置かない方法もある。

ものの整理術 6

机の引き出しをもうブラックボックス化しない！

引き出し ひとつひとつの 意味を考え収納する

よく使うものはなるべく取り出しやすい場所に入れるのは収納の基本。机の引き出しでも、一番上から順に使用頻度が高いものを入れていきましょう。

また、机の引き出しは深さや大きさがそれぞれ違うので、その特性に合わせて入れるものを決めていきます。また、定位置を決める、なるべく区切る、取り出しやすいよう詰め込みすぎない、よく使うものを手前に入れるなども、引き出し収納の基本です。

引き出し収納の基本5原則

- **基本 1** **机左の浅い引き出しには薄いもの、現在使っているものを収納**
- **基本 2** **右の1番目の引き出しにはよく使うものを収納**
- **基本 3** **右の2番目の引き出しにはたまに使うものを収納**
- **基本 4** **右の3番目の引き出しには保管しておくものを収納**
- **基本 5** **机の下には保留するものを収納**

引き出し収納の POINT 1

机左の浅い引き出し

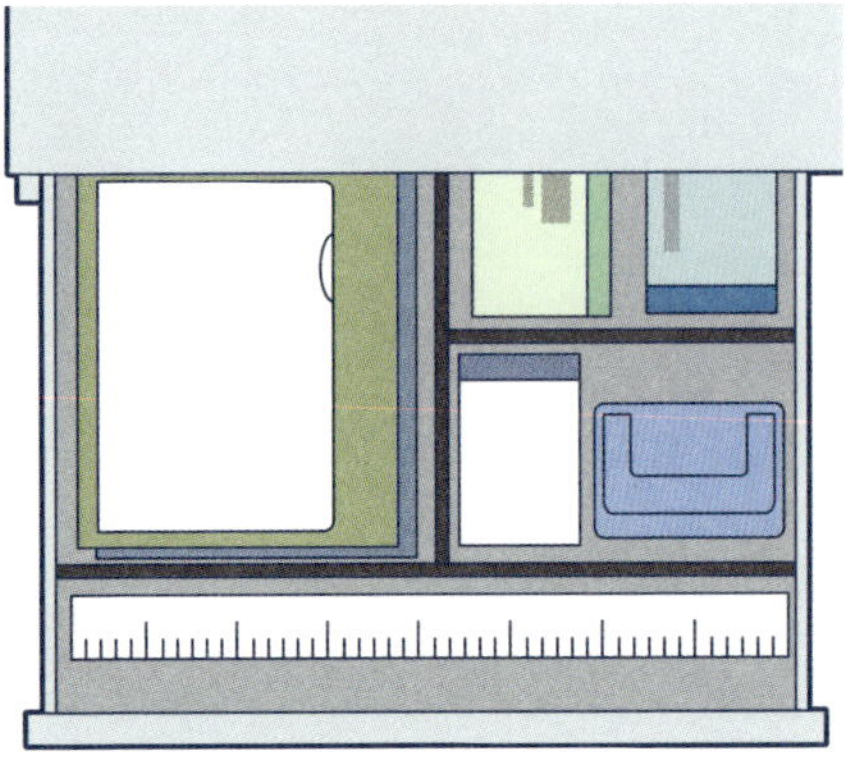

こんなモノは ココに入れる

30cm以上の長い定規やB4以上の紙類、経理関係の伝票類など、通常の仕事と少し毛色の異なるものを入れておくのもよい。

机左の浅い引き出しは大きいので、長い定規や大きい書類やノートなどを入れるのに便利。また、机の上にある進行中の仕事の書類を、離席時にいったん入れておく場所としても使える。広いため、ものが動きやすいのでかならず区切って使うこと。

引き出し収納の POINT 2

1番目の引き出し

すぐに取り出せる一番上の引き出しは、毎日ではないがよく使う文具類の収納に適している。文具類は細かいものが多いので名刺の空き箱などを利用して、区切って使う。また、鍵をかけられる場合が多いので、印鑑などはここに入れるとよい。

こんなモノはココに入れる

クリップや筆記用具（毎日は使わない蛍光ペンなど）、ホチキスなどの文具類はこの引き出しに。使用頻度の高いものを手前に入れる。

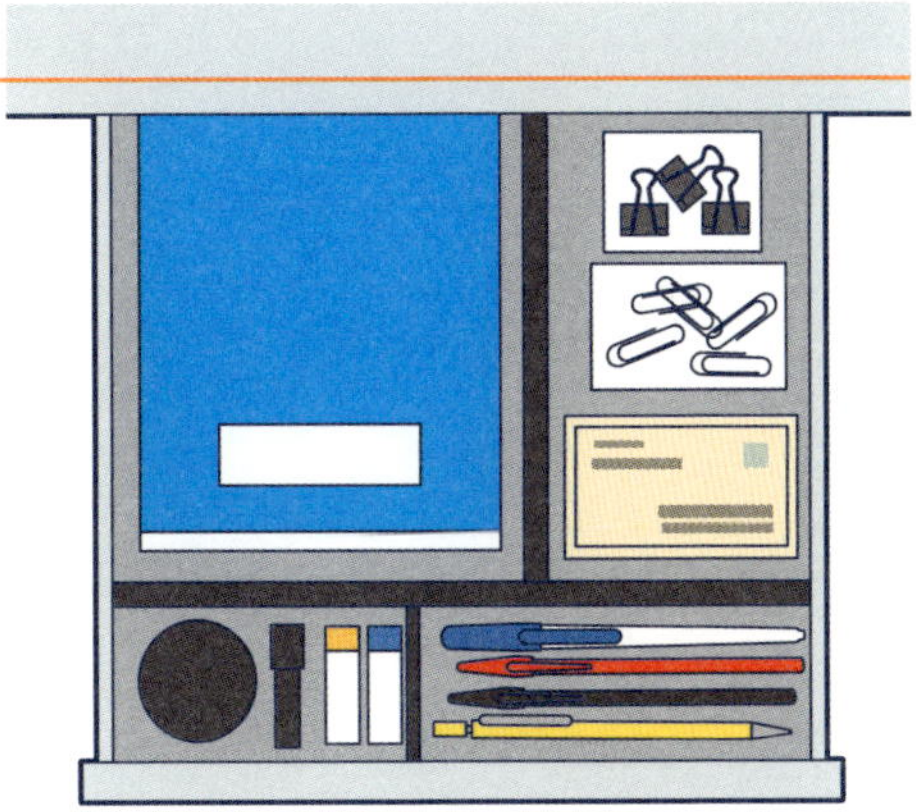

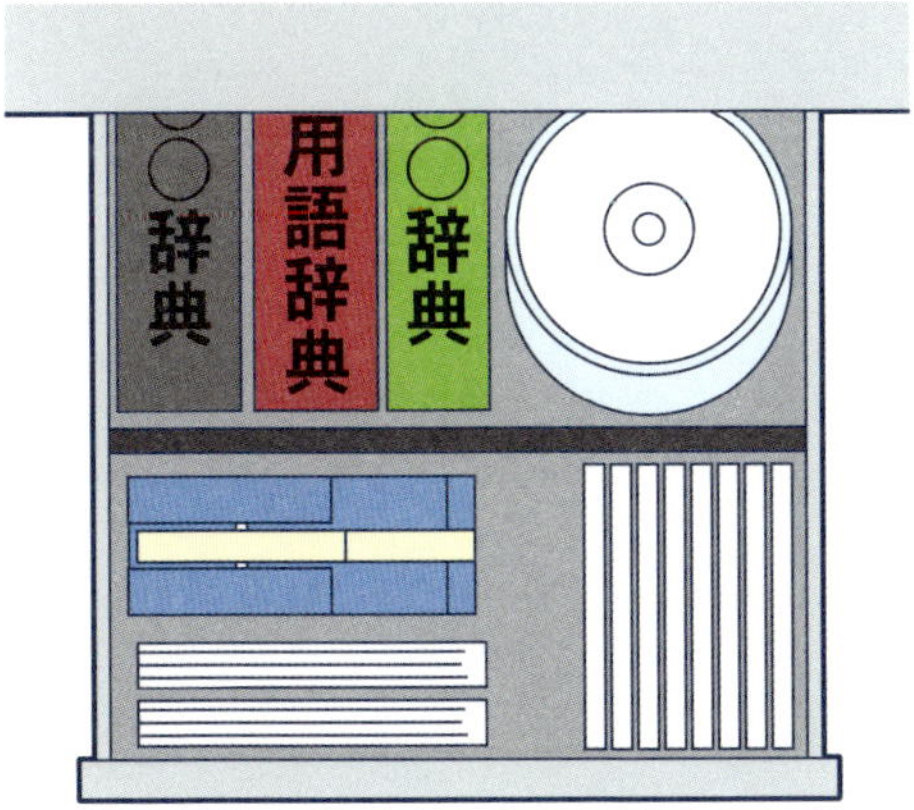

引き出し収納の POINT 3

2番目の引き出し

2番目の引き出しは深さがあるので、それを意識したものをしまう。分厚いものやDVDなど高さがあるものが向く。また、開けたときに、上から何がどこにあるか、把握できるようなしまい方をしないと取り出しづらく、使い勝手が悪い。

こんなモノはココに入れる

辞書やDVD-R、CD-Rなどはここへ。テープカッターなど、頻繁に使わない文具類を入れてもよい。スペースに余裕があればノートパソコンも。

引き出し収納の POINT 4

3番目の引き出し

一番下の引き出しは進行中以外の仕事のファイル収納に向く。ボックスファイルでいくつかに仕切ると、クリアファイルなどを入れても立った状態で収納できる。2番目と同じく、上からファイルのラベルが見えるように収納する。

こんなモノはココに入れる

保存用のファイルを収納する。手前からよく使うものを入れ、定期的に保存用キャビネットに移す。また、PC機器やデジカメなどを収納してもよい。

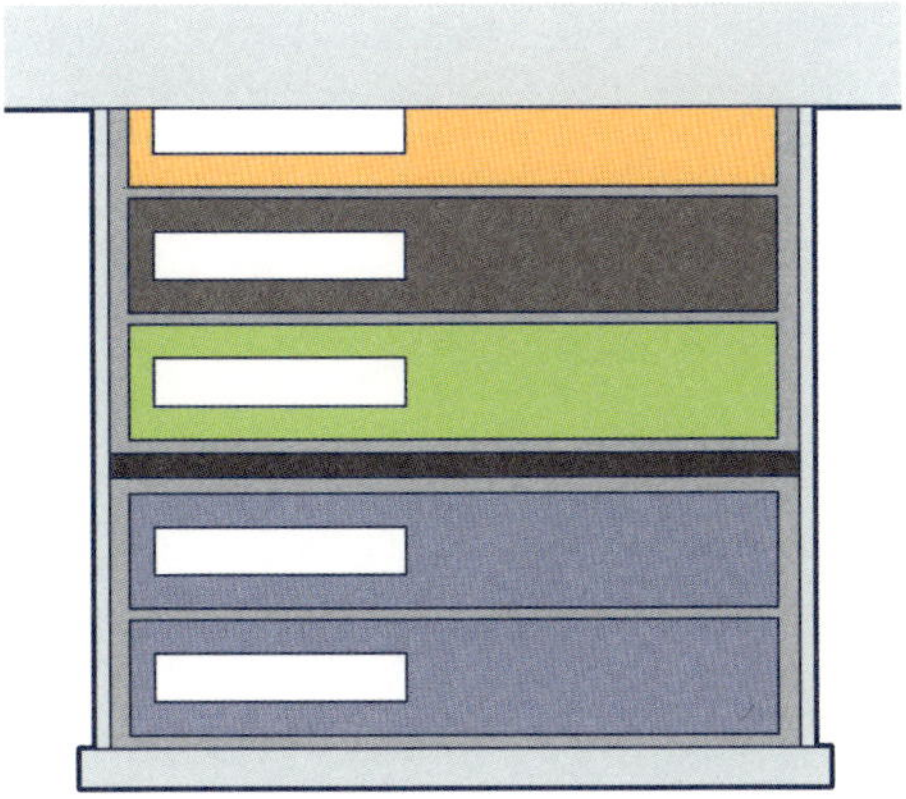

あると役立つ机まわりの整理小物

本当に自分に必要かどうか考えてから導入を

机まわりの整理用品は、なんでも導入すればよいというものでもありません。いらないものでスペースを占領するのはムダなだけです。かえって整理がめんどうになります。必要なものだけを導入しましょう。

また、机下は基本的にはものを置く場所ではありません。やむを得ず保存用の書類などを置く場合には、下記で紹介したようなボックスやトレーを利用して、すっきり見えるようにしましょう。

机下の収納に便利なもの

しまい込むタイプは何が入っているかを明示します。また、そのままにしておくとブラックボックスになりかねないので、定期的に中身を整理しましょう。

① ボックス

キャスターをつければ取り出しやすい。

② トレー

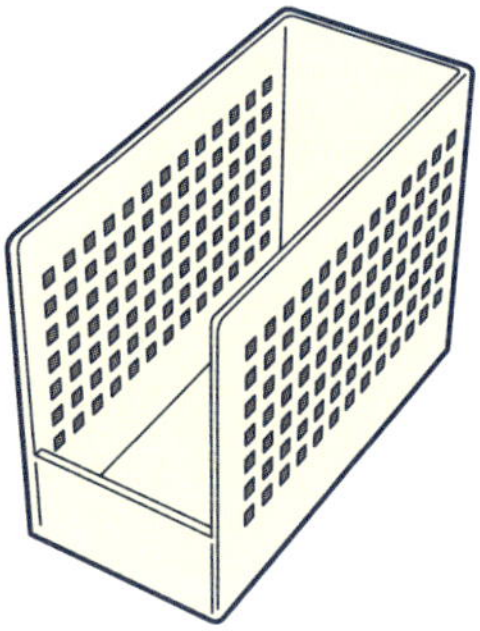

幅が177mmとかばんなど大きいものも収納可。

時計や鏡、写真立てetc すっきり置けばずっときれい

写真立てやアロマグッズなど癒し系の小物を置くと、仕事中の気分転換になる。ただし、煩雑に置くとごちゃごちゃ机の元に。癒しコーナーを決めて、厳選したもののみを置きたい。

あると便利な収納小物

持っておくと便利な収納小物を紹介します。
「なんとなく片づかない…」という人は検討を！

伝票さし

ばらばらになりがちな領収書やレシート、メモなどをさしておく。探せば百円均一ショップでも販売している。

こんな人は不要

当然だが、領収書などの伝票があまりない人には無用の長物。粘着メモにメモをする人にも不向き。

デスクトレー

書類を未決、やりかけ、処理済に分けて収納するときに三段トレーは便利。スタックできるタイプが多い。

こんな人は不要

書類の量が多かったり、単純に分けられない種類の仕事の人は不要。机上の貴重な場所がもったいない。

ミニゴミ箱＆携帯クリーナー

消しゴムかすやホチキスの針など、細かいごみをさっと掃除できる。作業中はそこに入れておき、後から捨てる。

こんな人は不要

PCでの作業が中心で、細かいごみがあまり出ない人は必要ない。名刺の空ケースで十分代用可能。

他にも…

机の脇に取りつけられるタイプのボックスや、郵便物入れなどもある。使用頻度を考えて導入するとよい。

Check! これができればあなたも片づけ上手

Check! 1 帰宅時はいつでも片づいている

帰る前にちょっと片づけると翌日気持ちよく仕事が始められる。情報漏洩を防ぐという意味でも、帰宅時に書類などをしまうのはビジネスマンの常識といえる。

Check! 2 仕事に行き詰まったら片づけをする

「なんとなく気分がのらない」ということは誰にでもある。そういうときは、引き出しや机の上の片づけをしよう。気晴らしにもなって一石二鳥だ。

Check! 3 週に1回大掛かりな机掃除をする

毎日こまめに整理していても、どこかに矛盾は出てくる。週に1回、10分でよいので時間をとって、周囲をチェックし、不要なものを整理すること。

ごちゃごちゃ机を一気にきれいに！

ごちゃごちゃ机はこうして片づける

「整理しなきゃいけないのはわかっているけれど、あまりに汚くてどこから手をつけたらいいかわからない!!」という人のために、1時間でできる「机」掃除法をお教えします！

❶ 机のものをすべてひとつの箱に入れる

PCなど動かせないもの以外、すべてのものをダンボール箱に機械的に入れる。「これはいるかな？　それともいらないかな？」などといっさい考えず、手当たり次第、すべてをダンボール箱へ。机の上に何もない状態になったらふき掃除を。これで第一段階は終了。

❷ いらないものを捨て、今使うものと、使わないがこれから必要かもしれないものに分ける

ダンボール箱の中をいるものといらないものに分ける。完璧に分けようなどと思わず、迷ったら考える前に保留箱に入れる。いるものの中から、今現在の仕事に必要なものだけを取り分け、それ以外は分類する。細かく分類しようとするとめんどうだし、矛盾も出やすいので大まかでよい。

❸ 今使うものは机の上の書類入れ所定の位置へ。必要かもしれないものは保留箱へしまう

進行中の仕事のものは机上の書類入れに入れる。筆記具などは必要なものだけを机の上に。不要なものは共有スペースに戻す。また、保管するものは机の引き出しと収納庫に分けて入れる。保留箱には掃除した日付けを書き、そこから半年使わなければいさぎよく処分する。

机整理に役立つ小物たち

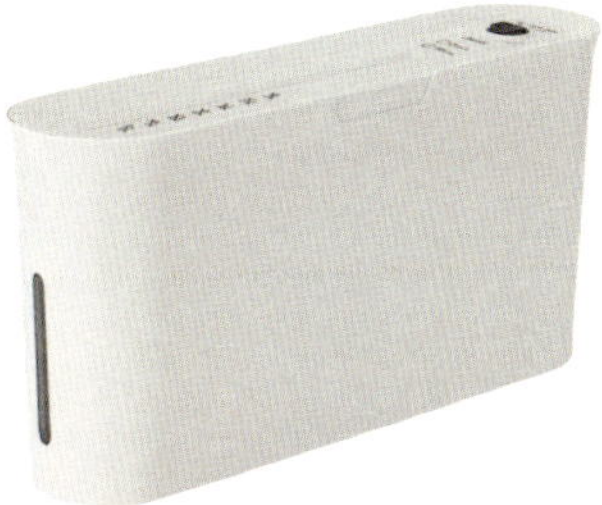

マイクロカットシュレッダー B05W

机の上に置いておくと便利な卓上型の小型シュレッダー／アスカ

アスクル 引出し整理ボックス 薄型 高さ30mm アソート 小×2 中×2 大×1

仕切りが動かせ、机の引き出しの中の小物整理に便利なボックス／アスクル

机上台

台上にモニタをのせれば台下にキーボードを収納できる。幅590㎜／LIHIT LAB

バンカーズボックス（フタ式）

二重構造のしっかりした作り。持ち運びするときの取っ手も丈夫。A4用1セット（3枚入り）／フェローズ

ペギー

別売りのミニシェルフやペンスタンドを取り付けて、おしゃれに収納することができる。

本体、ミニシェルフ、ペンスタンド／キングジム

テレフォンアーム TA002

トレイ下の空間を活用でき、また手前に引き寄せられて受話器が取りやすい／セキセイ（①）

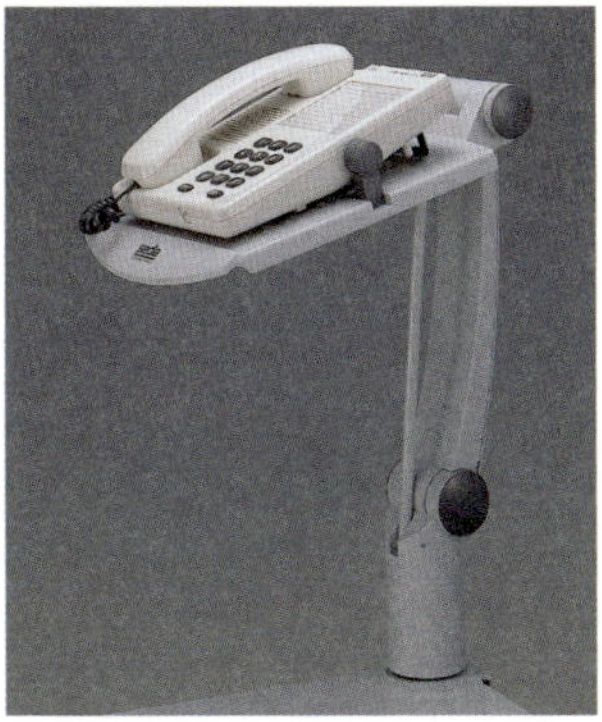

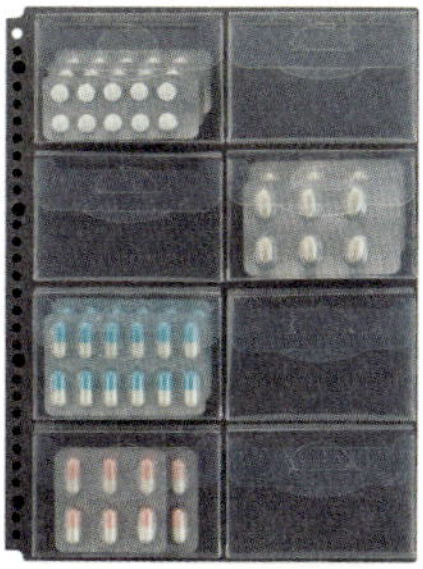

アスクル モノイレリフィル ハードタイプ マチ付き 8ポケット A4タテ30穴

サンプルや部品など厚みのあるものの収納に便利。1袋（5枚入り）／アスクル

ものの整理術 9

収納庫の賢い整理方法

収納庫の選び方

Check! 1 奥行きを選ぶ

収納庫は入れるものによって奥行きを決める。奥行きがありすぎると、取り出しづらい上に、スペースも取るので、ちょうどよいものを選ぶ。

Check! 2 開閉タイプを決める

引き戸タイプは開閉スペースに余裕がないときに。オープンタイプは機密性が低く、使用頻度の高いものを収納するのに便利。

Check! 3 どこに設置するかを考える

壁面か、それとも間仕切りがわりにするかなど、設置場所により大きさやタイプは異なる。小さすぎても大きすぎても使いづらいので注意。

壁面　壁面にそって並べる方法。スペースにより収納庫の大きさを調整。

倉庫風　縦列に収納庫を並べて置く。開閉スペースを考えると引き戸タイプなどがよい。

窓の下　すき間があるときは収納庫で埋めると、収納スペースが増える。

仕切りとして　仕切りとして使う。部署を分けたり、玄関のカウンターとして使ったりする。

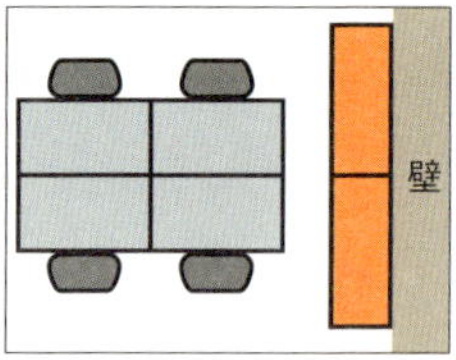

壁側に置く形。開閉できるか、出し入れができるかをきっちり確認すること。

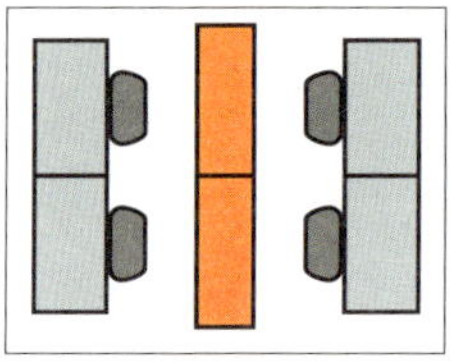

仕切りのように活用する並べ方。収納庫の上も収納スペースとなる。

何をどのくらい入れるかきちんと考えることが大切

あれもこれも保管しておきたいという考えは、整理術的にはNGです。本当に必要なものを、必要な間だけ保管するのが鉄則です。収納庫が大きいと、どうしても保存するものが多くなりがちなので、小さいくらいのほうがものを整理できます。

基本的に収納庫は共有するものをしまいます。個人所有にすると、ものが増えるだけです。

また、しまう場所を細かく分類しすぎると、矛盾が出て上手に収納できなくなります。大まかにコーナー分けするくらいでちょうどよいのです。このとき、どこに何を入れたかがわかる表を作り、いつでも閲覧できるようにしましょう。

収納庫のいろいろ

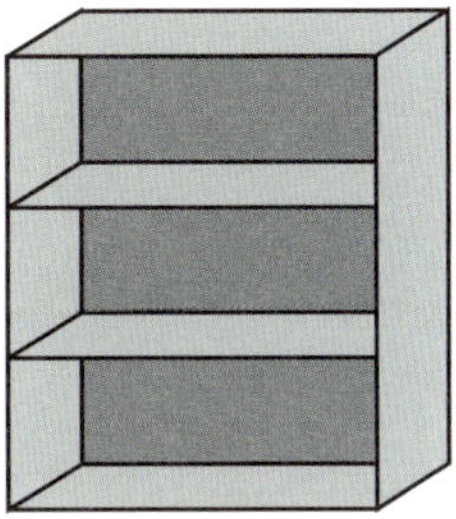

オープンタイプ

ものの出し入れがしやすい。機密性の低いものを収納するときはこのタイプを。

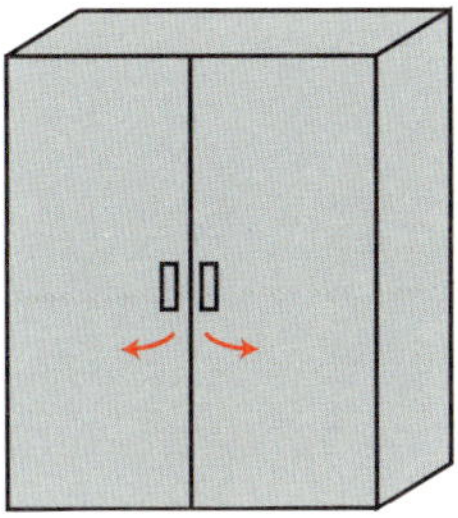

開閉タイプ

観音開きで開くタイプ。開閉スペースが必要になる。

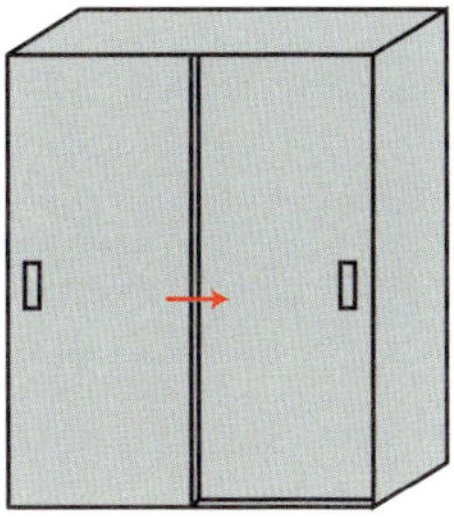

引き戸タイプ

左右に引き開けるタイプ。開閉スペースは少ないが、半分しか開かないので、収納物は探しづらい。

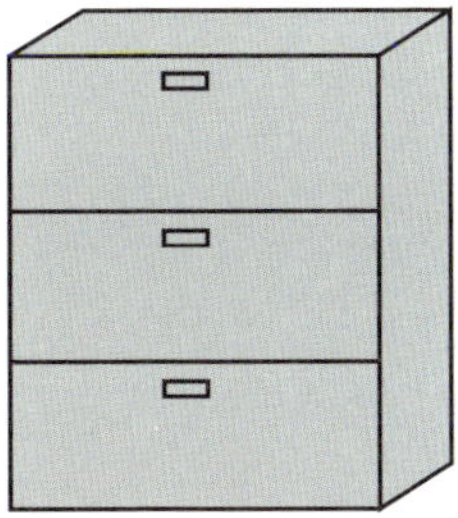

引き出しタイプ

出し入れしやすい。転倒防止のため、ひとつが開いていると他の段は開かないものがよい。

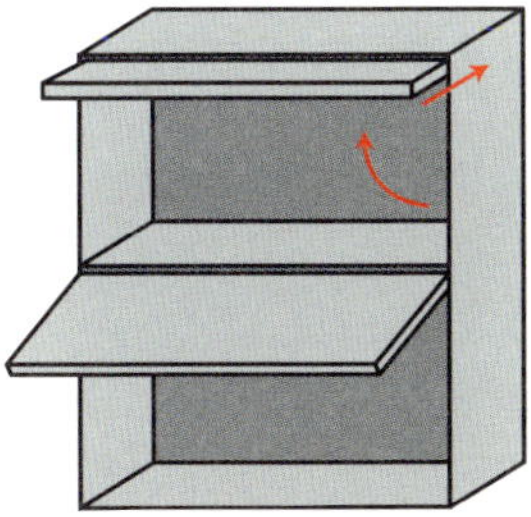

フラップドアタイプ

持ち上げるようにして開ける。扉の開閉を少なくして、日中は開けておき帰社時に閉める。

使用頻度&何を入れるか＋設置場所で考える

収納庫は使用頻度や、設置場所でタイプが決まってくる。1ヶ月に1回程度ならば、奥まった場所にあってもよいが、頻繁に閲覧するようなら、すぐに取り出せる場所に置いたほうがよいだろう。また、セキュリティに配慮した鍵つきも人気がある。

収納庫は使い勝手で整理する

収納庫に本やファイルをしまうとき、大きさで分類する方法もあるが、やはりある程度はテーマごとに分けたほうが使いやすい。まず、大判のものと、単行本サイズに分け、それをテーマごとに並べるとよい。テーマはなるべく大まかにし、使用頻度で置く場所を決める。

辞書など使用頻度の高いものは取り出しやすい高さに。

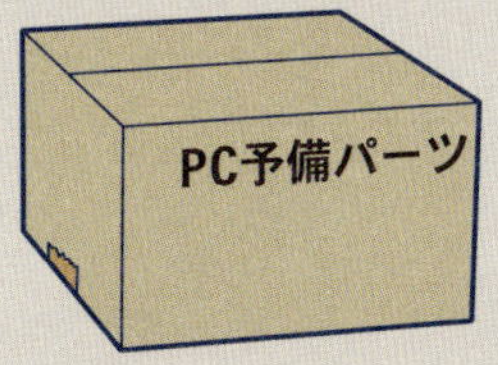

めったに使わないなら、中身を明示し箱にしまってもよい。

ものの整理術10

散らばりがちな文具の片づけ方

何が必要かをしっかりチェック！

文具は大きさがさまざまなのでそれを考えて収納するようにします。ポイントは以下の3つです。

①使用頻度に合わせて、置き場所を決める。

②細かいものは名刺の空き箱などを利用し、種類ごとに分けて収納する。

③よく使うもののみを個人所有とし、たまにしか使わないものは共有から借りる。

下記のような文具リストを作り、自分には何が必要かを一度考えてみるとよいでしょう。

まずは文具リストを作ろう！

文具の使用頻度は仕事の内容によって変わります。あなたはめったに使わないものまで机の上に置いていませんか？

大分類	中分類	小分類	使用頻度
書く文具	ボールペン	黒	毎日
		赤	毎日
		青	2～3日に1回
	シャープペン		毎日
	蛍光ペン	赤	1週間に1回
		黄	1週間に1回
消す文具	消しゴム		毎日
	修正ペン		毎日
切る文具	はさみ		2～3日に1回
	カッター		1週間に1回
計る文具	定規	50cm	2週間に1回
		20cm	2～3日に1回
止める文具	クリップ	大	2～3日に1回
		小	毎日
	ホチキス		毎日
予備の文具	シャープペンの替え芯		1週間に1回
	ホチキスの針		2週間に1回

〈文具リストの例〉

文具収納がうまくいくコツ

高さに合わせて収納する

長い定規と短いペンを一緒の入れ物に収納すると、どうにも使い勝手が悪い。定規やはさみなどは高さのあるものに、ペンはそれよりひとまわり小さいものに入れると、どこに何があるかすぐわかって便利。

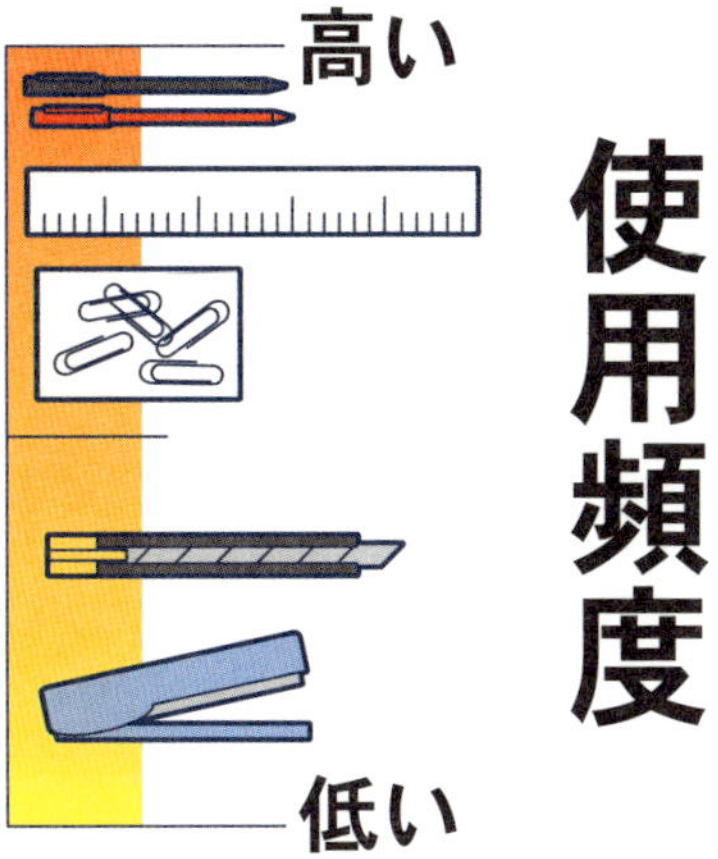

使用頻度で収納場所を決める

机上は毎日使うもの、一番上の引き出しは2〜3日に1回は使うもの、1週間に1回使うものは2番目の引き出しというように、使用頻度でしまう場所を決める。どこに何をしまうか、きっちり決めるのも大切。

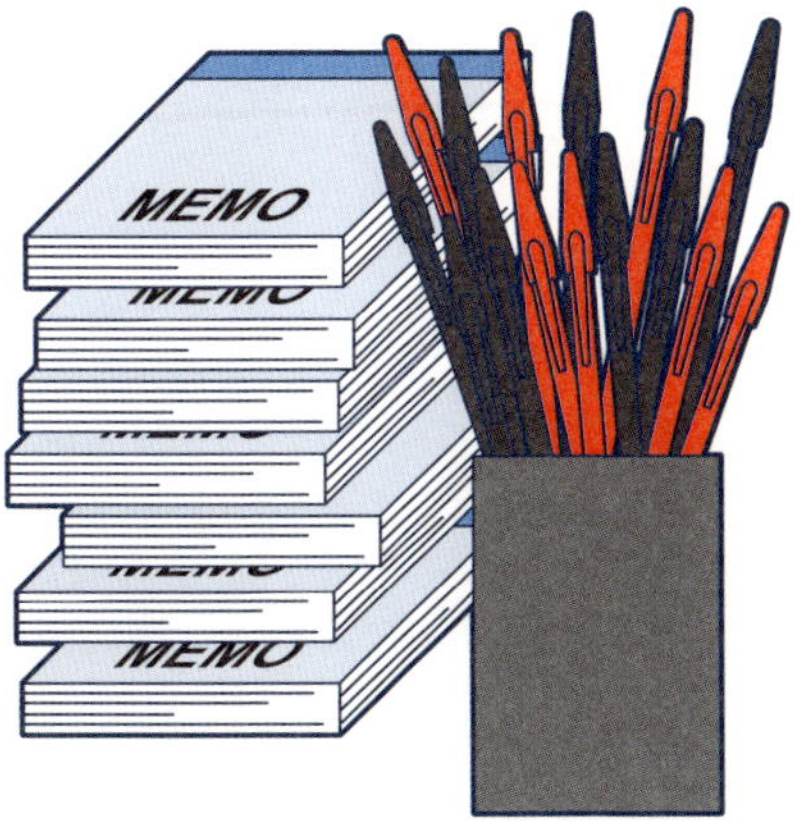

使わないものは持たない

会社の文具で無料だからと、必要のないものまで所有するのはやめよう。スペースもムダである。ただし、仕事に役立つのならば、自分のお金を出して使い勝手のよい文具を購入する姿勢も大切だ。

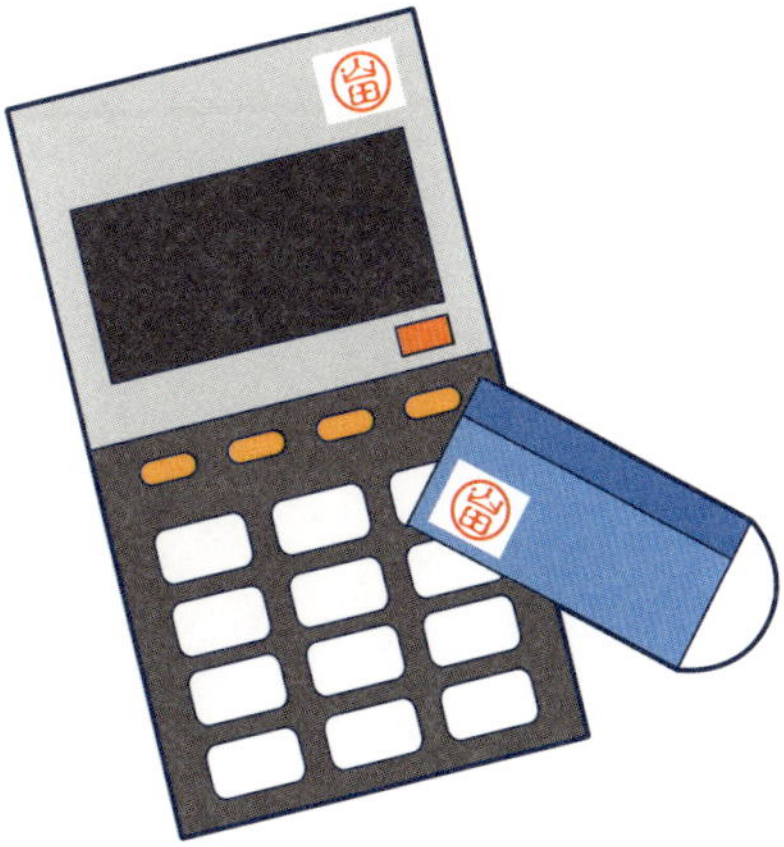

自分の名前をすべてにつける

文具は人に持っていかれやすいもの。すべての文具に名前をつけておくと、「ちょっと拝借」された文具もあなたの元にきちんと戻ってくる。めんどうでも最初のひと手間で、文具の紛失を防げる。

ものの整理術 11

百均グッズで快適な環境を作る

百均はこんなに使える！使えない？

　会社支給のものだけで、きちんと整理するのはけっこう大変です。ある程度は、自腹を切って収納用品を買う必要があるでしょう。とはいえ、なるべくなら安く済ませたいと思うのは当然です。そんな人におすすめなのが百円均一ショップを利用すること。同じ形のものを安価でそろえられ、必要なくなったら惜しげなく捨てられます。

　とはいえ、安物買いの銭失いになる恐れも。「100円だから……」と何でも買うのはムダ遣いです。

百均グッズのメリット・デメリット

メリット

同じ形のものを安価で多数そろえられる。また、ちょっと汚れてきたり、使い勝手が悪かったりしたら、すぐ捨てられる。収納庫の中や引き出しの中を整理するものなど、人目につかない場所であれば、多少安っぽくても気にはならない。

こんな使い方も

「ちょっと使ってみたいな」と思ったものを見つけたら、購入してみて、使い勝手がよいようなら高価なものを買う。

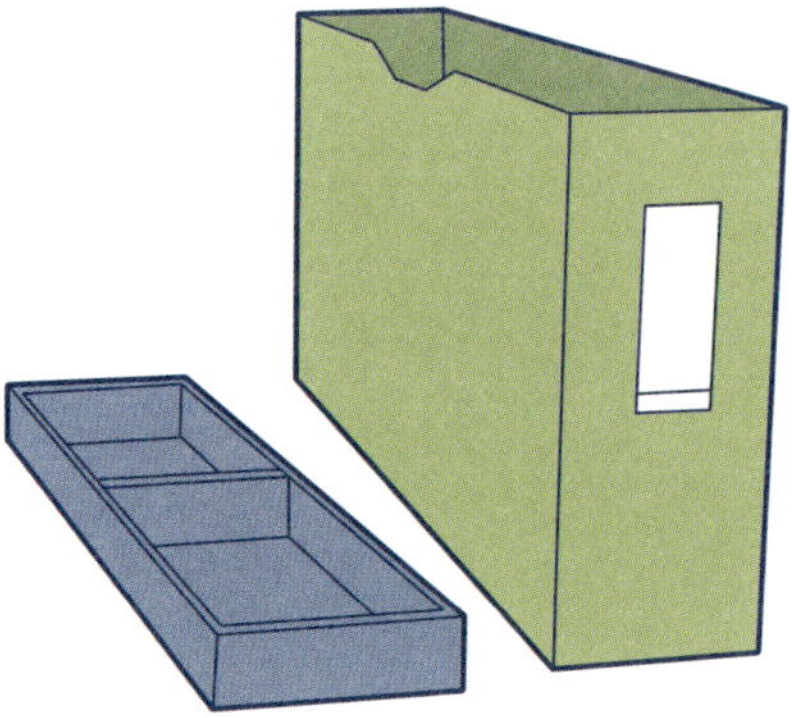

デメリット

まず、他店で100円以下で売っているものはダメ。ノートや消しゴムなど、文具店のほうが安いことも。机の上は人目につくので、百円均一で購入したものばかりというのは考えものだ。また、電池などは耐久性が悪いものもあるので注意する。

だから…

長く使うもの、人前に出すもの、毎日使うものはおすすめできない。使い心地は正直期待できないところも。

使える百均グッズはコレ!

小物整理に便利な収納箱。机の引き出しに入れ、クリップや輪ゴム、電池などの収納に使うとよい。

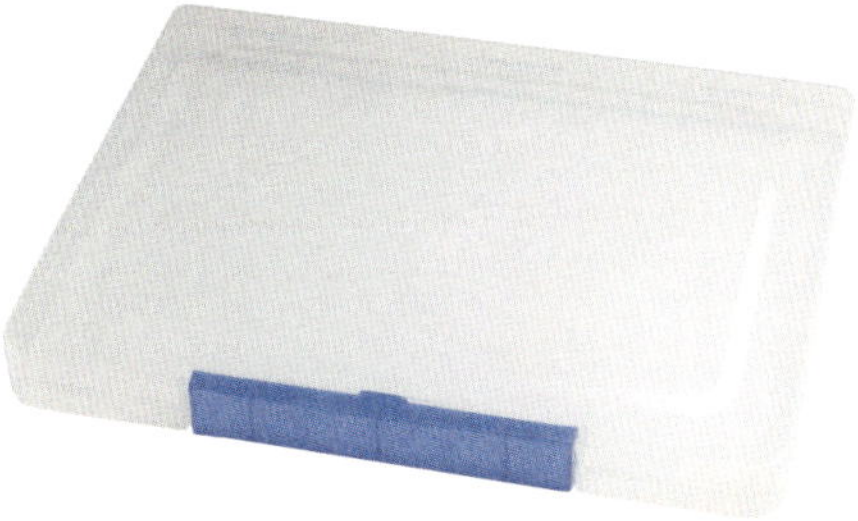

ある程度厚みがある書類の収納にぴったり。クリアファイルに比べて密閉性もあり、持ち歩くときに、紛失のおそれもない。

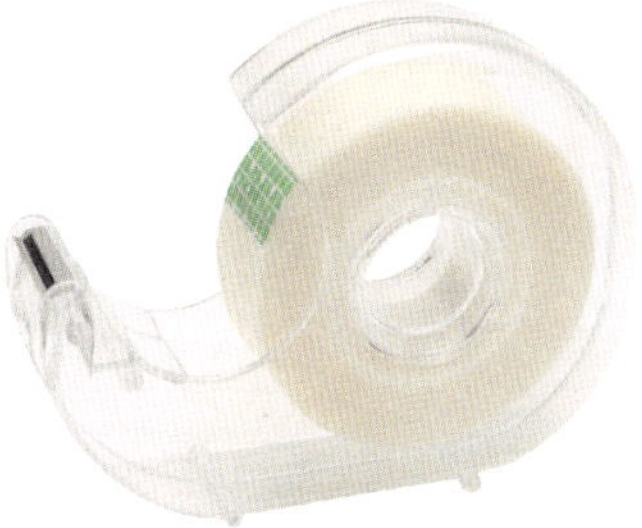

メンディングテープは、上から文字が書けるので文具に名前をつけたり、CD-RやDVD-Rに見出しをつけたりするときに便利だ。

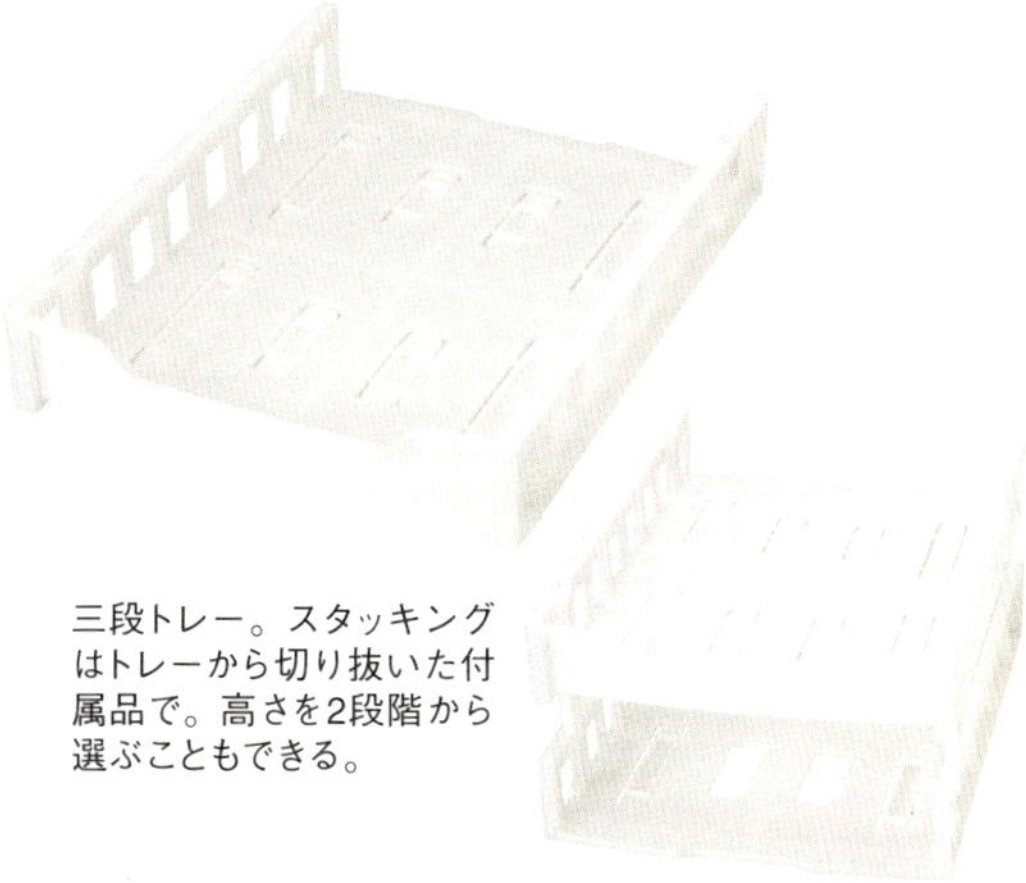

三段トレー。スタッキングはトレーから切り抜いた付属品で。高さを2段階から選ぶこともできる。

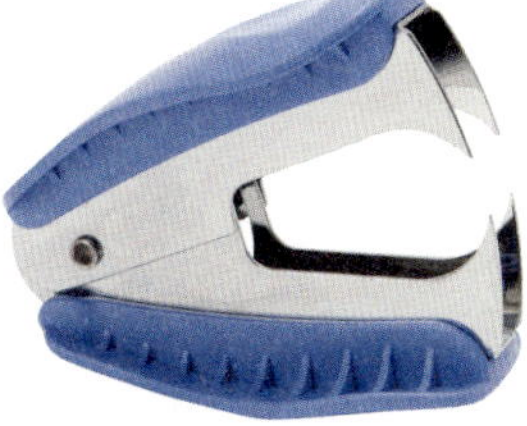

ホチキスの針取り。書類を捨てるときや裏紙を再利用するときなどに、これがあると簡単に書類をばらせる。

ファイルの背やノートの表紙などに貼って使う見出しポケット。中に入れる紙も一緒についている。

ものの整理術 12

名刺整理は最初が肝心！

誰なのかわからない人の名刺は捨てる

「名刺はなぜか捨てづらい」と思っている人は意外といますが、顔も思い出せないような、数年前に一度会ったきりの人の名刺を取っておく必要はありません。

その人が誰なのか思い出せない名刺はまずすべて捨ててしまってください。

また、名刺はもらったときに今後、必要ないなと思ったら保留箱に入れます。保留箱の名刺は半年ほどで処分します。心配ならスキャンしておけば情報は残ります。

名刺をもらったらしておくこと！

株式会社 新星出版社

営業部
鈴木一郎 Suzuki Ichiro

〒110-0016 東京都台東区台東2丁目24-10
TEL.03-XXXX-XXXX FAX.03-XXXX-XXXX
Suzuki@××××××××.jp

余白にプラスαの情報を書いておく

どんな情報を書くのか？

1 どんな仕事で会ったか

どの仕事で会ったかはもっとも基本の情報。これを糸口にどういう人物なのかが思い出せる。

2 紹介者は誰か

誰かに紹介された場合はそれを書く。どんなきっかけで会ったかがわかるようにすること。

3 いつどこで会ったか

会った日時と場所を記入する。同じ人から部署変えなどで複数もらったときに日時があると便利。

名刺1枚にも5W2Hがある

①WHO（誰の紹介で会ったか）、②WHEN（いつ会ったか）、③WHERE（どこで会ったか）、④WHAT（何の仕事で会ったか）、⑤WHY（なぜ会うことになったか）、⑥HOW（どのようにして会ったか）、⑦HOW MUCH（それにまつわるお金はあったか）を名刺に書いておくと、後々便利である。

こうすればもらった名刺をもっと活用できる

アイデア 1 名刺ボックスとファイルをダブルで使う

もらった名刺 → あいうえお順の名刺ボックスへ
↓
よく使うもののみ名刺ファイルへ移動

こうすると

1 スペースが少なくて済む

名刺ファイルは閲覧しやすいが、場所をとるのがデメリット。頻繁に見る人以外はボックス収納で十分だ。

2 ファイルがより使いやすい

膨大な量の名刺ファイルは、目当ての人にたどりつくだけでひと苦労だ。しぼってあったほうが探しやすい。

3 移動がカンタン

名刺ファイルがコンパクトならば、外出時に持ち歩くこともできる。外出時用のファイルを作ってもよい。

アイデア 2 もらったその日のうちにデジタル化

もらった名刺 → その日のうちにスキャン
↓
名刺管理ソフトへ

営業職などで毎日けっこうな量の名刺をもらうなら、名刺整理は日課にしたほうがよい。まず、名刺の人物と別れた時点で、基本情報を書き込む。それをスキャンし、名刺管理ソフトに入れる。名刺管理ソフトはフリーソフトもいろいろあるので、自分の使い勝手に合うものを選べばよい。

アイデア 3 名刺が入るクリアファイルを活用

もらった名刺 → その人に関係する仕事ファイルのポケットにいれる
↓
連絡するときなどにいちいち名刺ファイルを開かなくてよい

クリアファイル（ホルダー）には名刺が入るタイプがある。その仕事に関連する人の名刺をコピーして入れておけばよいのだ。こうしておけば、連絡するときにいちいち名刺ファイルを開く必要はない。専用のものがなくても、名刺のコピーをクリアファイルに貼っておけば、それだけでもけっこう便利だ。

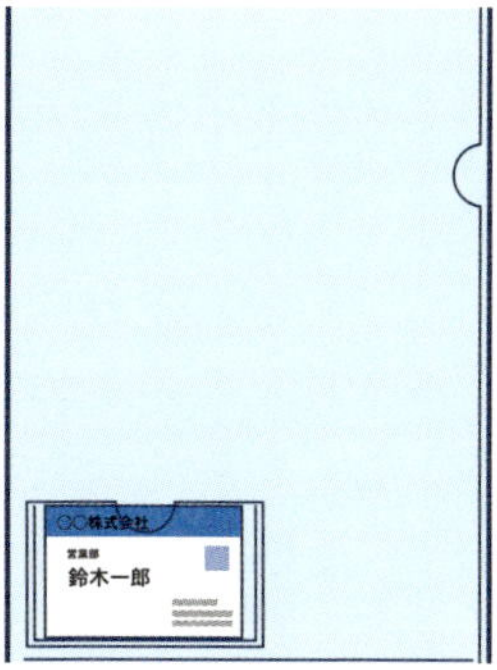

ものの整理術 13

名刺のファイリングを徹底検証

名刺ファイリングの方法 1

会社ごとに50音順で並べる
or
一定のルールで自分に合った分類方法で並べる

メリット

検索性がいいのが一番のメリット。探している名刺がどこにあるか、あらかた見当がつく。

デメリット

テーマごとや50音順は分類ごとに数がばらつくので、どうしてもムダな部分が出てしまう。

名刺ファイリングの方法 2

時系列でどんどん入れていく

メリット

もらった順に何も考えずに入れればよく、しかもムダが出ない。たくさん名刺をもらう人におすすめ。

デメリット

いつ会ったかを覚えていないと、一から探す手間がかかる。検索性に問題が生じやすい。

名刺ファイリングの方法 3

デジタル化して整理する

メリット

検索性もよいし、分類ごとに並べ替えたりもすぐにできる。デジタル化すれば収納スペースもいらない。

デメリット

いちいちスキャンして取り込まなければいけないのがめんどう。中途半端にやっても仕方がない。

⬇

自分の実情に合わせたファイリングを使用

名刺をどのくらいもらい、どういう形で使うかを考えてファイリング方法を選ぶとよい。また、デジタル化はこまめにやらないと意味がない。自分の性格も考え、きちんとできるようなら名刺管理ソフトの導入を。

名刺をもっと活用するために!

名刺は自分の人脈をはかる大切なツールです。「顔も思い出せない人の名刺を処分する」のは実はとてももったいないこと。名刺管理をしっかりすれば、「顔が思い出せない」名刺を作らずに済みます。

2〜3ヶ月に1回、もらった名刺を整理し、自分の人脈を①友人、②仕事関係者、③クライアントに分けます。このとき、その人と自分の親密度も書きます。自分にどのぐらい人脈があるか、客観的に見る機会は重要なものです。

名刺ファイルのいろいろ

名刺整理箱

インデックスシートの設定次第で縦にも横にも使える／キングジム

ターボデックス

50音のインデックス付きで、素早く名刺検索できる。ハンドルストップ機能も搭載。400名用／セキセイ

名刺帳〈ポケット交換タイプ〉

仕切り付両面ポケットタイプの名刺ファイル。500名用／LIHIT LAB

名刺はデジタル化で整理整とんがもっとはかどる

最近では名刺アプリの種類も増え、月額制のものから無料で使用できるものまでさまざまな種類がある。それぞれ登録できる枚数や使い勝手に差があるため、自分が日頃どれくらい名刺をもらうかを基準に選ぶのがおすすめ。効率的に管理でき、整理整とんがはかどる。

名刺にも捨てるルールを！

「いつか必要になるかもしれない」と思い、捨てられない名刺の束は捨てるしくみを作って整理するとよいでしょう。

まず、顔が思い出せない人の名刺はすべて処分します（一応、まとめてスキャンしておきます）。次に1回しか会っていない人の名刺は輪ゴムなどでくくり、半年後の日付けを書いておき、そのまま使わなければ、半年後にスキャンしてから捨てます。

半年に1回、顔を思い出せない人の名刺を捨てる→1回しか会ってない人の名刺をくくるを繰り返します。名刺整理も捨てるしくみを作ることが大切なのです。

また、2回以上会った人の名刺も、1年以上会わない場合は別個にし、5年間そのまま会わなければスキャンしてから処分しましょう。

ものの整理術 14

かばんの中も徹底的に整理する

1ヶ月使わないものはかばんから追い出す

ビジネス用のかばんはA4サイズの書類が折れ曲がらずに入り、なるべく軽いものが便利です。

かばんも机まわりや引き出しの中と同じで、どこに何を入れるかきちんと決めるようにしましょう。

また、同じものを毎日使うことが多いので、定期的に整理しないと不要なものがたまっていき、使い勝手が悪くなります。安心のためにこれも持っておこう、あれも持っておこうと、手荷物を増やすのもおすすめできません。1ヶ月使わないものは、これからも使わないと考え、持ち歩くのはやめましょう。最近はコンビニなどでだいたいのものは手に入ります。困ったら買えばいいのです。

かばんは定位置を決めて収納

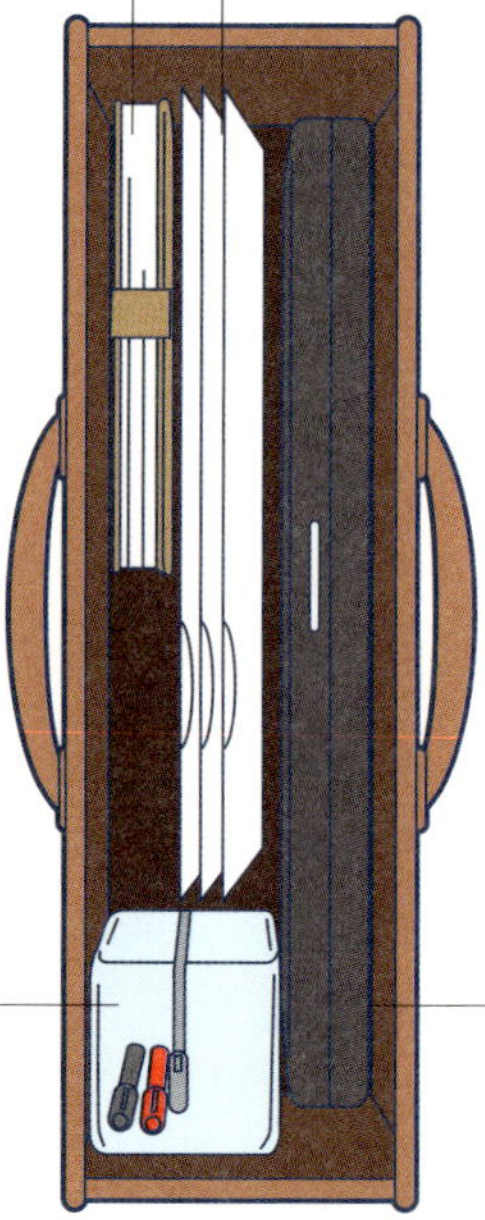

手帳＆ノート

手帳は取り出しやすいよう、別ポケットに入れる。携帯用ノートは大きすぎず、表紙が厚紙タイプのものが持ち運びしやすく、いつまでもきれいな状態で使える。

書類

書類はクリアファイルに入れて持ち運ぶ。そのまま入れると折れ曲がったり、ばらばらになったりするので注意。57ページのように持ち運ぶと使い勝手がよい。

小物類

文具類などはそのまま入れず、ポーチなどに入れて収納する。透明なものなら中身が見えて使いやすい。PCまわりのものも袋にひとまとめにする。

パソコン

パソコンは専用のケースに入れて持ち運ぶ。パソコンの大きさに合わせて、かばんの大きさも変わってくる。無理なく運べる大きさにしたい。

外出時の書類分類方法

外出先であたふた書類を取り出すのは避けたいところです。

書類はクリアファイルを上手に使って分別し、どこに何があるかひと目でわかるようにしましょう。チェックリストを作れば忘れ物もなくなります。

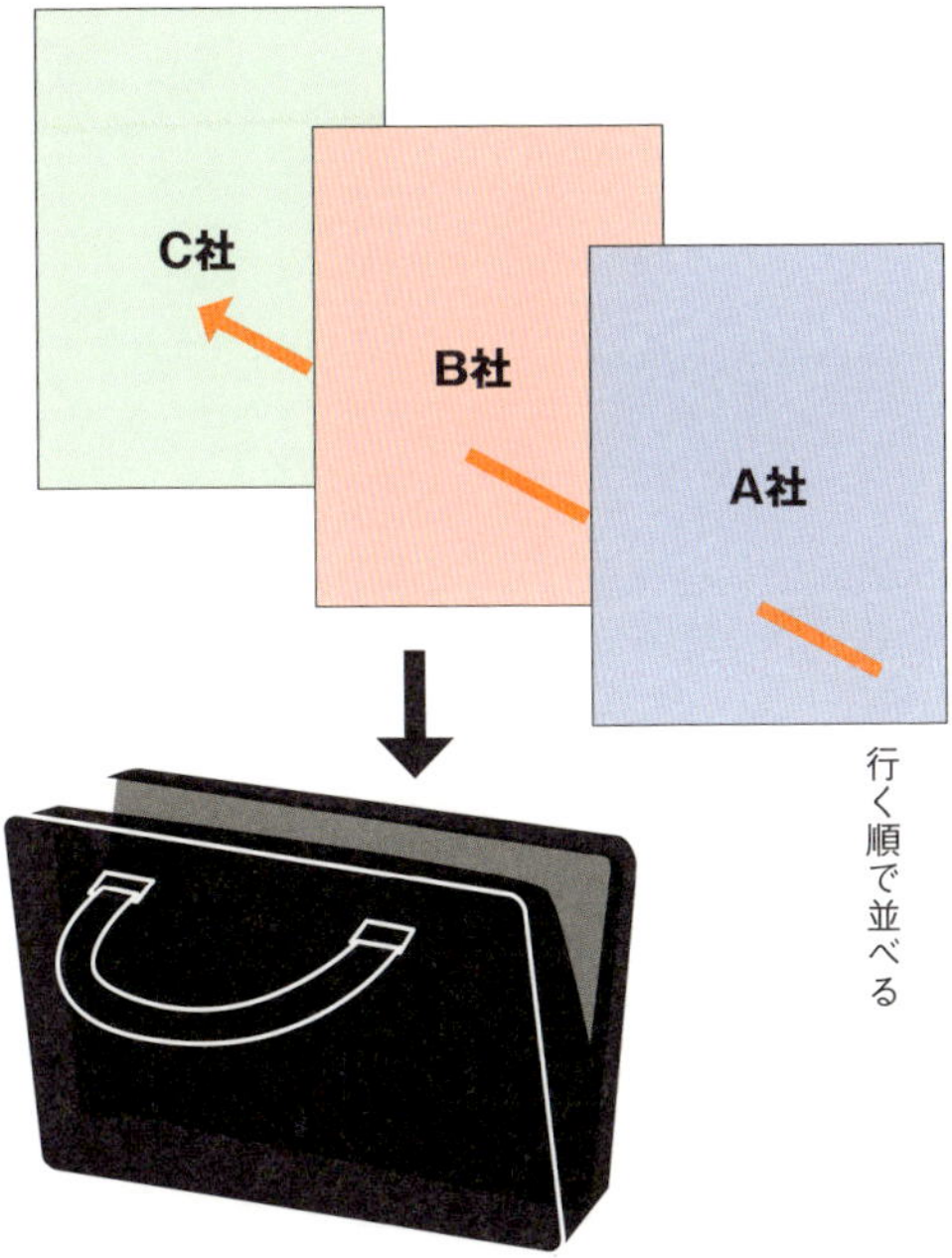

❶ 書類は行き先ごとに分けてクリアファイルへ

複数立ち寄る場合、書類を一緒にしておくとぐちゃぐちゃになってしまう。かならず、行き先別にクリアファイルに入れること。

❷ 書類の順番は行く順で並べる

取り出すときにあわてないためにも、クリアファイルは行く順に並べておく。また、ファイルには粘着メモなどを使い、どこの書類かを明記した見出しをつけておく。

❸ 忘れ物防止にはチェックリストが有効

大事な商談で忘れ物があったら話にならない。前日までに持って行くもののチェックリストを作り、出かける前にかならずチェックする。

かばんはどんなものがよい？

1 サイズ 入れるものによって変わってくる。一番のポイントはPCを携帯するかどうか。PC本体だけでなく、アダプタやマウスを持ち運ぶ必要があることを忘れずに。

2 材質 材質は丈夫で軽いこと。PCを持ち歩く場合は衝撃や多少の雨にも耐えられるような素材がよい。革製でもよいが、重さを十分に吟味すること。

3 デザイン マチがしっかりないとビジネス用のかばんとしては失格だ。また、ポケットが複数ついているもののほうが、かばんの中身を整とんしやすいだろう。

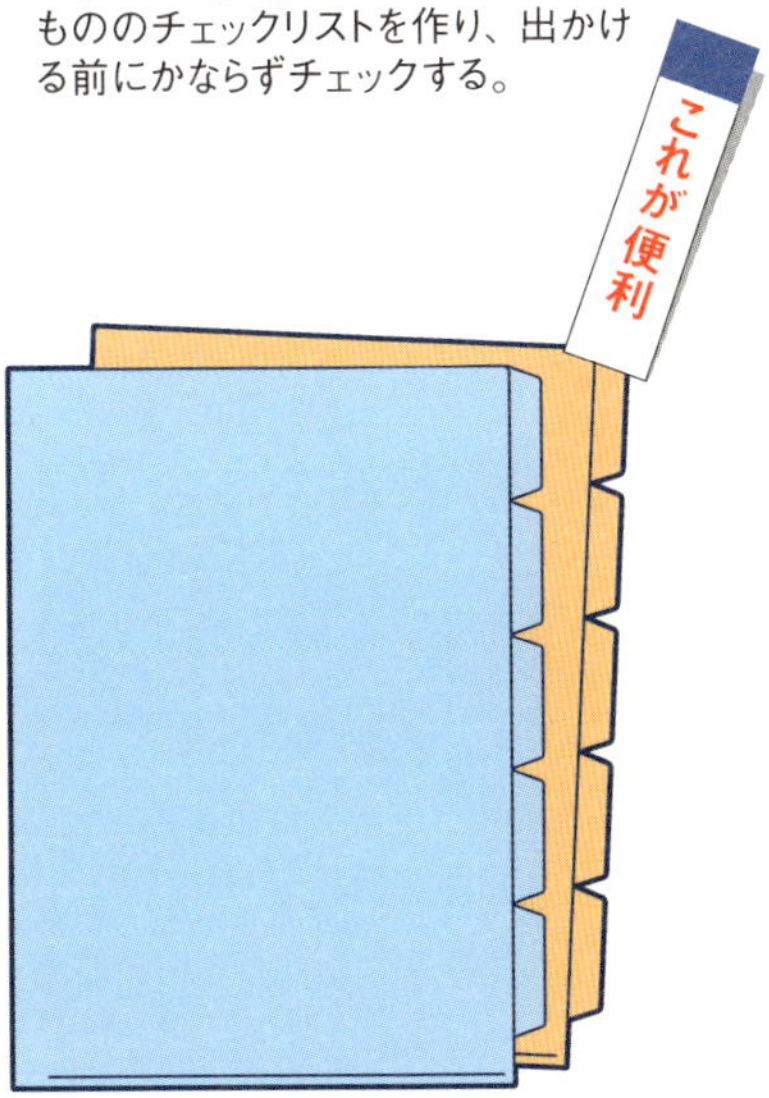

書類を小分けして入れられるようになっているA4サイズのクリアホルダーが便利。

ものの整理術 15
身軽に&ちゃんと出張するためのコツ

本当に必要なものだけ持っていくこと

アマゾンの奥地にでも行かない限り、たいていの日用品は購入できます。出張するときは、まずバッグの大きさから荷物の総量を決め、絶対に現地調達できないもの（仕事関係の書類やPCのアダプタなど）から詰めていきます。

日用品は足りなくなったら現地で買えばよいぐらいの気持ちでいると荷物が少なくて済みます。とはいえ、買い物に行く時間が取れないと困るので、最低限のものは必要です。

出張用品を決めるポイント

Check!
❶ 期間&場所を検討

どこに何日間出張するかを考慮しつつ、荷物のリストを作る。海外でもコンビニがあるような都市部なら、現地で購入できるものも多い。また、長期出張の場合は、着替えを全日程分持って行くのは大変。洗濯ができるかどうかを確認すること。海外では携帯の充電器は手に入らないのでかならず持って行く。

Check!
❷ 送れるものはあるか

仕事の書類は送ってもよい。その場合、かならず出発の前日までに届くよう手配をし、届いたかどうかを確認できるようにする。ただし、契約書など重要な書類は、配送トラブルに合ったら大変なので、手荷物で持っていったほうが安心。仕事関係のものは別個にリストを作り、忘れ物がないようにする。

Check!
❸ 現地調達できるものはある？

下着類など、あえて少なめに持って行き、現地で購入するという方法もある。仕事関係のものとお金などの貴重品以外は、いざとなったら購入すればよい。あれもこれもといらないものまで持っていく必要はまったくない。出張中は移動することも多いので、なるべく身軽なほうが動きやすい。

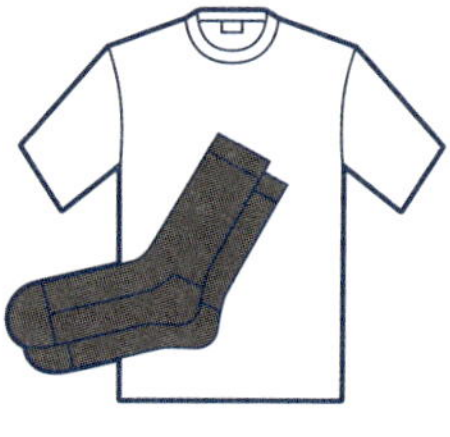

出張用品はこんなことに注意

仕事で使う物
- 書類
- 資料
- パソコン
- パソコン用ケーブル
- デジカメ類
- 名刺
- 文具類

小物
- 日用品
- お金、カード類

洋服など
- Yシャツ
- ネクタイ
- スーツ
- 下着類

いつどこで必要かを考える

何がどこで必要になるかを考える。出張は仕事をしに行くのだから忘れ物は厳禁である。仕事関係のものだけはゆとりを持って、多めに持っていくとよい。

海外使用のときは変換ケーブルを忘れずに

PCは精密機器なので、かならず変換ケーブルを持っていく。電圧が合わないと故障の元。

本当に必要かを検討

携帯のカメラで事足りるならデジカメを持っていく必要はない。必要度で持っていくかを決める。

多めに持っていくこと

名刺は現地調達はできない。切らしたら大変なので、使う予定の倍は持っていく。

なければ現地調達も

文具類は必要最低限のものがあれば十分。必要になったら、どこでも手に入る。

ホテルの備品をチェック

洗面用具などはホテルに備品があれば必要ない。インターネットなどで情報を確認すること。

足りるかどうかを検討

日用品を現地調達といってもお金がなければ始まらない。少々多めに持っていったほうがよい。

クリーニングできるなら枚数はいらない

ホテルでクリーニングに出せたり洗濯機があったりする場合は、枚数は少なくても大丈夫。

捨てられるものを持っていくのも手

現地で着た後、捨てられるような古いものを持って行くのもおすすめ。足りなければ買えばよい。

出張のバッグ選び

出張するときは書類など重いものを入れることが多いので、バッグは丈夫なものを選ぶ。キャスターつきのキャリーバッグの場合、あまり安価のものだと、重さに耐えられずすぐ壊れてしまうので、長く使うことを考え、ある程度しっかりしたものを購入したほうがよい。

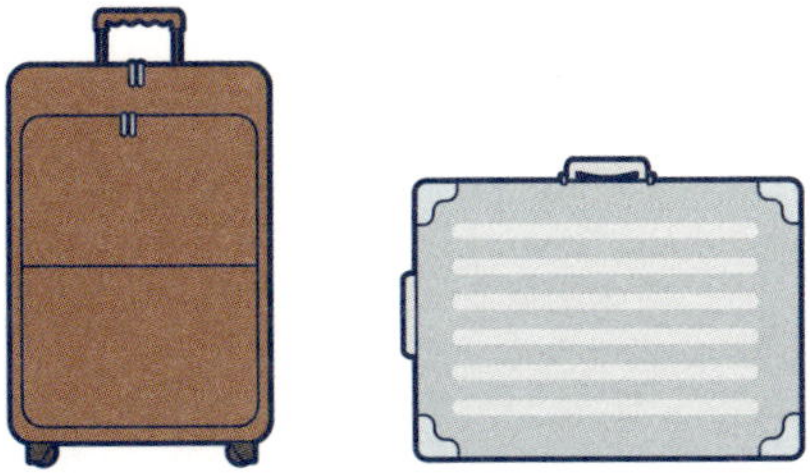

ものの整理術 16

財布の中もしっかり整理しよう

ふくれあがった財布はみっともない

よく領収書やカードでぱんぱんの財布を持っている人を見かけますが、使いにくいだけでなく、見た目にもあまりよいものではありません。

財布がいっぱいになる一番の原因はカードの持ちすぎです。クレジットカードや定期などよく使うものは財布に入れ、ポイントカードなどはカード入れに移すとすっきりします。また、たまにしか行かない店のポイントカードは作らないなど、カードを増やさない努力をしましょう。

財布収納の基本

「気がつくと財布がふくれあがってしまう」という人は無自覚に何でも入れている人が多いよう。なるべくものは入れないほうが、使い勝手はよいものです。

基本 1 2〜3日に1回はすべてを出して整理する

財布はけっこうすぐにいっぱいになるもの。2〜3日に1回はレシート類をすべて出して、必要なものはレシート専用の袋を作り、それで管理する。同時に、不要なものは処分すること。

基本 2 領収書などが多い人は長財布か札入れを使うとよい

二つ折りタイプの財布はコンパクトでよいが、どうしても領収書やレシート類が折れ曲がるし、すぐにぱんぱんになる。長財布を使ったほうが、きれいな状態で管理できる。

基本 3 スリムに保つ努力をする

小銭をなるべく使う、よぶんなポイントカードは作らない、必要のないレシートはその場で捨てるなどを心がける。近年、スマホアプリを使ったキャッシュレス化も進んでいるので取り入れてみてもよい。

基本 4 カードが多いなら別個にカード入れを

財布の中がカードでいっぱいなら、まず、絶対に持ち歩くカードを財布に入れ、たまに使うカードをカード入れに入れる。めったに使わない1回しか行っていない店のカードなどは捨てる。

基本 5 お札はそろえて入れる

お札を入れるときは金種と向きをそろえて入れる。使うときに出しやすいし、いくら入っているかを把握しやすい。レシート類もなるべくきれいにそろえて入れておく。

タイプ別財布の収納方法

❶ 札入れ&小銭入れタイプなら

札入れは基本はお札のみを収納するものなので、カードやレシート類を入れすぎず、スリムな状態を保つ。また、小銭入れはポケットに入れることを考えると、あまりたくさん入れないほうがかさばらなくてよい。

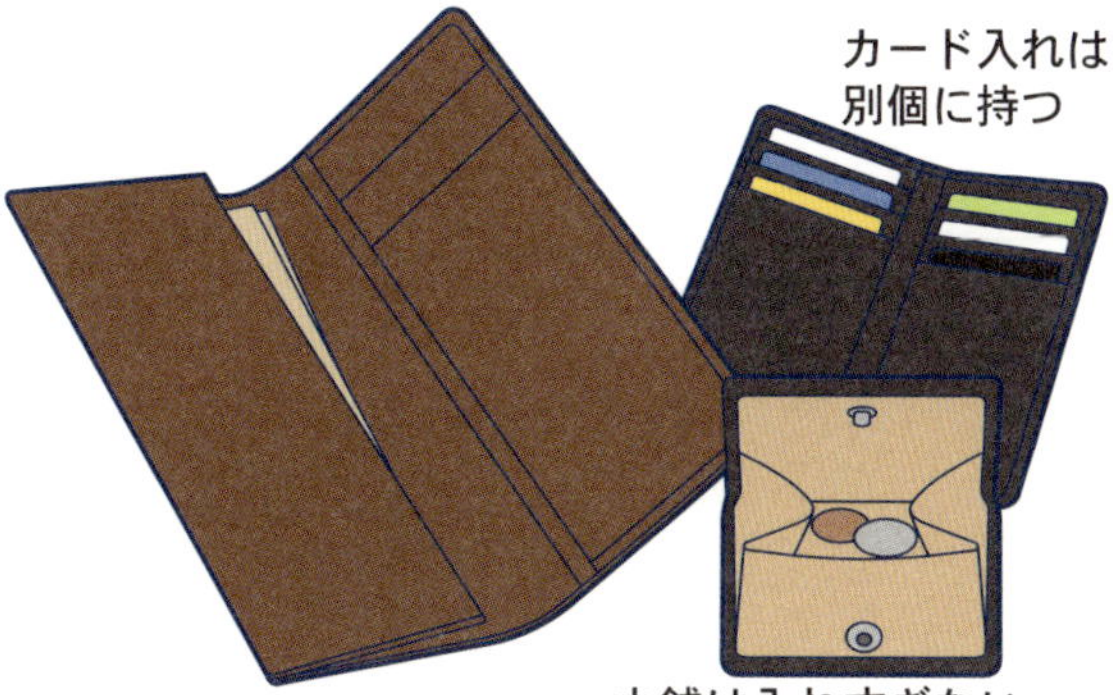
小銭は入れすぎない

❷ 二つ折りタイプなら

二つ折りタイプは中身が折れるので、長期間領収書を入れっぱなしにしないほうがよい。また、デザインによっては小銭があまり入らないものも。バッグの中でかさばらないのはよいが、たくさん入れたい人には不向き。

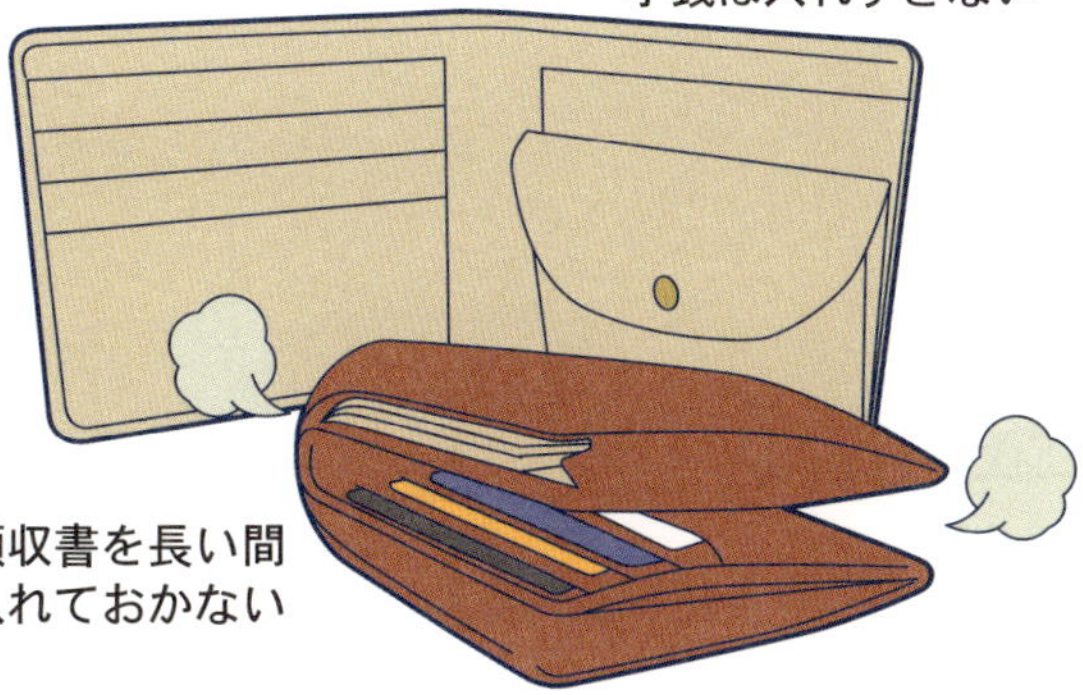
小銭は入れすぎない

❸ 長財布なら

領収書もカードもかなりたくさん入る。ただし、たくさん入れられるからと整理しないでいると、ぐちゃぐちゃになるので定期的な整理は必要である。また、中が区切られていることが多いので、入れるときに分別するよう心がける。

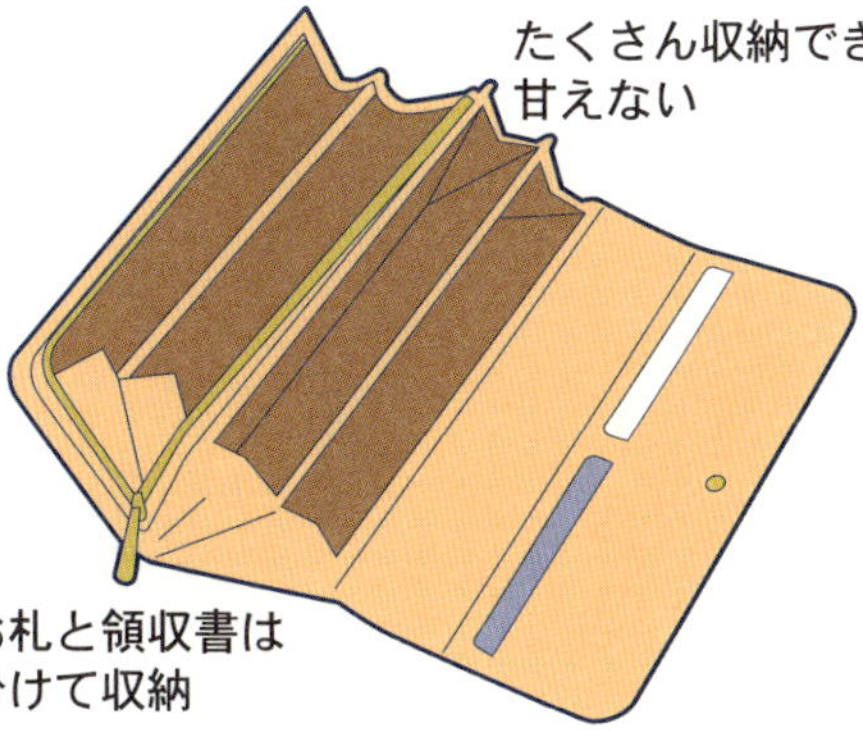
たくさん収納できることに

文書の保管量を制限した上で定期的に文書を整理し紙情報を減らす

アスクル株式会社

最近は不況のせいもあって、事務所が移転するというとリストラ的な移転が多いんですね。人員数は同じなのに100坪の事務所だったものが、80坪になるというような……。

人員数は変わらないのに面積が減るわけですから、徹底して紙や雑誌などの保管を見直したり廃棄したりします。また、家具の大きさを小さくしたり、収納庫の数を減らしたりするしかなく、極端な話、壁面収納はゼロという事務所もあります。

結局、収納物を徹底的に減らすしかないわけです。閲覧頻度は低いけれど保存しておかなければならない書類などを自社で保管せず倉庫会社に保管を依頼したり、書類や文具などを共有化したりして収納物を減らす努力が必須になってきます。

アスクルでは会議資料を紙で配布しないよう、すべての会議室にプロジェクターを常備しています。紙で持つ情報はなるべく少なくしようとしているわけです。これは収納物を減らすということに加えて、個人情報の流出を防ぐという意味でも大切なことです。

結局、ストックというのは収納しておく場所があるからどんどん増えていくわけです。個人の収納スペースにしても「あなたに与えられるスペースはこれだけ」と決めてしまえば少ない収納場所でそれなりに過ごせるものなのです。

たとえば、営業職のように、ほとんど事務所にいないようなら机は共有にして、自分のスペースは収納庫1個だけという方法もあります。

このように社員が個々に机を持たないスタイルをフリーアドレスと言いますが、結果的に社員間のコミュニケーションが活発になるという利点もあります。今後、フリーアドレスはワークスタイルの主流になっていくと考えています。

※取材内容は2011年当時のものです。

第3章
書類の整理術

書類の整理術 1

オフィス無法地帯はこうして生まれる

ひとつを見つける間に10の書類を見失う

机の上がまるで書類の地層のようになっている人に限って、「だいたい、どこに何があるかわかっている」と言うものですが、本当にわかっているのでしょうか？

地層状態の中からお目当ての書類を探し出すためには、その山をくずして引っ張り出さなければいけません。その過程で、どうしても地層はくずれ、順番が入れ替わります。いわば、ひとつの書類を見つけ出す間に、10の書類が行方不明になるのです。

机の上に積み上げられた書類…

ひとつの仕事が終わった後に片づけない、複数の仕事の書類をひとつのファイルに入れているなどなど、書類が見つからなくなる原因はちょっとしたこと。書類が積み上がる→探す→ぐちゃぐちゃになるのループを繰り返す前に、積み上げない努力をしよう。

↓

こんな事態を招かないために…

1. 他のものをどかさずに取り出せるよう収納する
2. 置き場所は記憶に頼らず、何らかのルールを作り、それに従う
   ➡ ルールはわかりやすく表示する
3. ファイル管理表（69ページ参照）を作成して、それで管理する

↓

あなたのオフィスはこんな状態ではありませんか？

1. ファイルは整然と並んでいるけれど、何のファイルかはわからない
2. キャビネットのすき間にわけのわからない書類が積んである
3. 前任者が置いていった資料がそのまま置きっぱなしになっている
4. オフィスのどこに何があるかを特定の人しか、把握していない

整理された状態を保つために必要なこと

整理できる道具を用意し、ルールを決めて、それを守って整理する

↑

ルールを守ろうとする「意識」が一番大切

「ちょっとくらい戻し場所を間違えても、誰かがちゃんとした場所にしまってくれるだろう」

「忙しいからとりあえずここに置いておけばいいや」

「整理している暇なんてとれないよ。仕事が立て込んでいるんだから！」

↓

こんな意識では整理はできません！

整理してある状態 → ものが取り出しやすくて、仕事がしやすい

↓

仕事がスムーズに進み、気持ちがよい

↓

より自分にしかできない仕事の時間が持てる → こんなに便利なら今後もちゃんと整理しよう、ルールを守ろうと思う → 整理してある状態

ファイリングは仕事のゴール地点ではありません！

↓

ファイリングは手段のひとつであって、目的ではない

ファイリングをすることで…

1. **効率がよくなる** なくなった書類を探す時間がなくなる上に、仕事の進みもよい。
2. **ミスがなくなる** 書類がなくなったり、うっかりやり忘れたりというミスがなくなる。
3. **セキュリティへの対応がよくなる** 書類を出しっぱなしにして情報が他に漏れることがなくなる。

面倒がらずにやれば気持ちよく仕事ができる

整理は仕事のひとつという意識を持って取り組んでみましょう。整理された状態は思っている以上に気持ちがよく、仕事がさくさく進むものです。まずは、その気持よさを味わってください。整理は日常の細かい心がけが大切だからこそ、「整理をしよう！」という意識が大切なのです。

仕事をスムーズに進める書類管理テク

書類の整理術 2

机の上には未決書類しか置かない！

受け取りボックス

入ってきた仕事の置き場所。手つかずの仕事はすべてここに入れると決める。

仕掛りボックス

自分がやりかけの仕事をしまう場所。やりかけの仕事はここにしかしまわないと決める。

終わった仕事の書類は…

次の閲覧者に回す

自分のところで終わらない仕事は、次の閲覧者に回す。

保管する

完了した仕事で、保管すべきものは保管用ファイルにしまう。

共有スペースに移動させる

個人所有でない完了仕事の書類は共有の置き場所へ移す。

受け取りボックスのルール

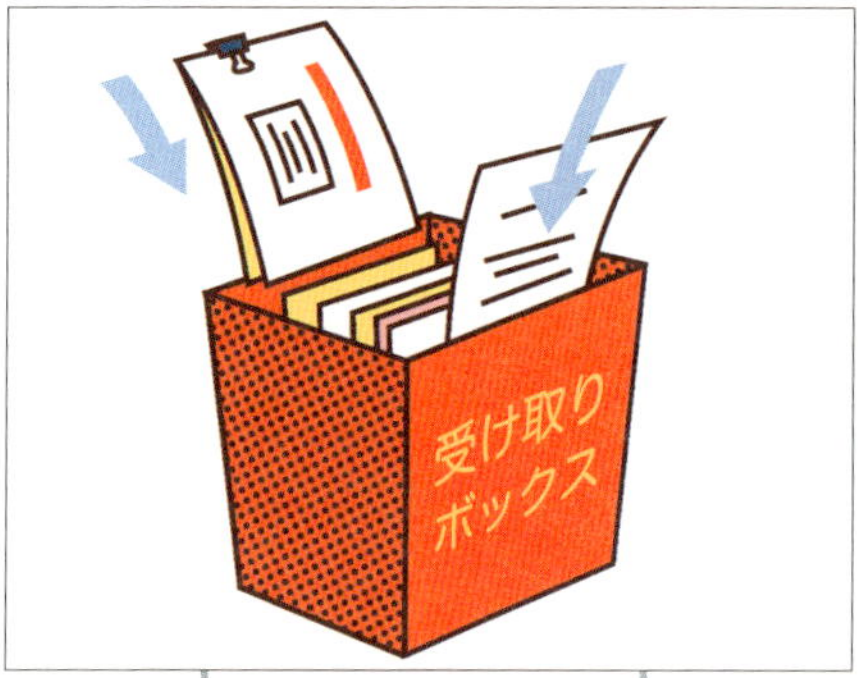

帰宅時はいつも空の状態に

受け取りボックスは、PCメールの受信フォルダのアナログ版と考える。どんなに忙しいときでも時間を5分ほどとり、どんな内容なのか見る。すぐに処理できるようなら処理をし、時間がかかりそうなら、仕掛りボックスにしまう。

書類を確認

仕掛りボックスへ

積み重ねて置くトレイタイプよりファイルを立てて入れられるものを用意し、机の上に置く。

仕事が片づいたら保管用スペースなどに

完了した仕事の書類には行き場がある。他の人に回したり、処分したり、保管したりすればよい。

閲覧して別の担当者の受け取りボックスへ

書類をさっと閲覧し確認するだけで次の閲覧者に回せる書類は意外と多い。これを自分のところに止めておくと効率が悪くなる。

Check!

受け取りボックス→仕掛りボックス 流れを作ることで伝達がスムーズに

閲覧書類を汚い机の上にポンと置くのは危険だ。気づかれないだけでなく、どこかに紛れて紛失する恐れも。伝達書類をすべて受け取りボックスに入れるしくみを作ると事故はなくなる。

仕掛りボックスのルール

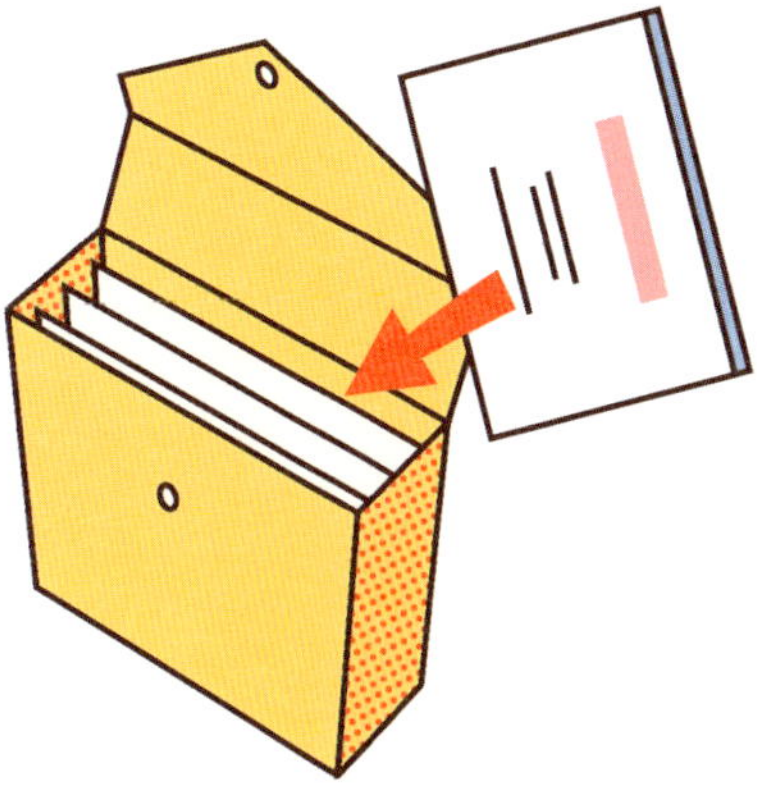

仕掛りボックスは立てて入れられるものに

トレイタイプはどうしても一番上にある書類が目につく。仕事の優先順位より最後に置いた書類が目立つこのタイプは、仕掛りボックスには向かない。また、簡単に持ち運べるくらいの大きさにすると、使い勝手がよい。

1案件1ファイルが基本
ファイルの中をさらに分類

仕掛りボックスの中に入っている書類は、1案件ごとに1フォルダと決める。5つの案件を抱えているときは、仕掛りボックスの中に5つのフォルダが入っているという形になり、自分の状況がすぐわかる。
また、このフォルダの中を5つに分割。
①基本情報
②見積もりなどお金にまつわる書類
③やりとりの過程（作業履歴）
④相手に渡した書類
⑤穴のあけられない書類
というように決め、どんな案件もその分類方法で入れる。こうすると、外出先から他の人に書類を探してもらうときも、どこに何があるかが明確ですぐに指示できる。

↓

机の上に広げてよいのは、今やっている仕事の書類のみ

↓

外出時や退出時はクリアデスクを心がける

クリアデスクとは？

- 長時間離席するときは、すべての機密事項が机の上に出ていない状態にする
- 短時間の離席であっても、机の引き出しにしまったり、裏返しにしたりする

↔

クリアデスクにしておかないと…

- 情報が漏洩する
- 仕事がスムーズにいかない
- 書類の紛失や誤送信など、問題が起きやすい

机の上をいつも正常な状態に直す意識を持つ

作業中に机の上に広げてよいのは1案件のみといっても、例外はあります。たとえば、何かの作業中に別案件の仕事先から連絡があり、片づける時間がない場合などは仕方がないですが、2案件が机の上に広がってしまいます。このとき、「今机の上には複数案件の書類が出ていて、混ざる可能性が高い」と考えてください。

そして、電話を切ったら、片づけてから次の仕事に移ります。約1分片づけるだけで、書類が混ざった結果起きる事故（紛失など）は防げるはずです。西の方言で片づけることを「直す」と言いますが、机の上を常に正しい形に直す意識を持つようにしましょう。

覚えておきたいファイリングの鉄則

ファイリングを成功させる7つの鉄則

下記の鉄則のうち、1から3が個人の書類にまつわること、4から6が共有の書類にまつわること、7が全体を維持するために必要なことです。

鉄則 1 管理できない量の書類は持たない

目が行き届かない分量の書類を管理できるはずはない。
管理できる量には限界がある。なるべく書類の量を減らそう。

鉄則 2 書類は立てて管理する

立てることで書類がどこにあるかが見えるようになる。
また、スペース効率もよくなり、出しやすく戻しやすくなる。

鉄則 3 何がどこにあるか、ひと目でわかるようにする

自分で作ったルールだとしても表示することで、そのルールを忘れないし、ルールどおりできているかのチェックも可能になる。

鉄則 4 すべてのファイルを管理する表を作る

ファイル管理表を作り、そのファイルがどこにあっても管理できるようにする。管理表さえあれば管理できる分量も増える。

鉄則 5 自分たちなりのルールを決め、それを守る

自分たちが達成したい目標を決め、それを実現するためのルールを設定し、それを誰にでもわかるようにする。

鉄則 6 道具を上手に使って効率化を計る

便利な道具はルールを守りやすくする。目的やルールがしっかりとあれば、おのずとどんな道具が有効かがわかってくる。

鉄則 7 整理は仕事のひとつという意識を持つ

整理は緊急性はないかもしれないが、重要な仕事のひとつ。
整理することが大切な仕事だという意識を強く持つ。

整理を人まかせにしない意識を持つ

ビジネスの場では次から次へと書類が発生します。「書類の整理は自分の仕事ではない」「誰かが整理してくれるだろう」という意識の人がひとりでもいれば、オフィスはどんどん無法地帯になってしまうでしょう。書類の整理は一度やればいいものではなく、永続的についてくるものです。

整理を人まかせにしている人は、（他の仕事をしている人に）「あれってどこにある？」と聞きますが、これは他人の仕事のじゃまだという意識を持ちましょう。

ファイリングのPOINT 1 道具は合ったものを使う

バーチカルファイリング

フォルダに書類をはさみ込んで管理する形。フォルダは専用の収納庫に入れて管理する。

メリット

穴をあける必要がない。書類の厚さの分しか取らないので、スペースにムダがない。

デメリット

書類を紛失しやすい。高い位置に収納できない。長期間の保管には向かない。

簿冊式ファイリング

2穴式のバインダーに綴じて管理する形。厚さのあるものも保存でき、頑丈である。

メリット

書類の順番が狂いにくく紛失しづらい。見出しが見やすく、再利用もしやすい。

デメリット

書類の穴あけが必要。また、入れている書類が少なくても1冊分のスペースがいる。

ボックス式ファイリング

書類をはさんだフォルダをボックスに入れた状態で管理する形。持ち運びがしやすい。

メリット

目より高い位置に置ける。ボックスの背に見出しをつければ、一覧できる。

デメリット

書類が少なくてもボックスひとつ分のスペースがいる。用具も二重に必要である。

ファイリングのPOINT 2 ファイル管理表を作る

ファイル管理表はタイトル、サブタイトルの他、戻す場所、捨てる時期、保存年限、分類などが書かれた表。ファイル管理表を共有することで、オフィスのファイル情報をすべての人が共有できる。すべての人には他部署の人も含む。つまり、前任者が残していった「いつ捨てればよいかわからないし、どこに保存しておけばよいか見当がつかない」というファイルは存在しなくなる。

分類	タイトル	サブタイトル	戻す場所	捨てる時期	保存年限	管理者
営業	営業会議	令和元年度上半期	A-001	令和6年9月	5年間	営業部A班
営業	営業会議	令和元年度下半期	A-001	令和7年3月	5年間	営業部A班
企画	開発委員会	令和元年度分	A-003	令和9年3月	7年間	企画部企画課
企画	開発委員会	令和2年度分	A-003	令和10年3月	7年間	企画部企画課
企画	開発委員会	令和3年度分	A-003	令和11年3月	7年間	企画部企画課

書類の整理術 4

ファイリング＝捨てること。並べることではない

ファイリングの**極意**

極意1 不要なものは捨てる

極意2 必要なものは「戻す場所」と「いつまで置くか」を決める

↓

「戻す場所」と「いつまで置くか」を記入したファイル管理表を作る

➡ ファイル管理表については69ページ参照

↓

「戻す場所」と「いつまで置くか」をすべてのファイル用具の見出しに記入する

➡ 見出し表示の方法については76ページ参照

↓ ファイリングができると…

第一段階　不要文書がなくなってすっきり

不要な文書が置いてあるとオフィスの見晴らしが悪い。ムダなものを置いておくのはスペースのムダ。不要なものを一掃することで、本当に必要なものだけが置かれたすっきりオフィスになる。

第二段階　必要な文書がいつでも取り出せる

必要な文書を必要なときに取り出せる環境は、思っている以上にストレスがたまらないもの。どこに何を置いてあるかを全員がわかっているから、担当者の急な不在時にも困らない。

第三段階　より高度な文書整理法へ移行できる

ファイリングに対する意識が高いと電子ファイリングシステムへの移行がスムーズ。個人情報保護体制ができている企業のみが認証される、第三者認証の取得もしやすくなる。

文書管理をきちんとすることで、仕事へのリターンが期待でき、ムダな時間が大幅になくなる

文書管理ができていないとこうなる!

❶ オフィスにいらない書類がいっぱい

半年に1回ぐらいしか使わない書類や、すでに廃棄対象である書類もオフィスに残っている状態。書類がありすぎて、しっかり管理するのは難しい。

❷ どうしても書類が見つからなくて、もう一度作成してしまう

ファイルの絶対量が多かったり、ファイリングルールを個人で決めていたりすると目的の書類が探せず、もう一度作るはめになる。

❸ 書類が見つからないから共有文書を個人で管理するように

文書が探せなかったり、検索に時間がかかったりすると、共有文書に対して不信感が高まり、同じ文書を各自で所有することになる。

一元管理できておらず、個人管理のため、ますます書類の絶対量が増える

書類整理へのとらえ方を変えてみる

ファイリングは未来の自分への投資
Ⅰばかりで Ⅱの時間を
ないがしろにしてはダメ

締め切り間近の重要な仕事に必要な書類がどうしても見つからず、机をひっくり返す。誰にでも覚えがあるのではないだろうか。左のマトリックスの中で「書類を探す仕事」はⅢに含まれる。ⅠとⅡに追われている人は多いが、Ⅲの書類探しはⅡの整理さえしっかりすればいくらでも減らせるはずだ。

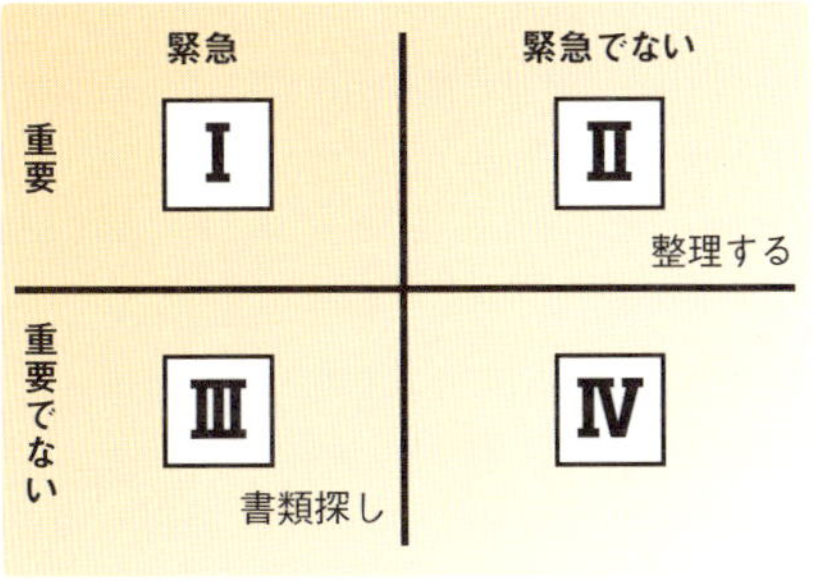

書類の整理術 5

オフィスの書類は全体の2割まで減らせる

書類の絶対的な量を減らすことが肝心

当たり前のことですが、書類があるから管理が必要になります。書類が増えれば、収納するために棚を買い、結果、ますます量が増えます。とはいえ、管理しなければどんどん散らかり、必要なときに見つからない負のスパイラルに。そう、書類が多ければ多いほど、管理の手間は増えます。

反対に持たなければ、管理の必要もありませんし、置く場所もいらないし、棚も買わなくて済みます。まずは、書類の絶対量を減らすことが整理の第一歩です。

目標は「5割廃棄、3割倉庫、2割オフィス」

こうすれば実現できる

① 捨てるかどうか迷った書類は箱に入れて倉庫へ

本当に捨ててよいか迷う文書はオフィスに置いておかない。箱に入れて倉庫へ移してしまう。

② 収納庫の数をあらかじめ減らしてしまう

書類の量を減らすには入れ物(＝収納庫)の量を減らすこと。置き場所がなければ書類は増えない。

③ 期限を決めて倉庫の箱は捨てる

倉庫に置いていた箱は期限を決め、その間一度も使用しないものは捨て、必要なものだけを戻す。

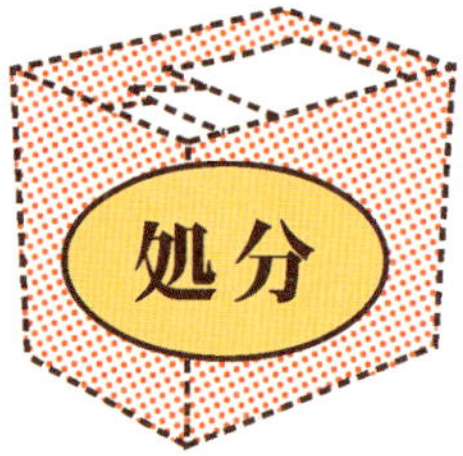

④ 捨てないならいつまで保存するかを決める

本当になくなったら困る文書でも永久に必要なものは少ない。保存するときはかならず保存期限を決める。

5対3対2　仕分けの実際

「10割」 全体の文書

文書で雑然となったオフィスの文書を10とすれば、その半分つまり5割の書類は捨てられる。また、捨てられなかった残りの5割のうち、3割はオフィスに置く必要はない。

捨てるかどうかの判断基準

- 明らかにいらないもの（ダイレクトメール、過去の伝言など）
- 法定保存年限を過ぎているもの
- 社内規定の保存年限を過ぎているもの
- 確定版ができたもののメモや下書き
- 他部署が主管で、1年以上前のもの
- ふたや表紙をあけてみないと、中身が思い出せないもの
- 実際には使っていない、前任者が置いていった個人資料
- それがなくても仕事ができる書類
- もし必要であれば、そのときもらえばよい書類
- どこで会ったかわからない、顔も思い出せない人の名刺
- 重複した書類の原本でないほう
- 見て初めて、「こんなものもあったんだ」と気づくような書類
- なくなったと思ったまま進行し、すでに完了した仕事の書類

「5割」 廃棄

ないならないで何とかなると思える書類は迷わず捨てること。また、一度手に入れることができた書類は、再度手に入れられる可能性が高い。万が一必要になったときに、手配すればよい。

「5割」 捨てられなかったもの

倉庫へ送るかどうかの判断基準

- 翌日手に入れば大丈夫なもの
- 半日程度で電子的に送ってもらえば大丈夫なもの
- 保存期限内だが、ほとんど利用しないもの
- セキュリテイ性の高い場所に保存したいもの
- 権限者でないと出庫できないようにしたいもの

「3割」 倉庫

どの箱に何が入っているかわかるようにしておけば、オフィスにめったに見ない書類を置くスペースを取る必要はない。

「2割」 オフィス

机や収納庫などに収納

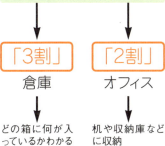

書類の整理術 6
ファイル管理の基本はまず「立てる」

机の上の書類を立てることから始めよう

あなたの机の上が誰が見てもわかるくらい散らかっているなら、まずすべてのものを立ててみてください。書類はもちろん、書籍やCD-R、DVD-Rなどのメディアすべてをです。机の上の書類はボックスなどを使って、立てます。身のまわりにあるものでも、百円均一ショップで買ったものでも構いません。

すべてを立てると、見晴らしがよくなります。まずは積んでいたものを立てることから始めましょう。

立てることのメリット

メリット ①
スペース効率がよい

横に寝かせて置くよりも、立てたほうがスペース効率がよい。「寝かせて置いたほうがどんどん積み上げてたくさん置ける」と言う人もいるが、うず高く積み上がった書類は、すぐ雪崩を起こす。現実的に考えれば立てたほうがよい。

メリット ②
すべてが見える

寝かせてしまうと見えるのは一番上にあるもののみ。下のほうに置き、見えなくなれば人は存在を忘れる。立てて置いておけば、すべての書類をいっぺんに見ることができる。自然と目に入れば、その書類があることを忘れない。

メリット ③
取り出しやすい

立てることの最大のメリットがこれ。寝かせて置くと、一番上のもの以外は、何かをどかさないと取り出すことができない。取り出しにくい状態だと、探すより新しい書類を印刷するほうが楽になり、結果的に書類が増えていく。

① まずすべての書類を立ててみる

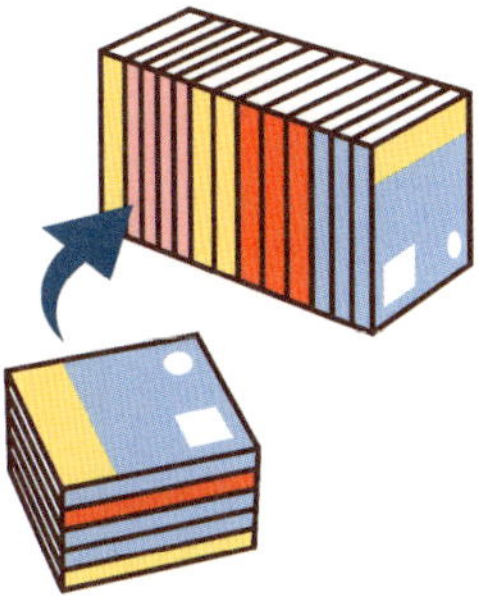

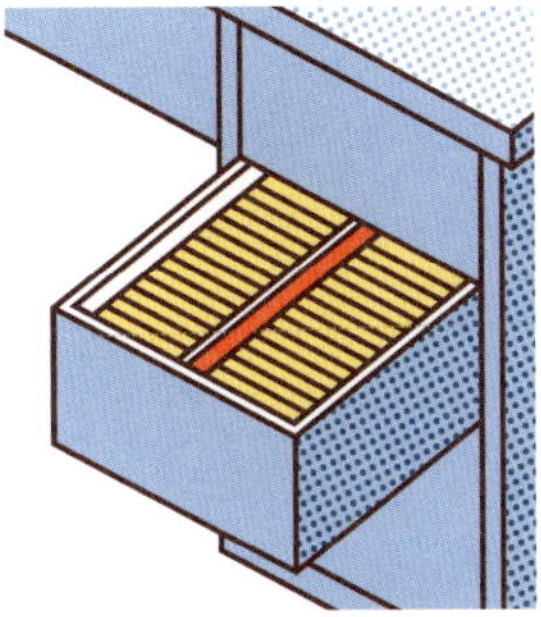

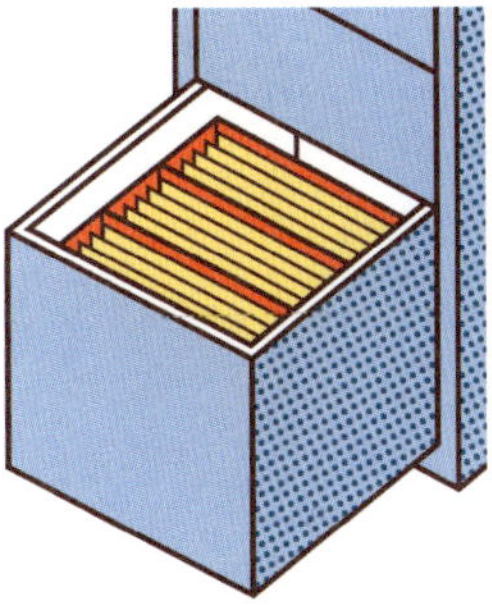

机の上

机の上に積み上がっている書籍や雑誌をまず立てて置く。次に書類をファイルに入れた後、ボックスファイルに立てて入れる。

引き出し（中段）

引き出しの中段にCD-RやDVD-Rが入っているなら、それを立てて入れる。また、辞書や文庫などがあれば、それも立てた状態にする。

引き出し（下段）

下段は保管用のファイルを入れるスペースにする。これもどこに何があるかわかるよう、見出しが上から見えるように立てて収納する。

↓ 立てるのと一緒に！

① 1案件→ひとつのファイルに入れて大きく見出しを付ける

書類はすべて1案件ごとにひとつのクリアファイルに入れる。そして、クリアファイルに何が入っているかがわかるように見出しをつける。見出しは、大きめの粘着メモなどを使う。このとき、「〇〇社商談記録」と大きく書いた後、その中に入っている書類（見積書、企画書というように）の具体例も書いていく。

② ファイルはボックスなどに立てて収納する

クリアファイルはボックスなどに立てて収納する。このとき、インデックスのような形で見出しをつけておくと、上から見たときにどこに何があるかがぱっとわかり、取り出しやすい。ひと目でわかるような工夫がポイント。

＋

いらない書類を捨てる

書類の整理術 7

ファイルは見出しづけのルール作りが大事

誰が見てもわかる！それが基本中の基本

ファイルは中に何が入っているのか、すぐにわかるよう、見出しが必要です。いちいちあけてみないと、何がどこにあるかがわからない状態では、ファイリングという面倒な作業に、中身を探すという作業が加わり、誰もが挫折してしまうでしょう。

見出しはわかりやすく書くことに加えて、「保管場所」や「廃棄日」などのルールも一緒に書きましょう。これで、ルールを忘れずに済み、それを知らない人も守れて一石二鳥です。

業務ごとにグルーピング

そのファイルをグループ分け（たとえば業務ごとなど）し、それを書く。

棚ごとに色分けする

戻す場所は重要。ゆえに色分け表示しておくと、ひと目でわかって便利。

どうやって管理するかがひと目でわかる形に

シンプルかつわかりやすい名前

～など、～関連といった表現はだめ。入っている書類名を書いてもよい。

いつ廃棄するか色分けして表示

いつ捨てるかは戻す場所と合わせて重要な情報。目立つようにする。

ファイリングルールを書く

保存期限やどう利用するかなどのファイリングルールを書いておく。

名前づけのルール

1. 誰が見てもどういう書類なのかがわかるような名前に
2. ～ほか、～などといったあいまいな表現は使わない
3. 何がファイリングされているかがわかる、具体的な名前を書く

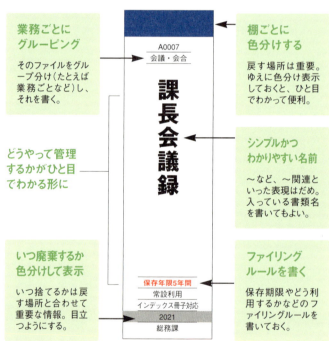

ファイルの見出しはいきなり決めなくてもよい!

1～2ヶ月の期間で見直しをして修正をする

↓ どんなところを検証するか?

Check! **1 文書の中身が誰でもわかるものになっているか?**

→ 中身がわからないために、「探せない」事態が起きていないか?

Check! **2 タイトルの改行、文字の大きさは妥当か?**

→ 大見出しが小さくなっていないか、小見出しが大きくて煩雑ではないか?

Check! **3 効率を妨げるような文書配列、置き場所になっていないか?**

→「探しづらい」「取り出しにくい」「戻しにくい」ことになっていないか?

Check! **4 ルールの間違い、設定のし忘れ、不整合はないか?**

→ 同じような文書が違うルールになってはいないか?

Check! **5 文書の性格に合わないファイル用具になっていないか?**

→ 書類が折れ曲がる、破損する、取り出しにくいなどの不備はないか?

この見出しづけでこんなにすっきり

すっきり POINT 1

何がどこにあるかすぐにわかる

探したい書類があったときに、ファイル管理表を見れば、それがどこに置いてあるかがすぐわかる。また、保管するときも立てて置いておけばすぐに探せる。

すっきり POINT 2

戻す場所がひと目でわかる

戻す場所が明記されていないと、閲覧者が置きっぱなしにしたらそこから管理はくずれる。戻す場所が明記されていれば、誰でもそのファイルをしまうことができる。

すっきり POINT 3

捨てる「とき」が誰でもわかる

そのファイルを作った人が部署替えや退職などでいなくなったとしても、捨てる時期が書いてあればそれにしたがって捨てられる。また、掃除も協力しやすい。

書類の整理術 8

色の持つ力をファイリングに応用

クリアファイルの色に意味を持たせる

「色」は視覚に直接的に訴えかけてきます。白地に小さく黒で書いてあるよりも、赤く大きく書いてあったほうが、探しやすいでしょう。また、倉庫の奥から2番目の棚は黄色と決めておき、ファイルを戻す場所にも黄色い表示があれば、戻し場所が守られているかすぐにわかります。

また、色にはそれぞれイメージがあるので、それを利用してみましょう。クリアファイルの色に意味を持たせたりすると、より使いやすくなります。

色にはこんな力がある!

重要かつ緊急なら赤

赤信号でわかるように、赤には緊急とか重要というイメージがある。ゆえに、すぐに処理しなければいけない書類を入れるとよいだろう。

重要なものは黄

赤の次に重要というイメージがあるのが黄色だ。ここには「緊急ではないが重要な書類」を入れるようにしたらよい。

経理資料など特別なものは青

通常の業務以外に経理や総務などの書類は、ぱっと見て異質だとわかるように青(緑でもよい)のファイルに入れるとわかりやすい。

その他は白(透明)

色は増やしてもかえってわかりづらくなる。一度に使う色は赤、黄、青で十分。その他の日常業務は白または透明のファイルに。

色分けしておくと…

1. 誰が見ても一目瞭然！　探してもらいやすい
2. 色の持つイメージをうまく使えば、よりわかりやすくなる
3. ルールが守られているかがすぐにわかる

色分けルールを維持するために必要なこと

1 常に用具を用意しておく

赤いファイルがないから、とりあえずオレンジのファイルに入れておこうでは、どんどんルールがくずれていく。用具の準備は怠りなく。

そのためにこうする

終わった書類はどんどん整理

ファイルの中身をどんどん整理（＝捨てる）すれば、当然用具もあく。これを使い回しすれば用具は一定量あれば十分だ。

2 色は使いすぎない

オレンジは○○社関連、紫は△△社関連というように色を増やすと混乱するだけ。かえってどこに何があるかがわかりづらくなる。

そのためにこうする

最初は透明と赤だけでよい

最初は緊急のものを赤いファイルに入れることから始める。これに慣れてきたら、あと 2色くらい増やすとよい。

これでは色分けは失敗する

「とりあえず入れておこう」

用具が見つからなかったり、急いでいたりして、自分で決めた色のルールを破ってはいけない。

「仕事ごとに色分けしていこう」

仕事は日々増え、また終わっていく。経理、日常業務など普遍的な分け方でないと使えない。

完璧に色分けしようと思わない

整理は自分が便利になるためにする手段である。色分けも例外ではない。ここでは3～4色くらいがよいと述べたが、自分が使いやすいと思うなら10色使っても構わない。ただし、あくまで色分けは考えずにわかることがポイントなので、「これは何色だったけ？」と迷うようならその色分けは失敗だ。何事も無理は禁物。完璧は目指さず、できる範囲でやればよい。

保存期間を決めることがファイル管理の肝

書類は発生したときにいつまで保つかを決める

書類はオフィスに毎日毎日発生します。そのスピードは驚くほどです。つまり、発生する以上のスピードで書類を捨てていかないと、いずれオフィスは書類であふれてしまいます。整理とは書類を分類することではありません。整理はいらない書類を捨てることです。書類が発生したときに、廃棄日も決めましょう。

保存期間の決め方

❶ 法定保存期間が決められているものはそれに従う

経理資料や契約関係の資料などの中で法定保存期間(法律で定められた保存期間)があるものは、いつまでかを明記して保存スペースへ。

❷ 終わった仕事の書類は、いつまで保存するかはっきりさせる。オフィス内で一定期間(2年など)保管し、その後は保存スペースへ

完了した仕事も終わったばかりの頃は閲覧する機会も多い。最初の2年はオフィスで管理(保管)し、それが過ぎたら保存スペースへ。

❸ 保存期間がはっきりしない書類は、1年間はオフィス管理した後、保存期間を検討する。その間一度も使わなければ廃棄する。

閲覧する必要のない書類までとっておくことはない。「これを捨てても仕事は進む」と思われるものはいさぎよく捨てていく。

管理できないなら持たないのが一番

ものは持っている以上管理が必要になってくる。捨てたくないが管理もしたくないというのは無責任である。管理が面倒ならものを減らす努力をするしかない。なるべくプリントアウトやコピーはしない、デジタルで取っておけるものは紙資料で残さないなど、できることはいろいろある。オフィスでのスペースは有限である。そのスペース内でやりくりするように整理をしよう。

ファイリングルールを決める

すべての書類で「いつまで保存するか」「オフィス内で管理するのはいつまでか」を決めます。これを決めなければファイリングは完成しません。

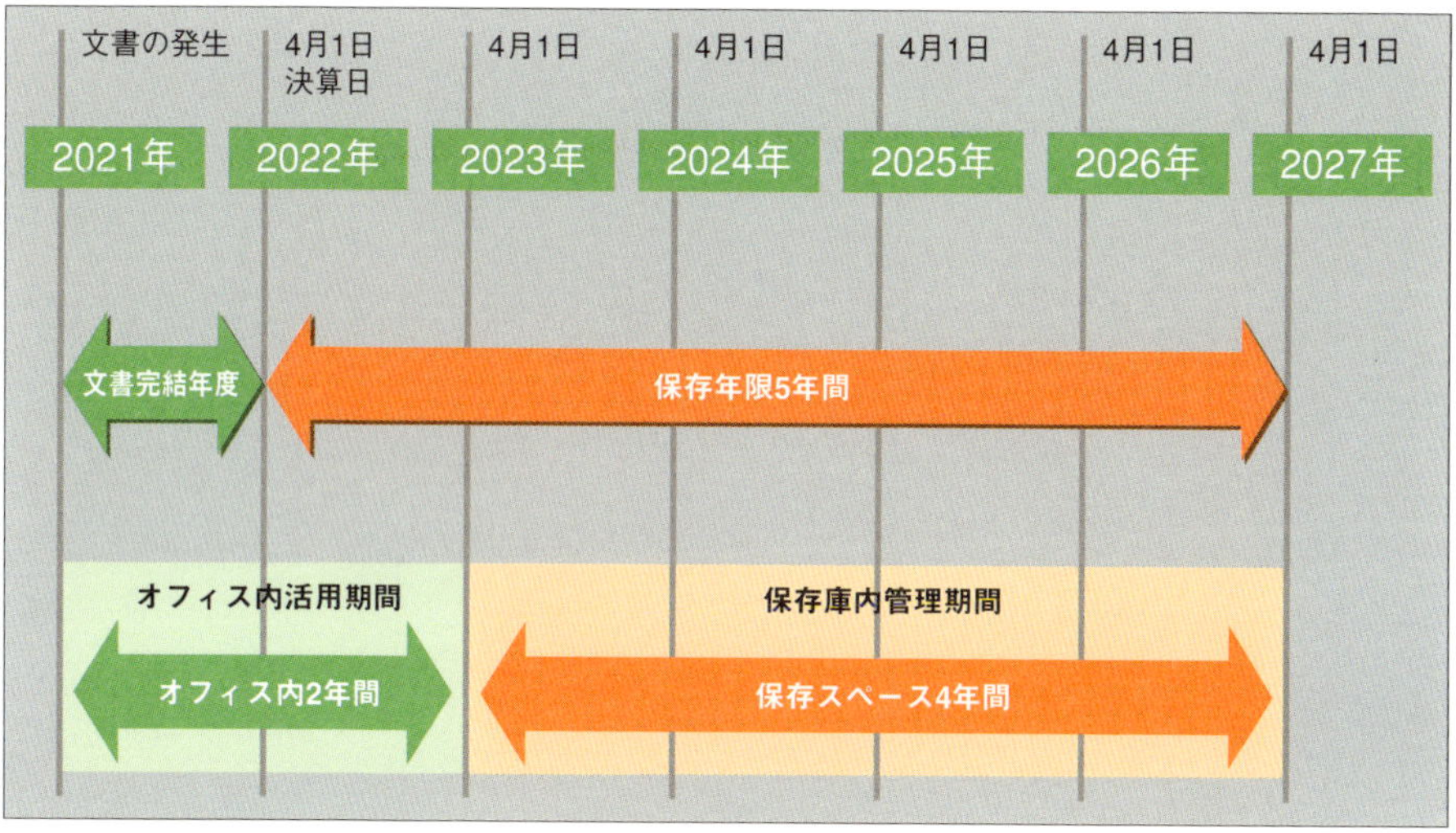

ファイルの形式を変えていく

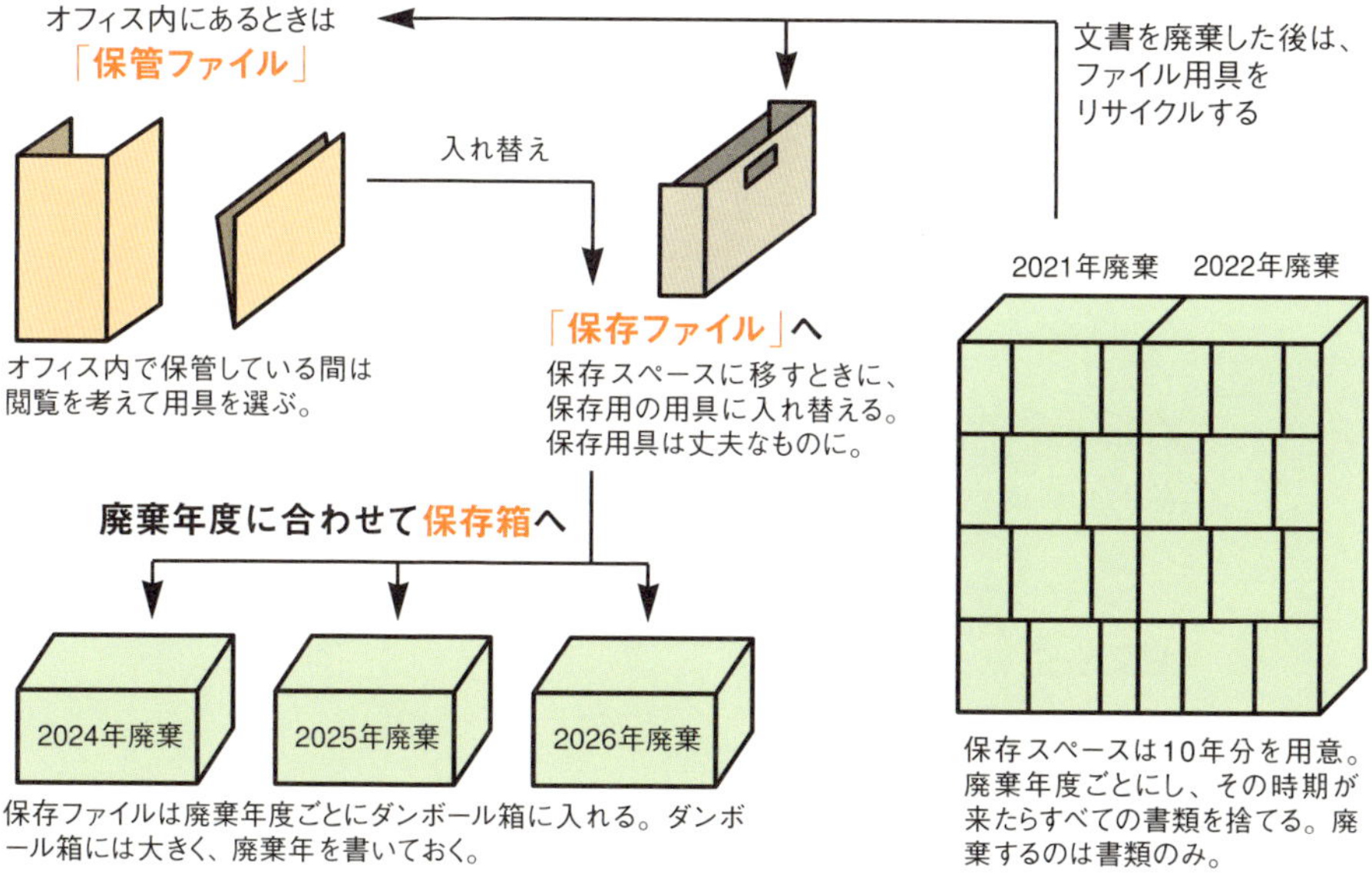

達人の整理術　2

人間が管理できる書類の量には限度があるものです

株式会社キングジム
ファイリング研究室

ファイルの並べ方に困っているという方にはまず、「あなたは書類を何で探しますか？」とお尋ねします。時系列で探すのか、顧客別に探すのかなどなど。ファイリングは結局、必要なものが必要なときにすぐ出てくるというのが一番重要ですから、どう探すかというそれぞれのクセのようなものを考えて並べるといいと思います。

ただ、並べ方は最重要事項ではありません。

よく整理整とんと言いますが、整理＝不要なものを捨てること、整とん＝整理して残った必要なものを使いやすいよう並べることです。ここを間違えている人が本当に多いんですね。

整理は並べることではありません。捨てることです。厳密にピシッと分けられていなくても、その文書がどこにあるか、把握できていれば問題ないわけです。そのためには、書類の絶対量を減らせばよいわけです。

膨大な量の書類を完璧に管理するのは、どんな達人でも無理です。管理できないのに、膨大な量の書類を取っておきたい、捨てたくないというのはある意味、無責任といえるでしょう。

自分が所有する量を減らすことで、探しやすく分類しやすくなります。思い切っていろいろなものを処分してみてください。

また、ファイルの見出しにはかならず、その文書をいつ捨てるか（つまりいつ整理するか）というルールを表示してください。捨てる時期が明確になっていれば、誰にでも（そう、今日入社した新入社員も）その書類を整理することができます。文書を捨てられるわけです。

人間は本来なまけものです。要はどこでなまけるかです。膨大な書類を整理せず、書類にうずもれるか、それとも最初に少し頑張って整理をし、楽な状態で仕事をするか。整理は未来の自分への投資と考えるとよいでしょう。

ファイルは見出しをつけて並べなければ意味がない。

第4章 時間の整理術

時間の整理術 1

時間には自分時間と他人時間がある

時間

自分時間

企画を考えたり、書類を作成したり、資料を集めたりといった、自分の都合で100％やりくりできる時間のこと。自分時間をどう交通整理し、きちんとまとまった時間で確保するかが、仕事を進める上ではとても大切だ。

他人時間

打ち合わせや会議など、自分ひとりではスケジュールを立てられない時間のこと。自分の都合が反映されない100％他人時間と、ある程度融通のきく50％他人時間がある。50％他人時間をうまくやりくりするのが肝。

POINT

自分時間＝自分の都合だけで予定が決められる
他人時間＝他人と都合が合わなければ予定が決められない

↓

2つの時間をどう使い分けるかが、
時間達人になれるかどうかのカギ！

他人時間だけが予定ではない

会議や打ち合わせの時間は手帳に書き込むのに、社内で作業する時間は書かないという人はけっこういます。これでは時間のやりくりはうまくできません。時間には上記で説明したように、自分時間と他人時間があり、それをどう配置するかが、時間整理のポイントです。

自分時間を細切れで確保しても仕事ははかどりません。他人時間をうまく調整して、仕事がスムーズに進むようなスケジューリングを考えましょう。

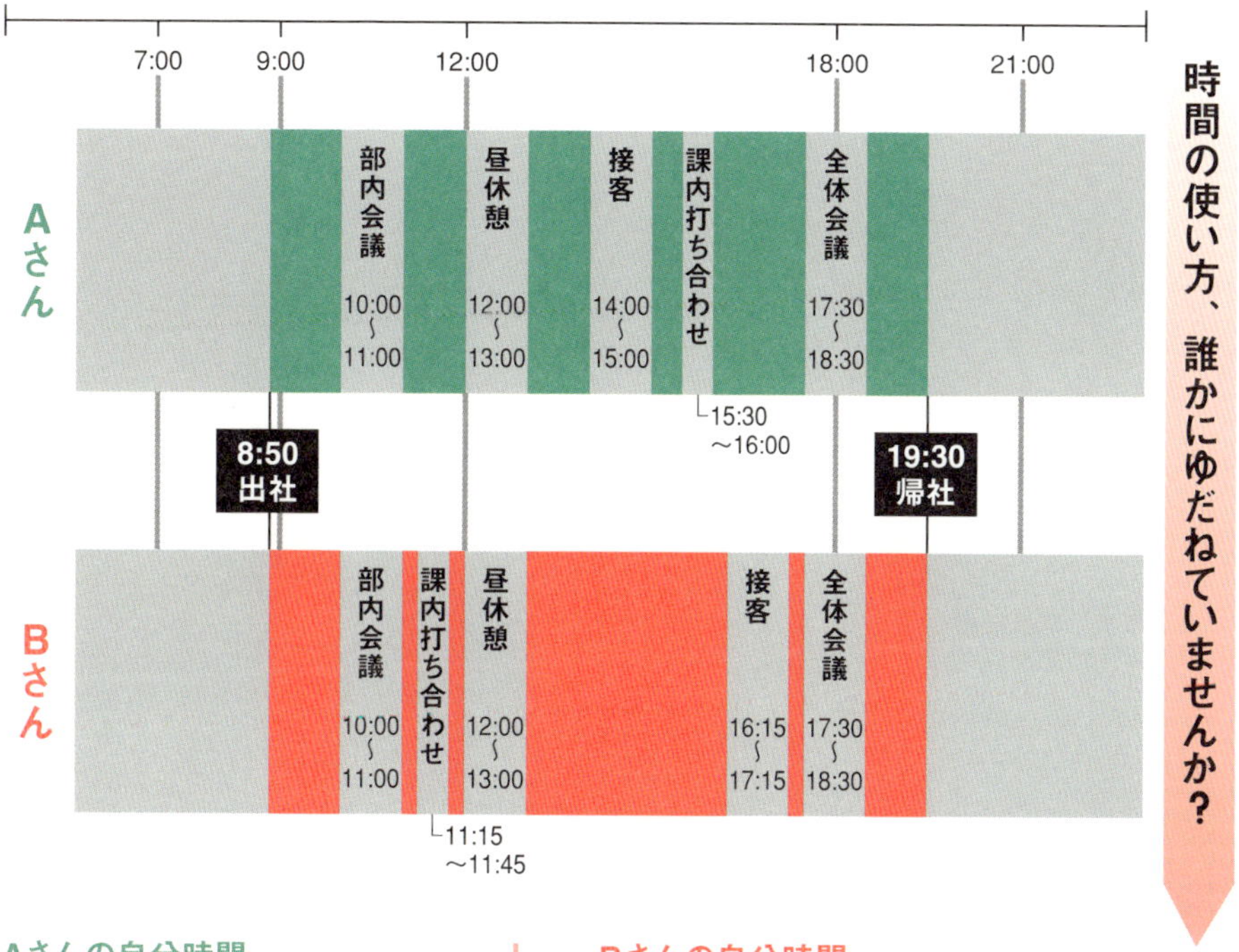

時間の使い方、誰かにゆだねていませんか？

Aさんの自分時間

9:00〜10:00	1時間
11:00〜12:00	1時間
13:00〜14:00	1時間
15:00〜15:30	30分
16:00〜17:30	1時間30分
18:30〜19:30	1時間
すべてを足すと	6時間

Bさんの自分時間

9:00〜10:00	1時間
11:00〜11:15	15分
11:45〜12:00	15分
13:00〜16:15	**3時間15分**
17:15〜17:30	15分
18:30〜19:30	1時間
すべてを足すと	6時間

← じっくり仕事ができる

ぶつぶつ細切れ ⟷ 同じ時間なのに ⟷ **メリハリがはっきり**

自分の都合も優先する

アポイントメントを取るとき、つい言ってしまう、右の3つのセリフ。でも相手の都合に合わせてばかりでは、バタバタ忙しいのに仕事は進んでいない状態になりがちだ。

こんなセリフはNG！

「いつでも構いません！」
「いつがよろしいですか？」
「ご都合に合わせます」

時間の整理術 2

スケジュールどおりに進めるための秘策

① あらかじめ空白の時間を作る

スケジュールを立てるときは、びっしり立ててはダメ。あらかじめ何も予定のない予備の時間を確保しておく。空白の時間を取っておくことで、さまざまな不測の事態に対応できる。

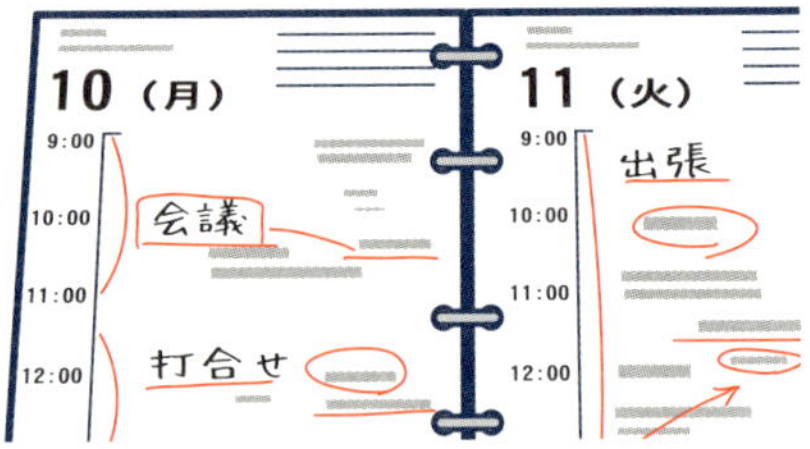

こんな理由で仕事は遅れていく！

病気　突然39度の高熱が出たら、仕事はできない。病気が遅れの原因に。

交通の乱れ　人身事故などで、電車が遅れてタイムロス。予定が狂えば仕事も遅れる。

相手の都合　急の予定変更でぽっかり空いた時間を、有効に使えず、仕事が遅れていく。

冠婚葬祭　結婚式はともかく葬儀はたいてい急なもの。不測の事態で遅れが生じる。

② スケジュールは終わりから逆算する

逆算しないでスケジュールを作ると

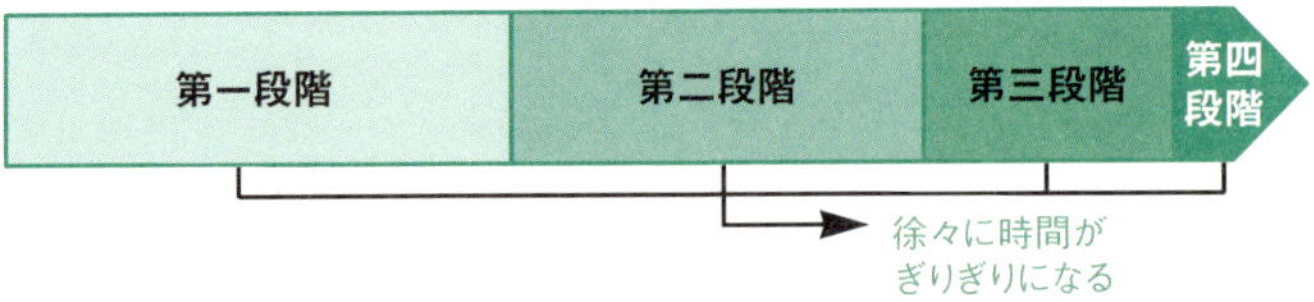

逆算してスケジュールを立てると

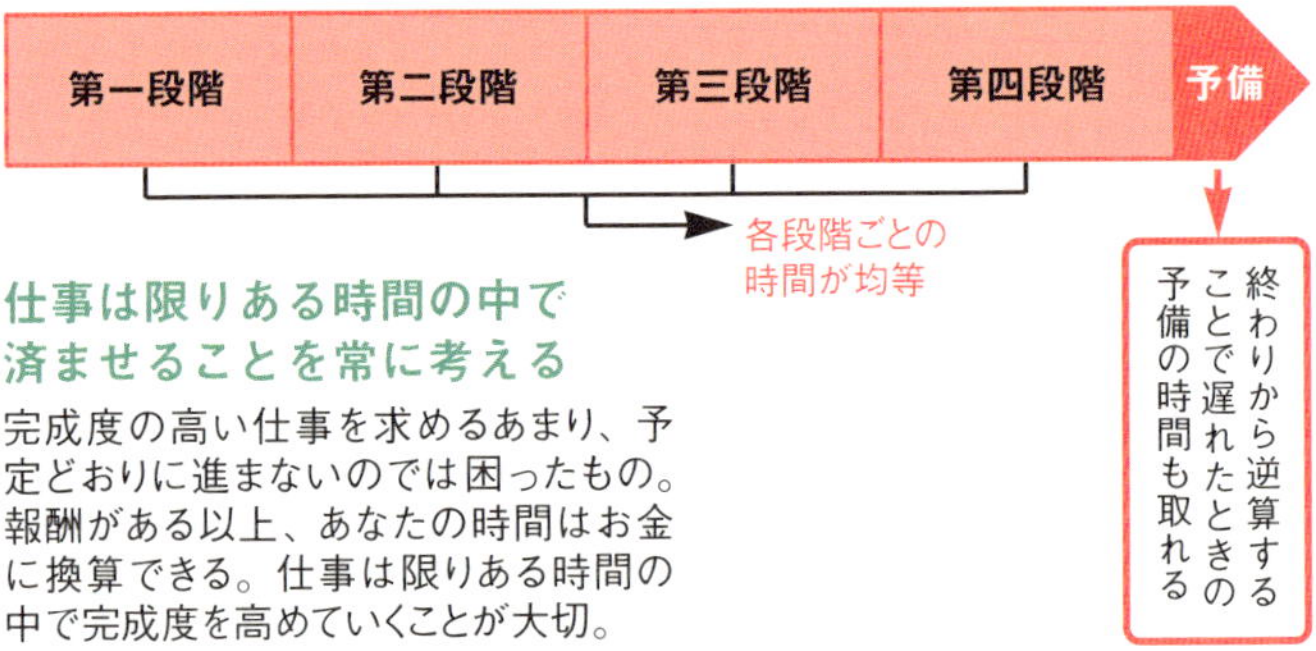

仕事は限りある時間の中で済ませることを常に考える

完成度の高い仕事を求めるあまり、予定どおりに進まないのでは困ったもの。報酬がある以上、あなたの時間はお金に換算できる。仕事は限りある時間の中で完成度を高めていくことが大切。

③ 仕事はなるべく細かく分割する

こんな書き方は×

A社に営業をかける → **A社に営業をかけるときに必要なことは何かを考えて挙げる**

↑
漠然としていて仕事が進まない

1. 窓口になる担当者が誰なのかを問い合わせる
2. 営業ツールになるような資料を作る（そのための資料探しも必要）
3. 営業方法を考える（ある程度考えがまとまったら上司に相談）
4. アポを取る（期限までに終わるようスケジュールを考える）
5. 営業に行く（営業先で伝えなければいけないメモを作る）
6. 営業後のフォローをする（電話で感触を確かめる、はがきを書くなど）

大きなくくりがNGな理由

漠然とした状態で仕事を考えていると、具体的に何をやったらよいかがわからない場合が多い。その仕事を達成するために、どういう仕事をこなしていかなければいけないかを、細かく設定していくことがポイントになる。

④ 行き詰まったら仕事の交通整理をする

仕事に行き詰まる＝どこから手をつけたらいいか、混乱している状態といえる。まず、自分の仕事をすべて書き出し、その優先順位を決めるとよい。仕事に行き詰まるほど立て込んでいるようなら、他人に任せることも視野に入れる。仕事の絶対量も減らすことができるだろう。

仕事の山

- **今やらなければいけない仕事**
  - **緊急**
  - **緊急ではないが急ぎ**

  今すぐやらなければならないことと、今日中にやらなければならないことの違いは大きい。

- **後まわしにしてもいい仕事** — **いつまでにやればよいか、締切りを確認**

  どんな仕事にも期限はある。緊急でないからと放っておくと、その仕事の締切りがいつの間にか迫って、緊急の仕事に変わってしまう。

- **他人に任せられる仕事** — **締切りを伝えて仕事を振る** — **進み具合を随時チェックする**

時間の整理術3 中・長期スケジュール作成のススメ

未来予想図作りで理想の自分を手に入れられる

　今日の仕事をこなしていくだけでは、スケジュール繰りがうまい人とはいわれません。1ヶ月後に今の仕事をどこまで進めたらよいかがわかっていなければ、今日どこまで進めるかもわからないでしょう。また、1年後の自分、つまり将来の自分をある程度は設定していかないと、どんどん未来予想図からずれていってしまいます。

　月末には翌月の月間スケジュールを作り、年末には来年の年間スケジュールを作ることを習慣にしてみてください。「何がどうなっているかなんてわからないから作れない」という人は、思い切り願望でも構いません。机上の空論であってもそれに向かって頑張る姿勢が大切なのです。

1年スケジュール

大まかな流れがわかる

毎日仕事に追われていると1年はあっという間に過ぎる。年間スケジュールを作ることで、1年の流れがつかめてくる。

目標達成ツールになる

まずは1年後の自分の目標をおおまかに設定する。そうすれば、目標達成には何が必要かが明確になる。

1ヶ月スケジュール

仕事の見直しに便利

月の中には忙しい時期もあれば暇な時期もある。月間スケジュールを見返すことでだいたいの波がわかってくる。

1ヶ月を俯瞰《ふかん》で見られる

1ヶ月の仕事の波がわかれば、余裕のある時期に、あらかじめプライベートの用事を入れることも可能になる。

1年スケジュール

	仕事	プライベート
1月	プロジェクトA	
2月		
3月		
4月	社内の昇給テスト	ジムに通い始める
5月		海外旅行
6月		資格取得のための勉強
7月	プロジェクトB	
8月		国内旅行
9月	資格試験	
10月		
11月		
12月		12月までに5キロ減量

年間スケジュールは基本は目標達成ツールの役割が大きい。海外旅行や国内旅行をしたいなら、あらかじめ予定に組み込んでおく。

1ヶ月スケジュール

	仕事	プライベート
1		
2		
3		
4	Cさん有休	
5		
6		
7		
8		
9		
10	全体会議	
11		
12		
13		
14	有給	家族旅行
15		
16		
17	A社と打ち合わせ	
18		
19		
20		
21		
22		
23	大阪出張	
24		
25		
26		飲み会
27		
28		クラス会
29	B店オープン	
30		

月間スケジュールには大きな予定だけ書き込む。自分の休みだけでなく、同僚の休みも書き込んでおくと、予定が立てやすくなる。

時間の整理術 4

すき間時間を上手に利用する

すき間時間ってどんな時間

① 移動時間

通勤時間に何をするか

毎日の通勤時間。長い人は1時間以上という人もいるだろう。居眠りだけに費やしていてはもったいない。

仕事中の移動時間は？

移動時間に、次の仕事の見直しを軽くするだけで、よりうまくいく。ちょっとした時間もムダにしてはいけない。

② 予定が変更になりぽっかり空いた時間

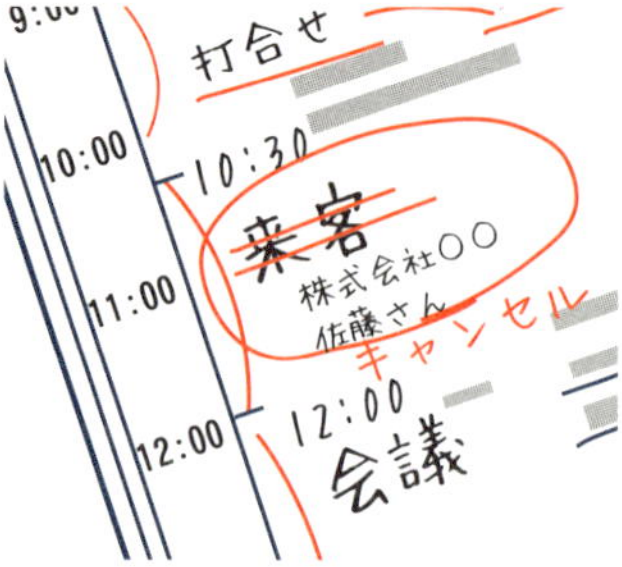

来客がなくなった！

先方の都合で予定変更された場合、次の仕事が決まっていると、中途半端な時間が空いてしまうことになる。

打ち合わせや会議が早く終わった

10〜20分、会議や打ち合わせが早く終わったとき、その時間を有効活用できる人は時間の達人といえる。

1日10分のすき間時間→**1週間で10分×5日＝50分**

1年を50週とすると50分×50週＝**2500分→41時間40分**

1日8時間仕事をすると考えると　**5日以上**

Check!

毎日10分ムダにすることで1年で1週間分仕事が遅れることに！

すき間時間はこんなことに使おう！

メールの返事を書く

大事な用件のメールはいざ知らず、ちょっとしたメールの返事を書くにはちょうどよい。疎遠になった仕事先へのあいさつメールなども、こうした時間に書きたいものだ。

Todoリストの見直し

Todoリストはただ書き出すだけで満足してはいけない。すき間時間に見直し、現在の進捗状況や新しく出てきた「やること」を随時書き込んでいく。Todoリストのバージョンアップにすき間時間は最適。

礼状や季節のあいさつ状を書く

何でも電話やメールで済ませてしまう風潮だからこそ、礼状やあいさつ状がはがきや封書で届いたときの感激はひとしおである。つねに絵葉書を常備しておくのもおすすめしたい。

請求書や領収書の整理

ないがしろにしがちな領収書や請求書の整理。締切りが近づいて、山積みのものを残業で整理するなんてことにならないためにも、少しずつでよいから処理していくこと。少しずつなら苦にならない。

後まわしにしていた仕事を片づける

急ぎでないからと後まわしにしていた仕事を少しでもよいから進めておこう。後まわしにしすぎると、仕事はどうしても停滞する。亀の歩みであっても、何もしないよりはましだ。

交通経路などちょっとした調べ物

来週行く出張の交通経路や交通費を調べるなど、ちょっとした調べ物にも最適。読みたかった本を図書館で検索して予約したり、興味のあることをネットで調べたりしてもよい。

机の上や引き出しの片づけ

使えなくなった文具やダイレクトメールを捨てるなど、ちょっとした片づけをすき間時間に行う。こうした日々の微調整を繰り返すことで、机の上や引き出しはきれいな状態が保たれる。

時間の整理術 5

スケジュールの上手な立て方

1 何をいつまでにやるかを確認

予定を立てるときにもっとも重要なのが、どのくらい時間をかけてもよいか＝締切りはいつかということ。また、仕事の達成目標も確認する。

↓

2 ①を成しとげるためにどういう仕事が必要なのかを考える

やるべき仕事が決まったら、そのために何をしなければいけないかを、リストアップしていく。なるべく具体的かつ細かく挙げること。

↓

3 ②で挙げた仕事にそれぞれどれくらい時間がかかるか考える

仕事ひとつひとつにどのくらいの時間がかかるかを、まずは自由に考える。この段階では、最終締切りのことは考えなくてもよい。

↓

4 ③の時間をすべて足し、期限内に収まるかどうかをチェック

↓

収まらないようなら微調整する

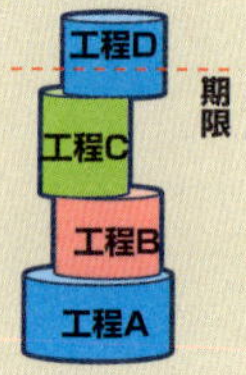

自由に考えた状態ではだいたい時間はオーバーしている。限られた時間の中で、どうすれば最終締切りに間に合うかを調整していく。

↓

5 スケジュール帳に落としこんでいく

考えたスケジュールを月間スケジュール（大きな予定）と、週間スケジュールに書き込む。このとき、本当にできるかを最終的にチェックする。

実際にスケジュールを立ててみよう

① 8月末に完成するショッピングモールの宣伝計画を立て、それを実行する（スケジュールを立てる時点で2月頭）

② 何をすべきかを列挙していく

③ それぞれこれくらい時間がかかり、いつまでかを確認する

何をすべきか	かかる時間	締切り
・宣伝媒体には何がよいかを決定	2ヶ月	3月末まで
・宣伝用の写真素材を撮影	1ヶ月	4月末まで
・広告用のコピーを考える	1ヶ月	4月末まで
・雑誌などに向けて送るリリースを作る	1ヶ月	7月上旬まで
・取材など	2週間	8月上旬まで

④ スケジュールに無理がないかを確認

問題点）6～8月が立て込みすぎている

改善案）リリースを5月末までに作成するよう、すべてを前倒しにする

⑤ スケジュールを作る

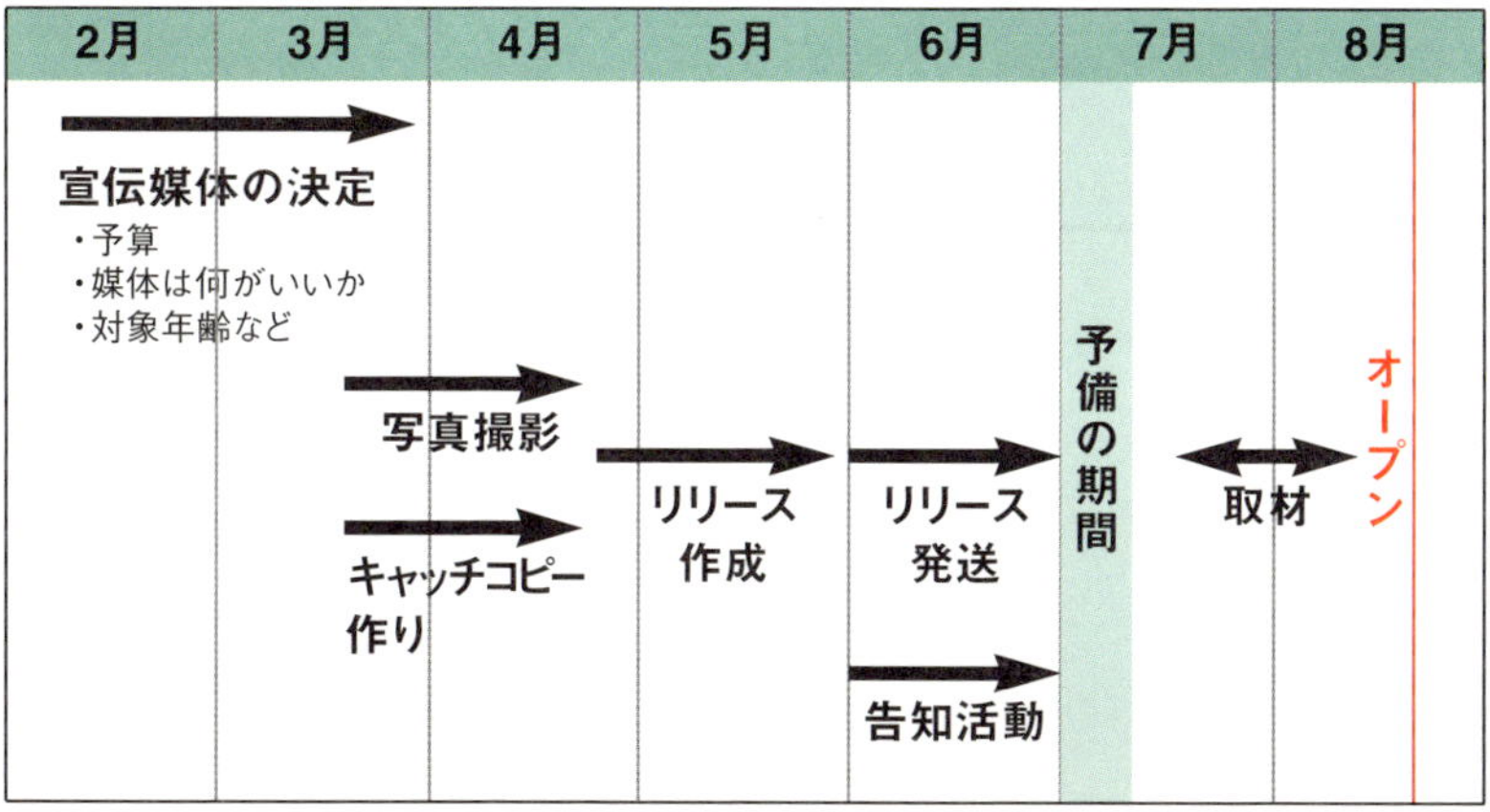

予備の時間ですべてを調整していく

たいていの仕事はスタート時にはゆとりがあり、締切りが近づくにつれて、忙しさが増していくものだ。夏休みの最後の日に泣きながら宿題をする小学生のようなことにならないために、かならず予備の時間を作ることが、スケジュールどおりに仕事を進めるためのポイントとなる。いつも締切りぎりぎりになる人は予備の時間を多めに作ろう。

時間の整理術 6

チェック&見直しが時間管理のポイント

❶毎日のスケジュールは寝る前&朝に確認！

➡ **1日の仕事を頭に入れておくことで能率がアップする**

出社してパソコンを起動したときには、何から手をつけたらよいか、明確になっている状態がベスト。寝る前と出社前に、イメージトレーニングをする。

❷週の終わりに来週のTodoリスト作成&準備

➡ **来週の予定を確認することで取りこぼしがなくなる**

どんなに頑張っても、仕事に取りこぼしはある。それをそのままにしてはいけない。週末に、来週の予定と今週の取りこぼしをチェックすること。

❸月の終わりに進行中の仕事の進み具合をチェック

➡ **スケジュールの遅れは早いうちに取り戻す**

仕事にずれはつきものだ。月末には大きな流れで仕事をとらえ、進行状況を確認し、調整が必要であれば、上司や同僚とよく相談すること。

時間上手になるためのQ&A

Q 何から手をつけたらいいかがわからなくなってしまい、ぼんやりすることがよくあります。

A Todoリストを見直しましょう

何が何だかわからなくなったときは、Todoリストを見直し、すぐできる小さな仕事をまず片づけます。そうすると状況が自ずとつかめてきて、今何をしなければいけないかがわかってくるでしょう。

Q 毎日ちゃんとやっているつもりなのに、いつのまにか仕事が遅れがちになってしまいます。

A すべてを順調と考えてスケジュールを組んでいませんか?

スケジュールを作るときは、「本来の自分」より「2〜3段階できない自分」で考えること。いろいろなことがスムーズにいった理想的な自分を頭に描いてスケジュールを作ると、だいたい無理が生じてきます。最初からゆったりめに予定を組んでおけば、早く終わった場合に上司からの覚えもよくなります。

時間をきちんと管理していくためのコツ

- コツ1 今、自分のやるべき仕事の優先順位を意識する
- コツ2 後まわしの仕事をなるべく作らない
- コツ3 不測の事態に備えて、スケジュールに余白の時間を作る
- コツ4 Todoリストは常に最新バージョンで
- コツ5 仕事の締切りはなるべく細かく設定する

時間の整理術 7

Todoリストの上手な活用方法

スケジュール管理の要 Todoリストは手段であって目的ではない

Todoリストを作るときにもっとも大切なのは、手段であって目的ではないということです。どんなにきれいにTodoリストを作成しても、勤務時間の大半をTodoリスト作りに費やしているような人は、仕事ができるとは決して言われません。

なぐり書きで後から見返したときに何が書いてあるかわからないようでは困りますが、あくまでTodoリストは希少な時間の中で仕事を順調に進めていくためのツールだということを忘れないでください。また、Todoリストはその仕事のことを忘れないために書いた外部メモリなので、折りにつけ見返しましょう。

Todoリストの書き方

Check! 1
チェックする場所を作る

Check! 2
日付けを書き込む
後から見返すためにも日付けはかならず書く。

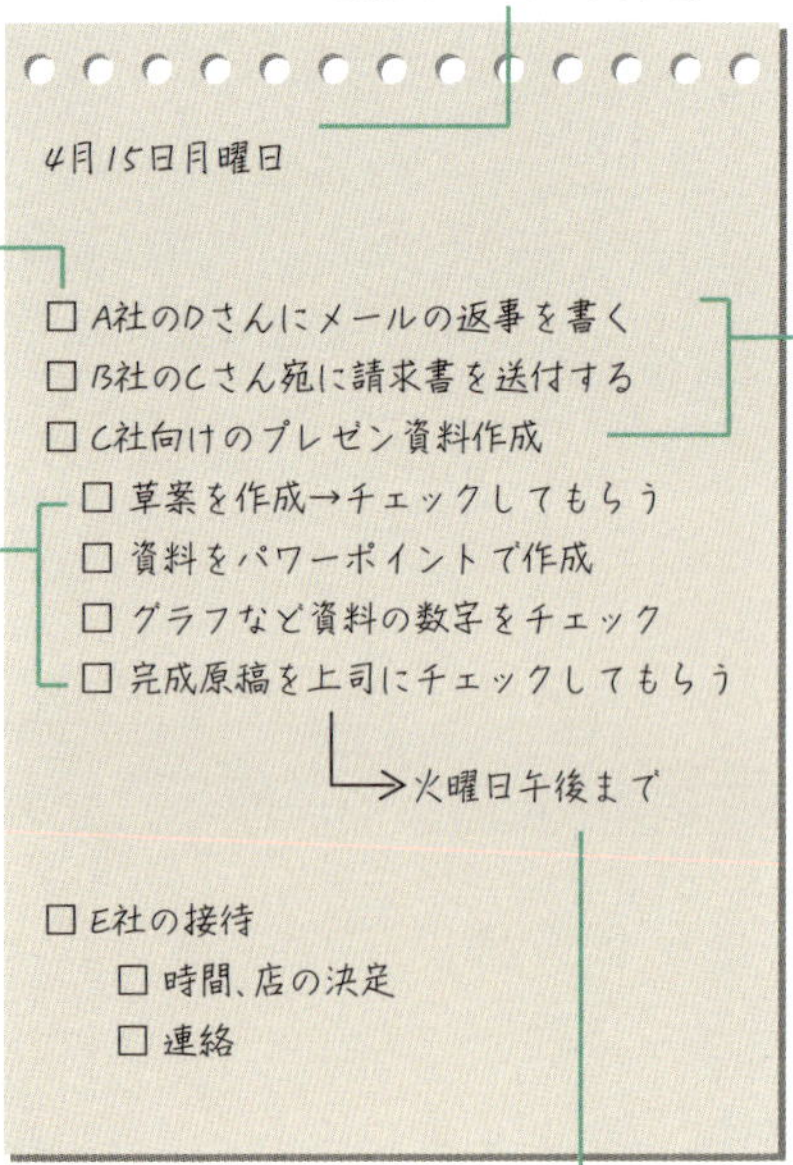

4月15日月曜日
□ A社のDさんにメールの返事を書く
□ B社のCさん宛に請求書を送付する
□ C社向けのプレゼン資料作成
□ 草案を作成→チェックしてもらう
□ 資料をパワーポイントで作成
□ グラフなど資料の数字をチェック
□ 完成原稿を上司にチェックしてもらう
→火曜日午後まで
□ E社の接待
□ 時間、店の決定
□ 連絡

Check! 3
大きな仕事と細かい仕事の両方を書く
5分でできる仕事も半日かかる仕事もすべて書き出す。こうすることで漏れがなくなる。

Check! 4
大きな仕事の中の細かい仕事もTodoリストに記入
半日かかるような大きな仕事はかならず細部の仕事も書き出すこと。

Check! 5
締切りも書き込む
いつまでかがひと目でわかれば優先順位も自ずとわかる。

Todoリストアイデア集

帰社前に作っておく

1日の仕事の終わりは机を片づけるとともに、明日の仕事をざっとイメージトレーニングする。その後5分くらいかけて、簡単なものでよいので明日のTodoリストを作成するとよい。

色分けする

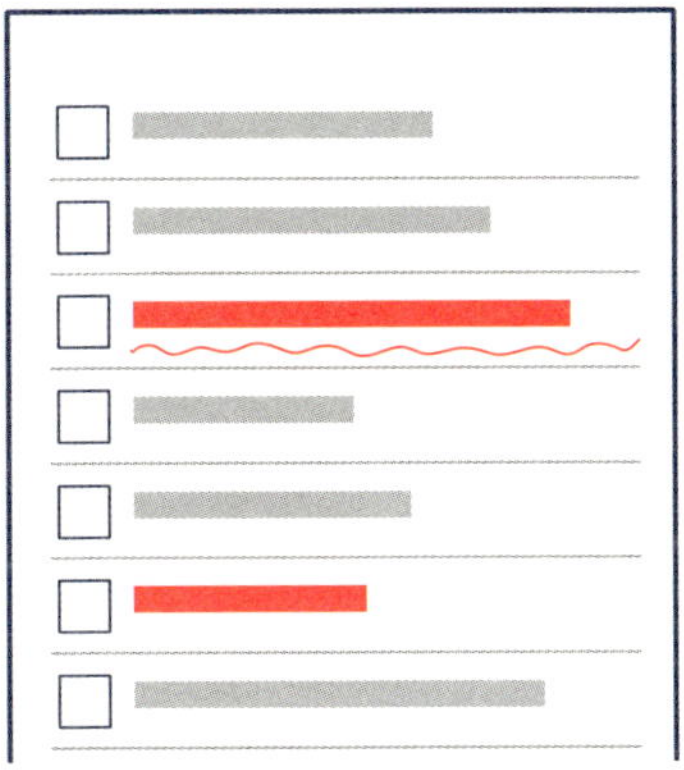

緊急度の高い仕事を赤ペンで書くなど、パッと見てわかるような工夫をする。ただし、何色も使っていねいに書いた、いわゆる「作品」に仕上げるようなことは意味がなく、時間のロスだ。

すき間仕事のリストも作っておく

すき間時間にしたいことは緊急度の低いものが多いので忘れやすい。だから、すき間時間にしたいことを前もってリストにしておく。こうすると、急にできた10分間を有効活用できる。

粘着メモを上手に活用する

粘着度が高い粘着メモを使い、出社したら手帳からパソコンのデスクトップ画面、帰社するときは手帳にというように、貼り直していく。こうすると、どこでもすぐに見直せて便利だ。

達人の整理術　3

現代の多様な働き方にも対応。ポスト・イット®製品がいつでもそばにある環境を

スリーエム　ジャパン株式会社

ポスト・イット®製品は全世界で１０００種以上、日本で発売されているものだけでも４００種以上あります。サイズはもちろん、色のバリエーション、素材、粘着力などさまざまな製品があります。

最近ではテレワークやフリーアドレスなど、働く場所が多様化しており、仕事内容に応じて有効な場所を仕事場にする柔軟な働き方が広がっています。

急なメモやタスク管理に使われるポスト・イット®製品などの文具は「使いたいときに使いたい場所にある」ことが非常に大切です。

コネクトディスペンサー／ホルダーは、シーンや場所に合わせてケース同士を連結してふせんやテープを設置でき、ペンやカッターなどの手持ちの文具も一緒に収納できます。個人のデスクだけではなく、フリーアドレスや会議室などの仕事場に設置すると、文具を探し出したり、取りに行く時間や手間が軽減されます。

仕事上動き回ることが多い人にはポスト・イット®製品ポータブルシリーズがおすすめです。フラップタイプは手帳やノートに直接貼り付けて持ち運び、台紙が折りたたみ式なので、台紙を開けば好きなページを開いたままメモが可能です。

ポップアップタイプは、同梱されているコマンド™タブでパソコンなどに貼り付けることができます。パソコンと一緒に持ち運べるので、とっさのメモにも対応ができます。

働き方に合わせて「いつでもそばに」ポスト・イット®製品をぜひご活用ください。

パソコンやタブレットに貼れるポスト・イット® 強粘着製品 ポップアップタイプ。片手で簡単に取り出せる。

手帳やノートの内表紙にポスト・イット® 強粘着製品 フラップタイプを貼り付ければ持ち運びも簡単。

ポスト・イット® 製品やスコッチ® テープが入るコネクトディスペンサー／ホルダー。まとめてコンパクトに手元に文具を設置できる。

第5章 手帳の整理術

手帳はスケジュールだけを書くものではない

手帳の使い方ひとつでできる人になれる

　あなたは手帳＝スケジュールを書き留めるツールと思っていませんか？　それでは、手帳を100％使いこなしているとはいえません。

　アポ的なスケジュール以外に、今後の予定、やらなければいけないこと（いわゆるTodoリストです）、アイデアやメモ、今後の目標などを書けば、手帳を自分の秘書がわりに使えます。使い方次第で仕事が今よりずっと早く進むようになったり、あなたを成長させてくれたりするのです。

旧時代的な手帳の使い方

- 手帳にはスケジュールを書くだけ
- メモも思いついたことを書き散らすだけ
- ぐちゃぐちゃで整理されておらず、見直しもしない

手帳＝アポを書くものという認識はもう古い

手帳のおもな役割

① スケジュールを書く
誰かとの約束や会議の予定などアポ以外に、今後のだいたいのスケジュールや自分の作業予定も書き込む。

② メモを書く
打ち合わせや会議のときのメモを書き込む。メモをよく取る人はメモ部分が多い手帳を選ぶとよい。

③ Todoリストを書く
今日やらなければいけないこと、今週中にやらなければいけないことなどを書き、折りにつけ見直す。

④ 連絡先を書く
携帯があるからと安心するのは注意。携帯の電池が切れたときなどに備えて電話番号や住所などは書いておく。

⑤ 身辺雑記を書く
今日会った人、行った店、食べたもの、見た映画、読んだ本など、身辺雑記を書き、備忘録替わりにする。

⑥ 名刺や資料を収納する
ポケットのあるタイプなら、予備の名刺を入れておいたり、地図などのちょっとした資料を携帯できたりして便利。

⑦ アイデアを書く
思いついたアイデアは手帳に書き留める。アイデアをためていき、見直すとステップアップにつながる。

⑧ これからの目標を書く
なりたい自分、やりとげたいことなど、自分の目標を書き、それを見返すことで理想の自分に少しでも近づく。

手帳は今や、スケジュールだけを書き込むツールではない

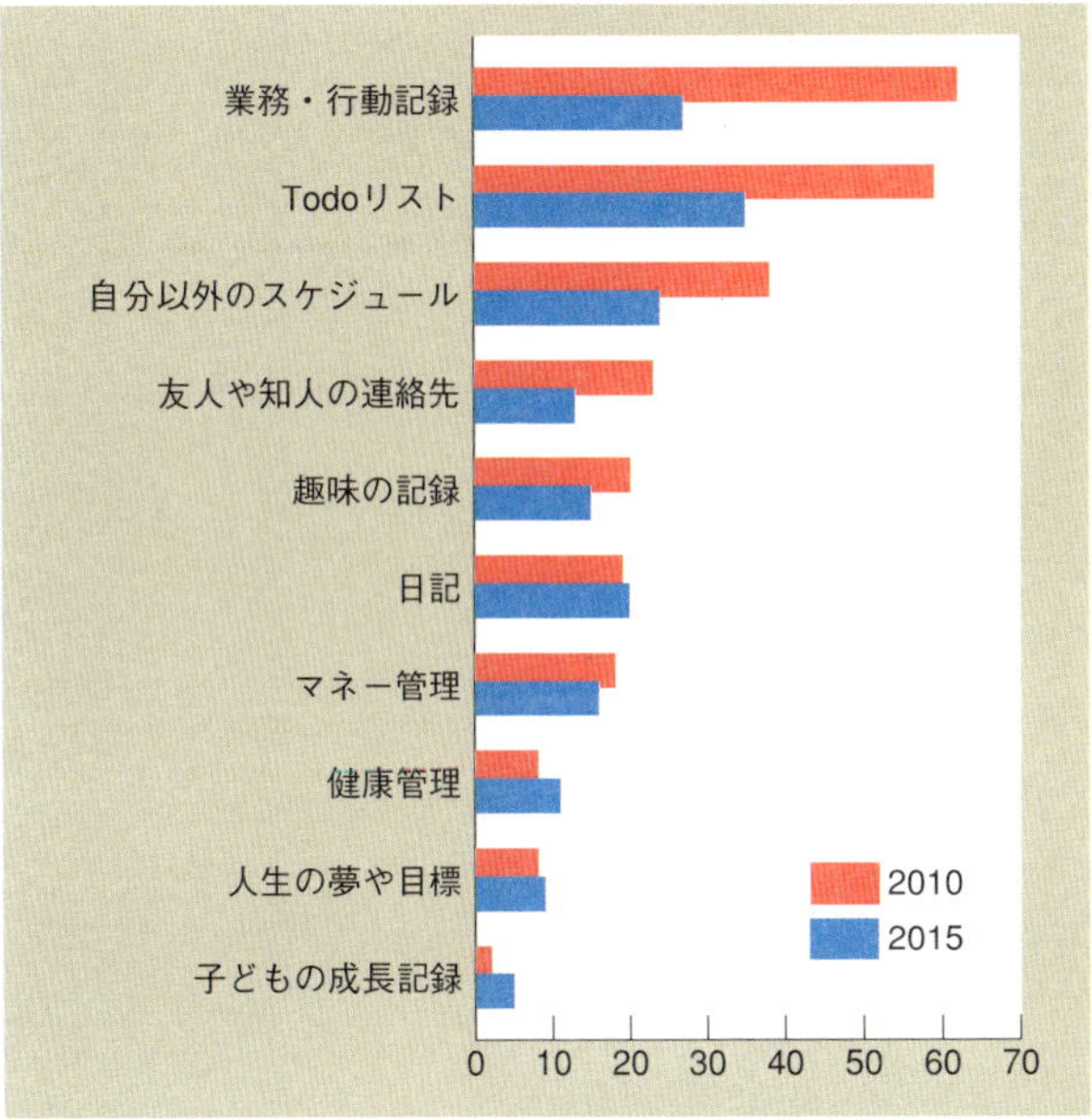

スケジュール管理以外に手帳に書き込む内容

左の図を見てもわかるように、最近では手帳に子どもの成長や健康管理の記録など、日々の覚え書きを記入する人が増えている。それに合わせて、記入量やフリースペースが多いタイプの手帳が好まれる傾向に。スケジュール管理のツールであることに加え、メモ帳や日記としての機能が際立ってきていることがわかる。

「あなたの手帳の流儀 2015」調査
（日本能率協会マネジメントセンター調べ）

手帳を使いこなすことでこんなメリットが…

1. 手帳を見返すことで仕事の振り返りができるようになる
2. 忘れ物やケアレスミスが減る
3. 長期的な予定が把握でき、計画的に動けるようになる
4. ダブルブッキングすることがなくなる
5. 商談や打ち合わせなどの記録を整理できるようになる
6. 関係者の予定も書き込むことで動きやすくなる
7. 他人とのアポで割く時間だけでなく、自分の仕事の時間を確保できるようになる
8. 決められた時間で効率よく仕事をするようになる
9. すき間時間をうまく利用できるようになる
10. アイデアを手帳に書き留めることで、活用できるようになる
11. 仕事の充実度が高まる
12. 目標を記入することで、常に目標を意識できるようになる

手帳のサイズを選ぶ

❶ 手帳のサイズは大きく分けて3タイプ

大

1.デスクトップサイズ

机の上に置いて使用するA5＆B5サイズ

記入量が多い人、持ち歩かず机の上に置いた状態で手帳を使用する人には、A5判やB5判の大きめサイズがおすすめ。携帯できる小さいものと併用してもよい。

2.バッグインサイズ

バッグに入れて使用するA6＆B6サイズ

バッグに入れて持ち歩く人は大きすぎるサイズは不便だ。バッグの内ポケットにちょうど入るA6判やB6判くらいの大きさがよい。女性には、横長タイプの人気も高い。

3.コンパクトサイズ

ポケットに入れて使用する小型サイズ

スーツやYシャツなどの胸ポケットに入れる人はポケットサイズがよい。書き込むスペースが小さいので、字が大きい人、たくさん書き込みたい人には向かない。

小

❷ 手帳のサイズを選ぶときのポイント

POINT 1 手帳を持ち歩くかどうか

いつも持ち歩くなら大判の手帳は使いづらい。携帯するなら小さい手帳のほうがよい。

POINT 2 手帳の収納場所はどこか

携帯するならどこに入れるかもポイントに。ポケットか、バッグか、またバッグの大きさはどのくらいかも考える。

POINT 3 手帳に書く量はどのくらいか

記入するスケジュールやメモが多い人は当然大判のほうがよい。少ししか書き込まないなら、大判はじゃまなだけ。

❸ 手帳のサイズ一覧

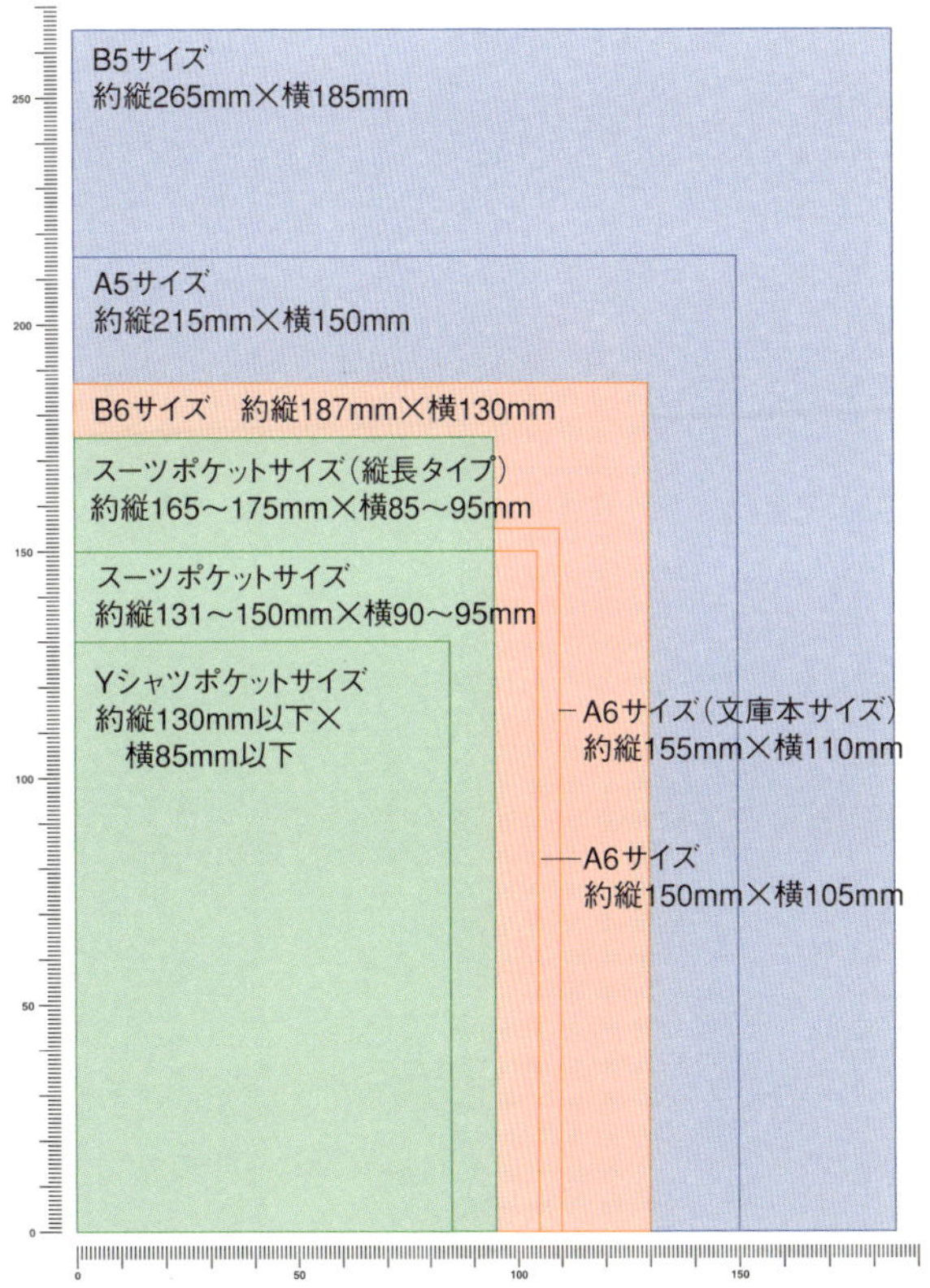

出典：日本能率協会マネジメントセンター

使い方次第でサイズは変わってくる

手帳のサイズはいろいろあるが、ここでは一般的なサイズを一覧にしてみた。
まず、コンパクトなサイズのなかにもYシャツポケットサイズとスーツポケットサイズがある。スーツポケットサイズには縦長タイプも。次にバッグに入れて持ち歩くタイプに、A6判、文庫判、B6判がある。ポケットインサイズに比べ、記入スペースはずっと広くなる。最後に机の上に置いて使用するデスクトップサイズは、日記や会議録としても使える。A5判とB5判がある。

年齢と共に手帳はビッグに!?

仕事に対する責任が増えてくるとともに記入量が増えるためか、年齢とともに手帳は大型化する。最近は、携帯できてかつそれなりに記入スペースもあるA6判やB6判の人気が高まりつつある。

手帳の整理術 3
スケジュールの形で手帳を選ぶ

手帳の形は千差万別 使い勝手のよいものを！

手帳を使いこなすためには、自分に合ったスケジュール欄を選ぶ必要があります。大まかなフォーマットを紹介するので参考にしてください。

スケジュール欄を選ぶとき、考えるべきは「書く量と内容」です。スケジュール欄に書く事項が多いなら、当然スペースの広いものがよいでしょうし、少ないなら見開き1ヶ月タイプで十分です。また、仕事重視かプライベート重視かによっても変わってきます。

Check! 1 記入の方法

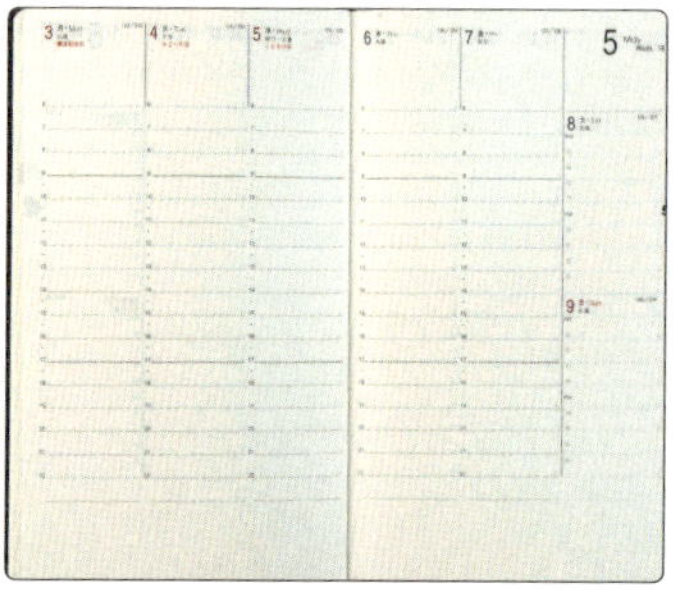

時間管理型

目盛りがあらかじめ入っており、細かい時間単位でスケジュールを書き込めるようになっているタイプ。1日を時間で区切って見たい人に向いている。

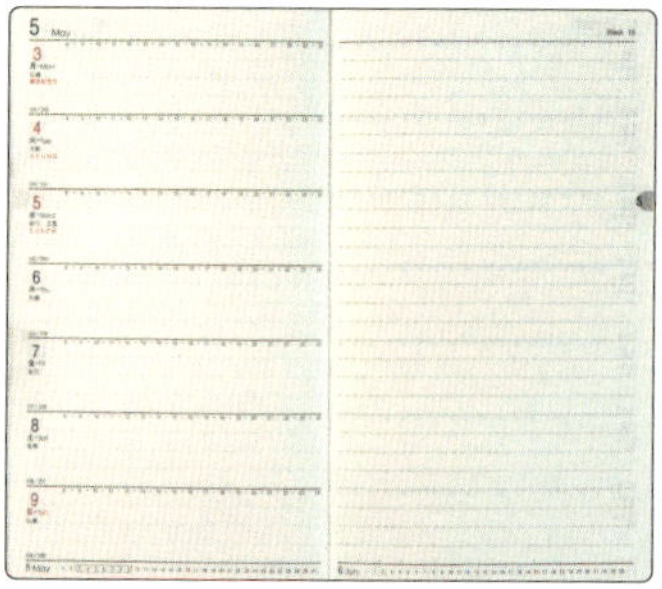

書き込み型

スケジュール欄の隣ページがフリーフォーマットで自由に書き込めるタイプ。Todoリストや実行記録など、いろいろ書きたい人に向く。使い方の範囲が広い。

Check! 2 曜日の並び＆曜日のレイアウト

❶ 月曜始まりor日曜始まり

カレンダーと同じ形の日曜が一番上に来ているタイプと、月曜始まりのタイプがある。週休2日が定着したためか、月曜始まりの人気が高い。

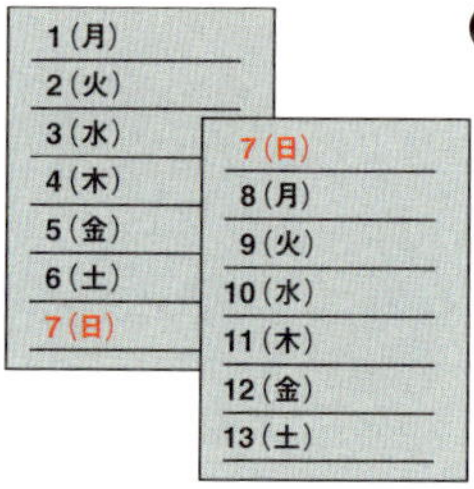

❷ 平日重視型or曜日均等型

平日の記入スペースが大きいビジネス仕様のものと、すべての曜日が均等サイズのものがある。プライベートの予定が多く入るなら後者が使いやすい。

スケジュール欄の代表的な形

① 1日1ページタイプ

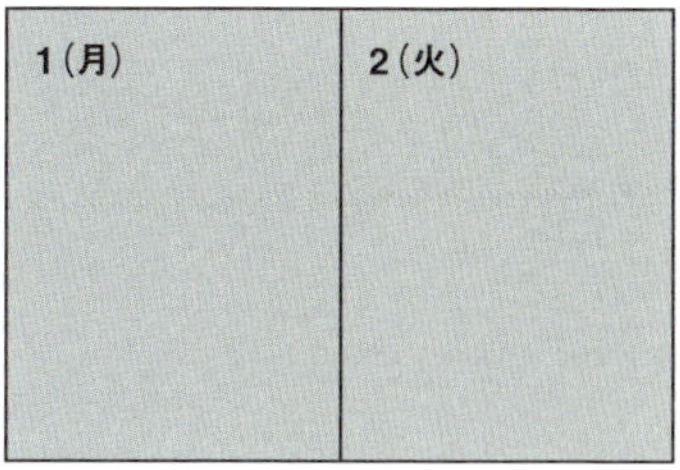

② 1ページ2日タイプ

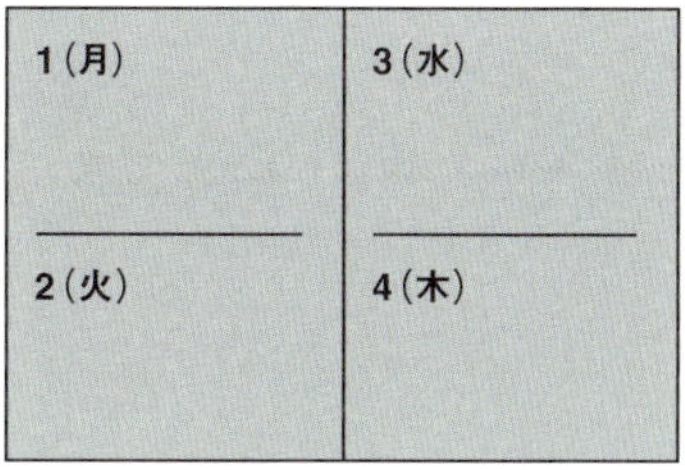

①と②は書き込むことが多い人に向くタイプ

身辺雑記（日記的なもの）やTodoリスト、メモなどをいろいろ記入したい人は①や②を。アイデア次第で使い方はいろいろある。

③ 見開き一週間タイプ

2ページで1週間のスケジュールを書くタイプ。おもなデザインは下記の3つ。

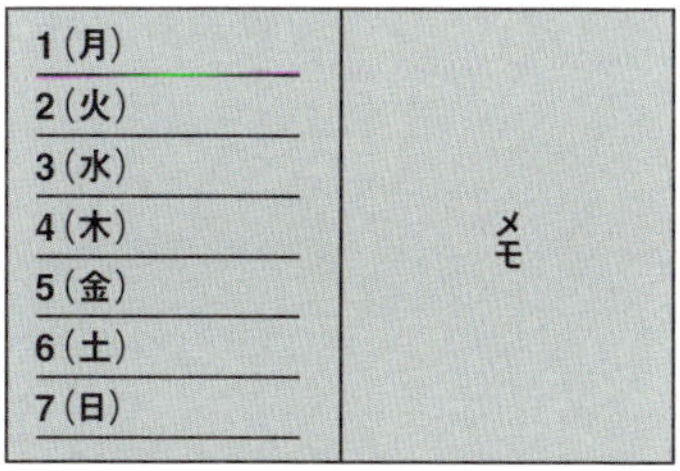

左がスケジュール欄で右がメモタイプ。

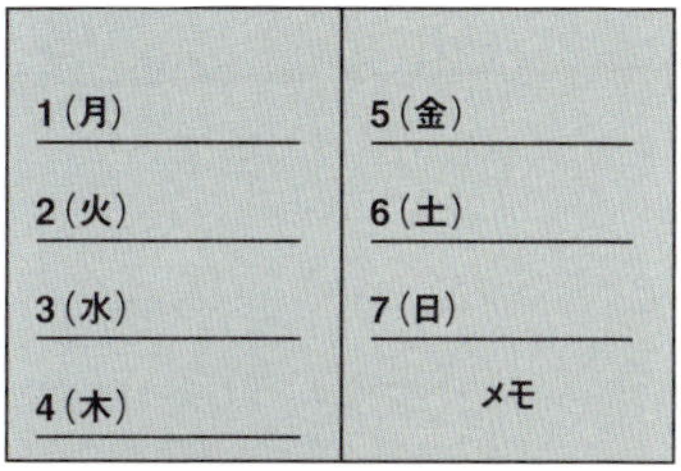

見開きで1週間分。横割タイプ。

月	火	水	木	金	土	日	
1	2	3	4	5	6	7	

いわゆるバーチカル（縦ライン）タイプ。時間管理軸は上から下にデザインされている。

④ 見開き2週間タイプ

1ページ1週間ずつ、見開きで2週間分のスケジュール欄があるタイプ。薄い手帳を持ちたい人に向いている。

⑤ カレンダータイプ

月	火	水	木	金	土	日	メモ
1	2	3	4	5	6	7	
8	9	10	11	12	13	14	
15	16	17	18	19	20	21	
22	23	24	25	26	27	28	
29	30	31					

2ページで1ヶ月分のスケジュールがカレンダー形式で載っているタイプ。日曜始まりと月曜始まりがある。

⑥ 月間タイプ

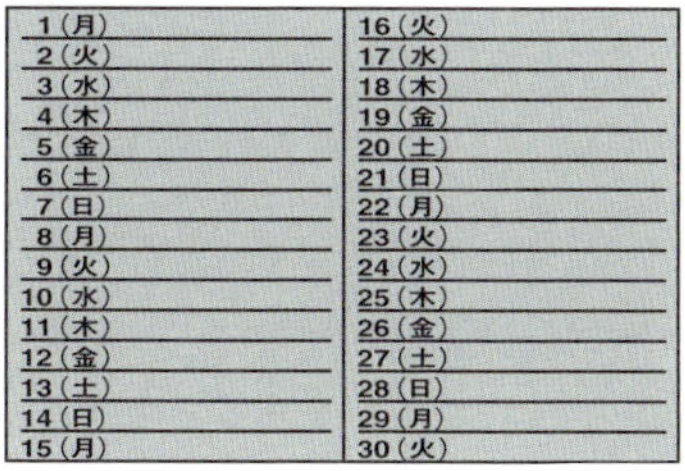

2ページで1ヶ月分のスケジュールが横に組まれているタイプ。長期的な予定を一覧したい人に向いている。

あなたに向く究極の手帳の形を探す

Check! 1 マンスリーとウイークリーのどちらがいいか？

マンスリー

月	火	水	木	金	土	日	メモ
1	2	3	4	5	6	7	
8	9	10	11	12	13	14	
15	16	17	18	19	20	21	
22	23	24	25	26	27	28	
29	30	31					

メリット
- 1ヶ月の流れがつかみやすい
- 長期スケジュールが一目でわかる

デメリット
- 書くスペースが少ない

ウイークリー

1（月）	5（金）
2（火）	6（土）
3（水）	7（日）
4（木）	メモ

メリット
- 書くスペースが多い
- 細かいスケジュールも書き込める

デメリット
- 1ヶ月の流れを把握しにくい

マンスリーが向く人

仕事を1週間単位で区切れない人は、長期的なスケジュールが一覧できるマンスリーが必要になる。

マンスリー ＋ ウイークリー

マンスリーとウイークリーの両方がついているものも多い。122ページで紹介するように、使い分けてもよい。

ウイークリーが向く人

1日に何本もアポが入ったり、メモが多かったりする人はマンスリーでは書き切れないので、ウイークリー欄が必要になってくる。

Check! 2 メモ部分はどのくらい必要か？

スケジュール欄に書き込みたいか、メモ部分がほしいかでタイプは変わります。

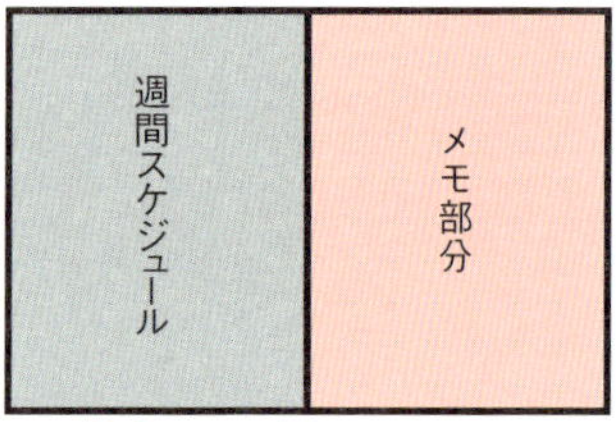

こんな人はコレを！

スケジュール欄の隣ページがメモになっていれば、議事録なども書ける。

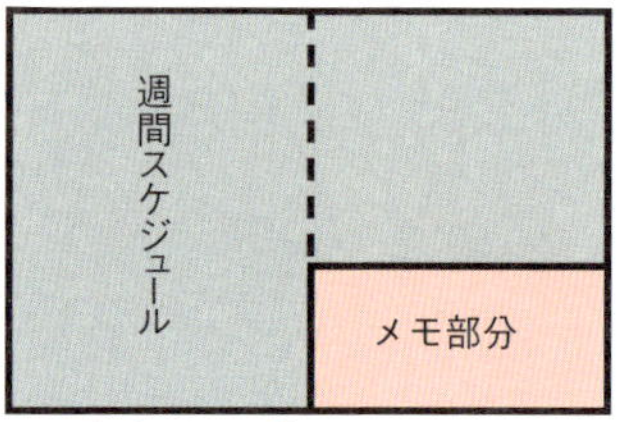

こんな人はコレを！

1日のスペースが大きければ、1日の記録やその日のTodoリストも書ける。

Check! ③ システム手帳の使い勝手は？

カスタマイズできる上に、ダイアリーリフィルさえ交換すれば、何年でも継続して使用できる。ただ、どうしてもかさばり、持ち歩きには不便だ。

システム手帳ならコレも綴じられる

- ・ふせん　・メモ用紙
- ・クリップ　・名刺入れ
- ・カード（切り離し式）
- ・クリアポケットなど

ファスナーつきは収納に便利

ファスナーつきのシステム手帳なら、密閉性が高く、名刺やはがきなどを挟んでも落ちない。

Check! ④ 週間スケジュールの形はどれが便利？

バーチカルタイプは時間管理の必需品

とにかく自分の時間をきっちり管理したいという人はバーチカルタイプを。アポが入った時間以外、つまり空き時間がどれぐらいあるかがひと目でわかり、自分時間（84ページ参照）活用ツールとしておおいに役立つ。

VS

メモ部分が広いタイプは自由度の高さが魅力

時間は決まっていないが、その日に入ることだけがわかっているといった予定も書き込める。また、予定以外のちょっとしたメモを書きたいときにも便利。バーチカルタイプに比べて自由度が格段に高く、そういう意味で使い勝手がよい。

手帳の整理術 5

綴じ手帳とデジタル手帳、どちらが便利?

どちらにも長所と短所が! ライフスタイルが肝心

綴じ手帳とデジタル手帳はどちらが使いやすいのでしょうか。まず、持ち歩くにあたって手帳に軽さを求める人、シンプルに使いたいという人は、綴じ手帳がおすすめです。デジタル手帳のメリットである、スケジュール変更や共有の手軽さが不要な人も同様。

反対に、手帳を自分を向上させるツールとして使いたいという人はデジタル手帳を使ってみてください。多機能に使えば使うほど、デジタル手帳は生きてきます。

綴じ手帳のメリット

1 持ち歩きに便利

大きさによってはスーツのポケとにも入る。携帯性に優れ、いつでもどこでも使える。

2 安い

価格はよほど高級素材でない限り1000円前後。昼食1回分で1年使えるツールが手に入る。

3 使うのが簡単

使うときに説明書を読む必要もなければ、リフィルの構成を考える必要もない。簡単に使える。

デジタル手帳のメリット

1 持ち物が減る

スマートフォンやタブレットを使って予定の管理ができるため、手帳を持ち運ぶ必要がなくなる。

2 ずっと使える

年度ごとに買い直す必要がないため、何年でも継続して使え、切り替えがわずらわしくない。

3 検索性に優れる

検索バーから必要な情報を探せるため、検索性のよさはピカイチ。スケジュール変更も簡単にできる。

綴じ手帳 VS デジタル手帳

機能	綴じ手帳	デジタル手帳
携帯性（持ち運びに便利か）	◎	◎
一貫性（前のスケジュールも見られるか）	○	◎
検索性（情報をすぐ検索できるか）	○	◎
記録性（記録媒体として優れているか）	○	◎
情報記入量（どのぐらい情報を書けるか）	△	◎
カスタマイズ性（自分の使い方に合わせられるか）	△	◎
コスト（安いか、高いか）	◎	△
使う上での容易さ（使う人を選ぶか否か）	◎	○

参考：日本能率協会マネジメントセンター

しっかり使いこなすならばデジタル手帳は綴じ手帳にはない魅力がある。検索性や記録性に優れ、それを簡単に人と共有することができるのだ。加えて、今や誰もが持っているスマートフォンやタブレットで予定管理ができるため、毎年手帳を買うより経済的。

あなたはどっちに向いている？

あなたにはデジタル手帳を使いこなせる力量はありますか？
それともシンプルかつ軽量の綴じ手帳がよいですか？
まずは次の質問に答えてみてください。

		YES	NO
1	手帳はふだん、会社に置きっぱなしになっている	□	□
2	手帳にはなるべくたくさん書き込みたい	□	□
3	昨年や一昨年のデータが必要になることもある	□	□
4	スケジュールを人と共有したい	□	□
5	持ち歩きたい情報がいろいろある	□	□
6	機能的という言葉に弱い	□	□
7	文房具にはあまりお金をかけたくない	□	□
8	いろいろな情報がすぐ検索できたら便利だと想う	□	□
9	手帳がちょっとくらいかさばっても気にならない	□	□
10	名刺ファイルやメモ帳を持ち歩くくらいなら、手帳にその機能が付加されたほうがうれしい	□	□

YESが多いほどデジタル手帳が向いている

YESが5個以上ある人は、デジタル手帳の導入を考えてみてほしい。ただし、4と9の答えがNOの人はたとえ他がすべてYESだったとしても、綴じ手帳を使ったほうがよい。たとえば、2がYESなら、デジタル手帳ではなく大判の綴じ手帳を使えばのぞみは叶う。

手帳の整理術6

簡単チャートであなた好みの手帳を判断

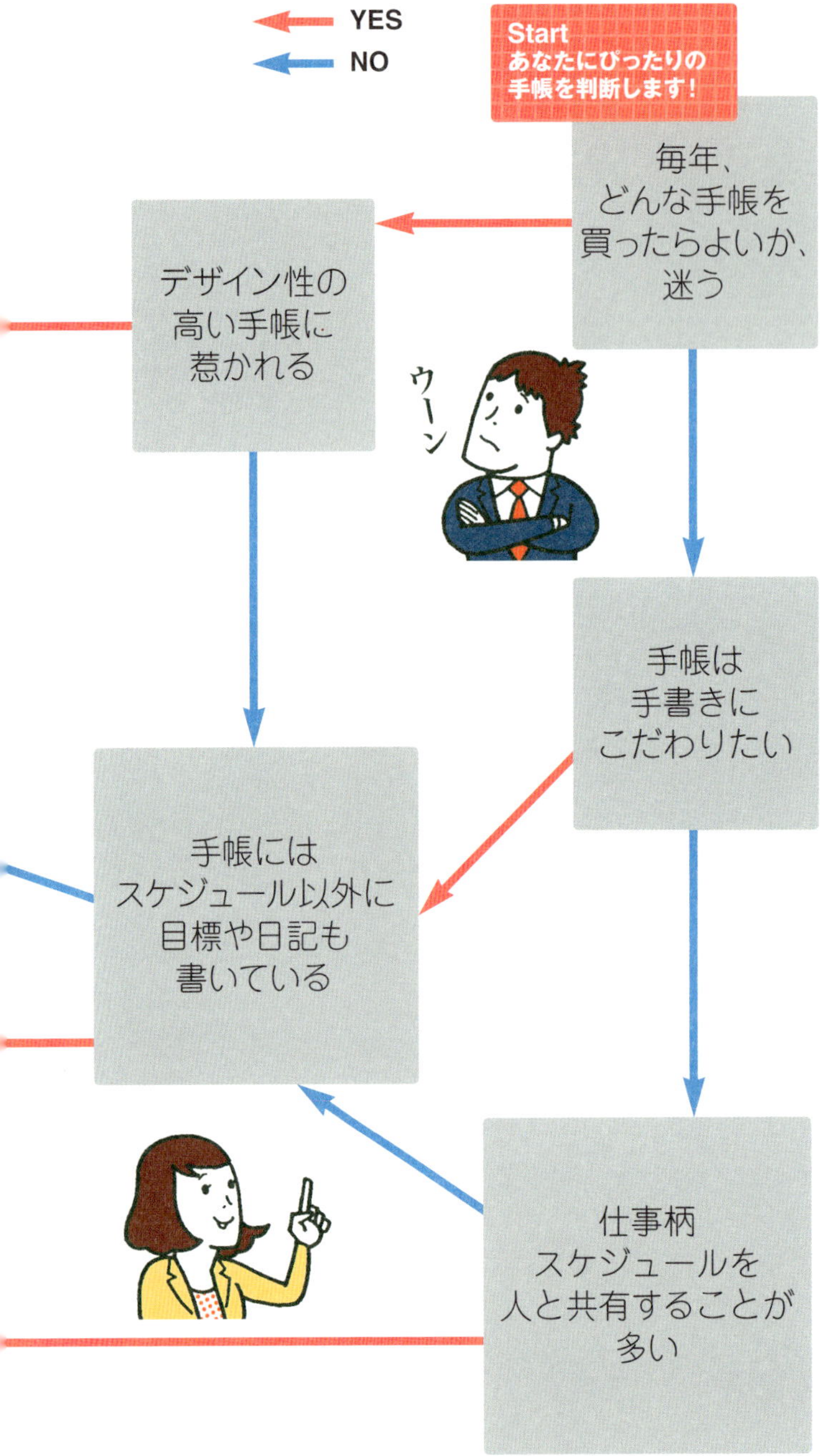
YES
NO
Start
あなたにぴったりの
手帳を判断します！
毎年、
どんな手帳を
買ったらよいか、
迷う
デザイン性の
高い手帳に
惹かれる
ウーン
手帳は
手書きに
こだわりたい
手帳には
スケジュール以外に
目標や日記も
書いている
仕事柄
スケジュールを
人と共有することが
多い

手帳は自分好みにカスタマイズしたい

システム手帳がおすすめ

ちょっとくらいかさばっても、機能的な手帳がよいと思うタイプ。カスタマイズできるシステム手帳がおすすめ。

手帳は少しくらいかさばっても、機能的に気に入っているならよい

毎日の予定は時間もひと目でわかるように書きたい

バーチカルタイプがおすすめ

1日を時間単位できっちり把握したいタイプ。時間目盛りがついているタイプの手帳を選ぶとよい。

会議や打ち合わせなどでメモを取る機会がよくある

マンスリー＋ウイークリーがおすすめ

マンスリースケジュールとウイークリースケジュールの両方がついているタイプ。公私を分けて書き込むとよい。

仕事とプライベート、できれば分けて書きたい

マンスリーのみの薄型手帳がおすすめ

厚くてかさばる手帳よりも薄いが持ち歩きに便利な手帳を求めるタイプ。1ヶ月のスケジュール把握もしやすい。

荷物はなるべく減らしたい

デジタル手帳がおすすめ

スマートフォンやタブレットと連動できるデジタル手帳なら、荷物も減ってスマートな印象に。

システム手帳ってどんなもの？

Check! ① システム手帳選びのポイントは？

サイズと厚さを決める

システム手帳はオーダーメイドのようなものだから、どんなものがよいかをきちんと見極めなければいけない。まず、考えるべきはサイズと厚さ。どのくらいリフィルを入れたいか、持ち歩くか否かなどを吟味しつつ決めていけばよい。

POINT サイズは4つ

❶ ミニ5穴サイズ

もっとも小型なサイズ。システム手帳の能力を最大限発揮するとはいえないが、携帯性に優れている。名刺入れや定規入れなどの機能がついているものも多い。

❷ ミニ6穴サイズ

ハンドバッグにも入るサイズなので、女性のシステム手帳ユーザーに人気がある。財布替わりとして使えるものからスリムなものまで、さまざまな種類がある。

❸ バイブルサイズ

システム手帳の原点ともいえる、もっともポピュラーなサイズ。リフィルの種類も豊富で、選択肢も幅広い。ビジネスとしてシステム手帳を使いこなしたいならこれがよい。

❹ A5サイズ

携帯せず、デスクダイアリーとして使うならこのサイズもよい。記入スペースが大きい上に、A4サイズの書類も綴じられるため、最近は人気が高まっている。

サイズ名	リフィルサイズ	リング径
ミニ5穴サイズ	105mm×61mm	8mm、11mm、13mm
ミニ6穴サイズ	126mm×80mm	8mm、11mm、13mm
バイブルサイズ	171mm×95mm	10mm、15mm、20mm、25mm
A5サイズ	210mm×148mm	15mm、20mm、25mm、30mm

出典：日本能率協会マネジメントセンター

Check! ② 素材を決める

高級感がある本革、扱いやすい合成皮革、ポップなデザインのものもあるPVC（ポリ塩化ビニル）など素材はさまざま。綴じ手帳と違い、長く使うものなので風合いや色味などよく吟味してから選びたい。また、本体バインダーの金具も耐久性が必要だ。高級なものは金具の修理が可能なものも多い。

手帳の整理術 8

手帳に合う筆記具選び

どんな筆記具が使いやすい？

手帳用の筆記具を用意するとき、最初に考えたいのが細字で書けるかどうかです。限られたスペースに書くので、0.5㎜のシャープペンまたは極細字タイプのボールペンがよいでしょう。また、立った状態で片手に手帳を持って書くことも多いので、ノック式ですぐに書けるものを選びましょう。

手帳は色分けして書くとよりわかりやすくなるので、2色ボールペンや3色ボールペンも便利です。

ちなみに、ペンホルダーつきの手帳の場合、サイズは各社まちまちです。ちょうどよいものを選ばないと、取り出しにくかったり、外れてなくしてしまったりします。購入するときは、一度入れてみてからにしましょう。

手帳用の筆記具におすすめのもの

1 細字で書ける

太い筆記具では何を書いてあるか、後から読解不能。小さい字を書くのが苦手ならとくに細字のものを。

2 ノック式ですぐ書ける

片手で書けるものを。キャップ式のペンは向かない。

3 スリムかつクリップつき

じゃまにならないものを。手帳にはさめるようクリップつきがよい。

シャープペンとボールペンどっちが便利？

手帳の筆記具は消せたほうがよいか、それとも消せないものがよいか。予定は変わることがあるので、一見消せるシャープペンが便利そうだが、そうとばかりはいえない。変更になる前の予定が残っていたほうが便利な場合もある。

手帳の整理術 9

タイプ別手帳の使い方①〈ウイークリー＋メモタイプ〉

自分なりの記入術を！

1週間の予定を書くスペースの隣が、メモになっているタイプ。まるまる1ページ分が自由に書けるスペースなので、気づいたことやアイデア、会議のメモなど、いろいろな使い方ができます。粘着メモをここに貼り、週間のＴｏｄｏリストを書き込んだり、日記を書いたりしてもよいでしょう。

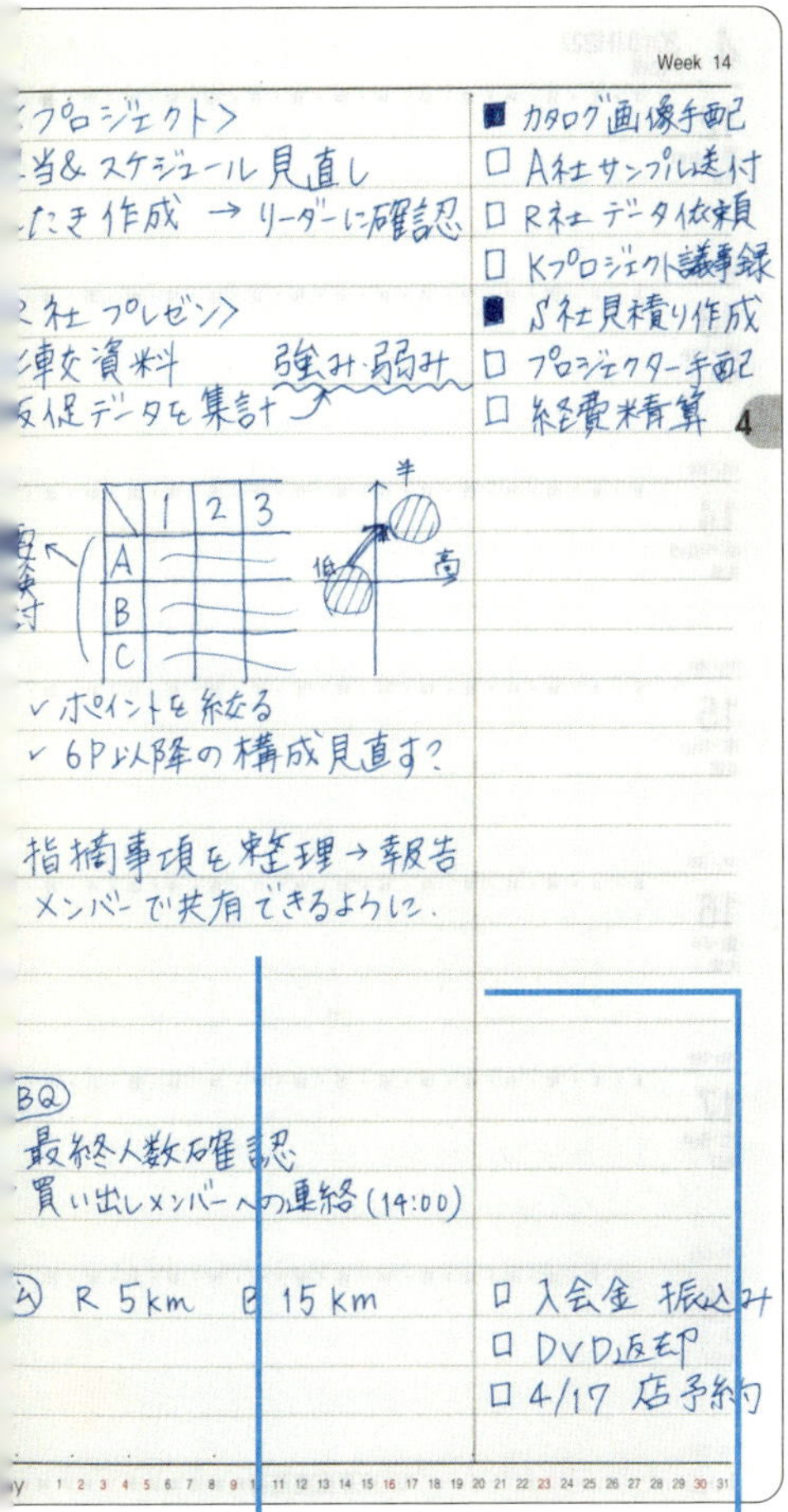

Check! 1

メモ部分は線で区切ることで使い勝手がよくなる

線で区切り、メモとTodoリスト、ビジネスとプライベートというように自分なりのルールを決めると、いろいろなものが混ざらず、見やすくなる。

Check! 2

ノート＆メモ部分はアイデアや議事録など使い方はさまざま

フリースペースなので絵や図も書きやすい。蛍光ペンなどを使ってわかりやすい形にしてもよい。

Check! 3

日付け下や横のスペースに身辺雑記を書き込むなど違った使い方も

毎日の体重や血圧の変化などの数値を日付けまわりに記入すると、ダイエットや健康管理にも利用できる。

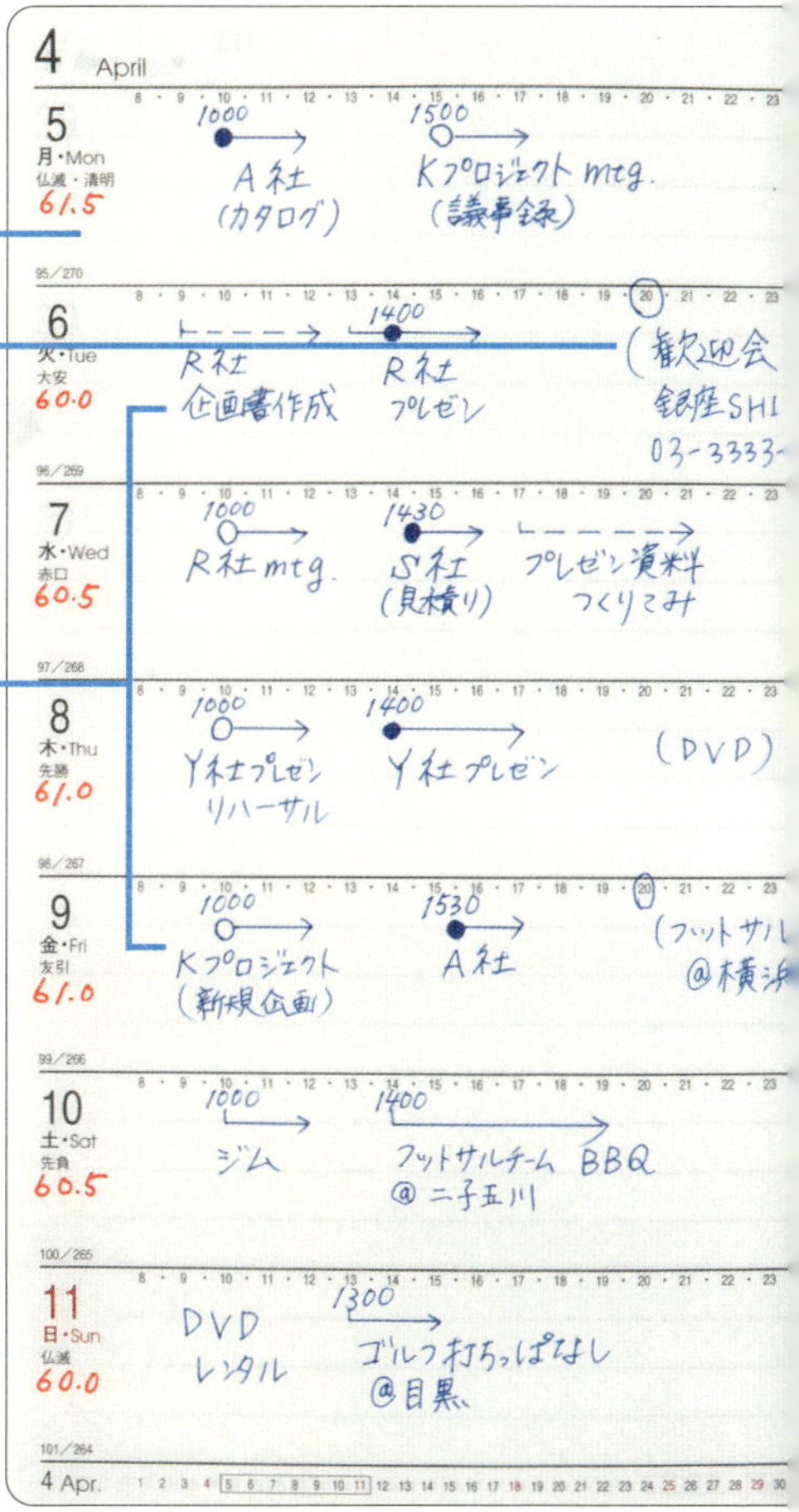

Check! 4

プライベートの予定はやりたいことも含めて( )で書いておく

プライベートの予定を書くときは、アポが入っているものだけでなく、DVDを見たい、フットサルをやりたいなど、したいことも含めて書いておくとよい。

POINT

手帳は折りにつけ見ることが大事

手帳にいろいろ書き込んでも、そのままにしていては意味がない。電車の中や打ち合わせ前などちょっとしたすき間時間に手帳を見直し、仕事の進捗状況を確認したり、アイデアをまとめたりすると、より有効に手帳が活用できる。

Check! 5

記入スペースが取られているので書き方を工夫する

記号や略語を利用すると小さいスペースにも多くの情報を入れられる。人の名前や会社名もなるべく簡略化する。

外出
打ち合わせ
作業

変更する可能性のある予定は粘着メモに

未確定のスケジュールを書き込むときは、粘着メモを使うと変更時に貼り直せる。毎週同じ時間の予定もふせんに書いて使い回すとよい。

手帳の整理術 10

タイプ別手帳の使い方②〈バーチカルタイプ〉

時間管理のスペシャリスト

時間をブロックでとらえることができるバーチカルタイプは、1日に複数の予定が入る人に向くタイプです。

予定を書くだけでなく、実際にやったことを記入すると、自分が何時に何をやっていたかがすぐわかり、時間の使い方や生活習慣を見直すときに役立ちます。

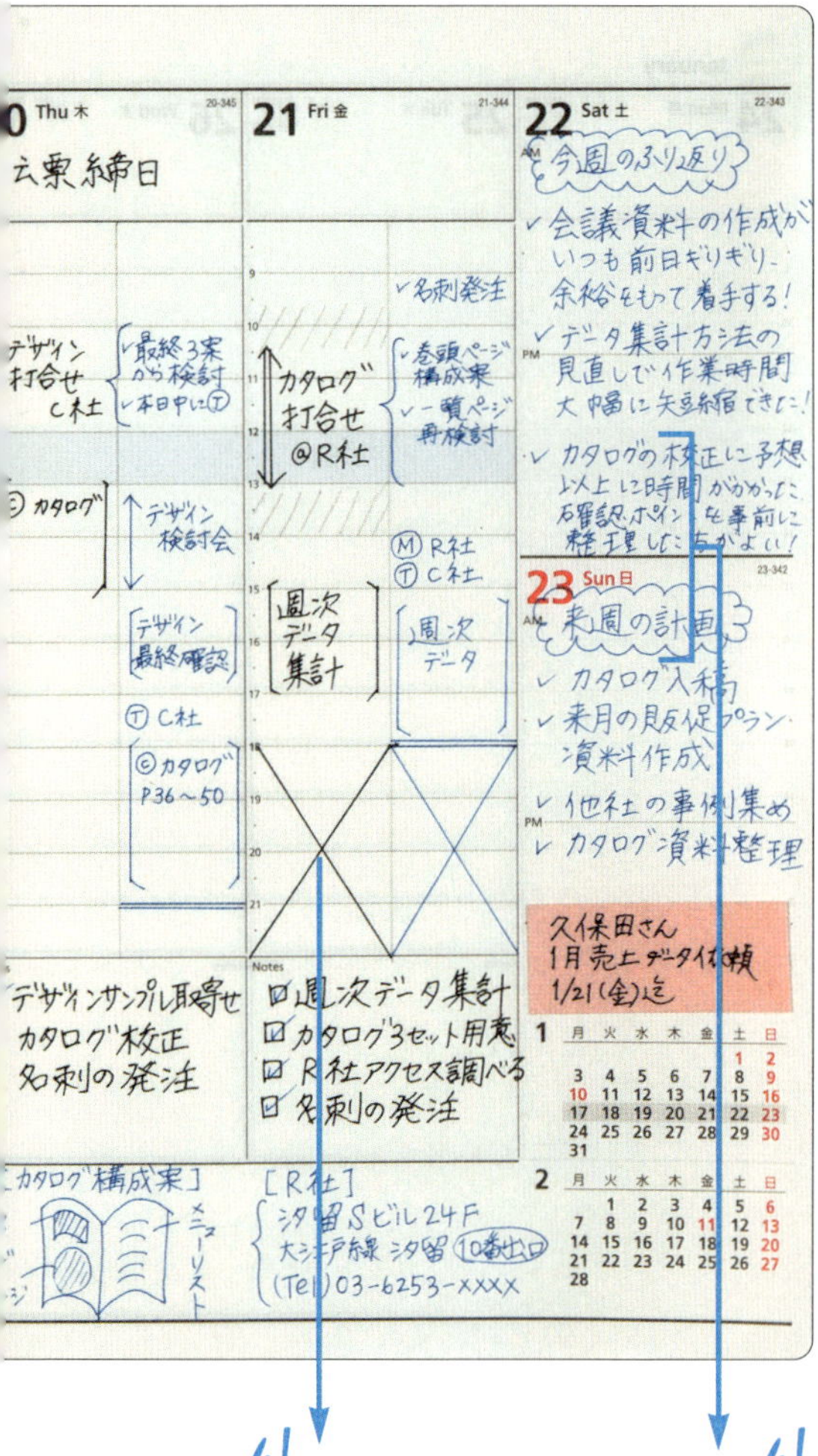

Check! ❶
週末欄は振り返りと来週の計画を書き込むスペースに

ビジネス専用に使うなら、週末スペースは今週の反省と来週の計画欄に使用する方法も。1週間単位で振り返ることで、翌週の仕事効率がよくなる。

Check! ❷
プライベートの予定は×印でブロックする

プライベートの予定が入っている場合は、あらかじめブロックしておくとダブルブッキングを防げる。プライベートの予定が見られるのはイヤという人も、これなら打ち合わせ時に手帳を広げても気にならない。

Check! 3

予定と実際の業務をダブルで書けば行動を振り返るときに便利

スケジュール欄の真ん中に縦線を引き、1日の記入スペースをふたつに区切る。左半分に予定を書き、右半分に実際行ったことを書くようにすると、どう時間を使ったかがきっちりわかる。

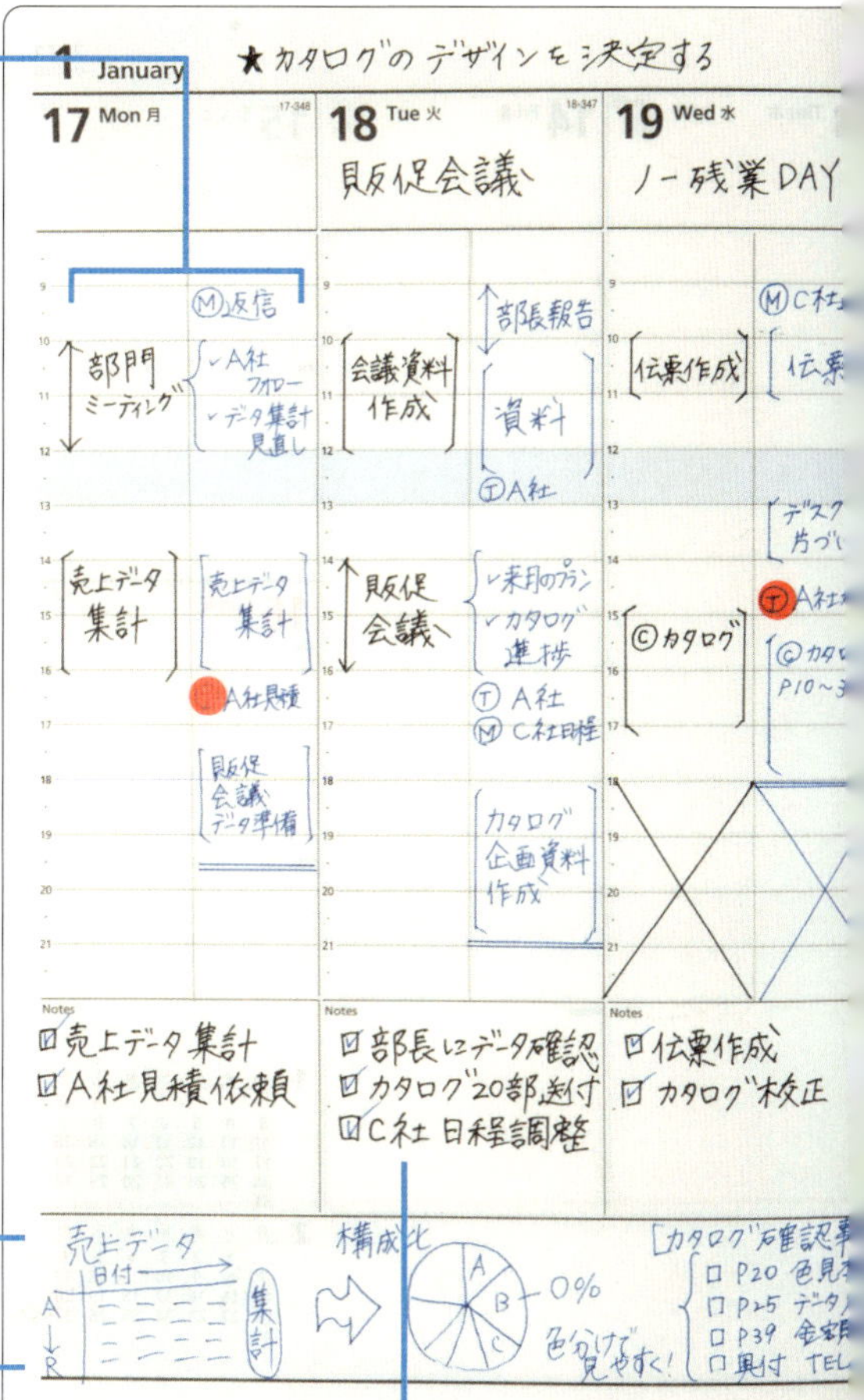

POINT

1日は24時間 限りある時間 だからこそ うまく活用しよう

仕事が早い人も遅い人も1日は同じ24時間だ。つまり、仕事がどんどん進む人は時間の使い方がうまいということになる。自分の作業時間や外出時の移動時間をあらかじめ確保し、24時間をどう使うかをきちんと考えることが、時間管理の達人に近づく第一歩といえるだろう。

Check! 4

メモスペースにはアイデアや参考情報を

ちょっとしたメモや参考情報を書いておくと、打ち合わせのときなどに使える。

Check! 5

下欄は□をつけてTodoリストに！

□を書いて、その日のTodoリストを作り、終わったらチェックする。上司や部下の予定などを書いておいてもよい。

タイプ別手帳の使い方③〈見開き1週間タイプ〉

区切って使うとよい

見開き1週間タイプは均等にスペースが分かれているので、1日1日のスペースがある程度大きいのが特徴です。スペースの中を大まかに区切って使うようにするとよいでしょう。また、仕事とプライベートを色分けしたり、Ｔｏｄｏリストを別の色で書いたりするとよりわかりやすくなります。

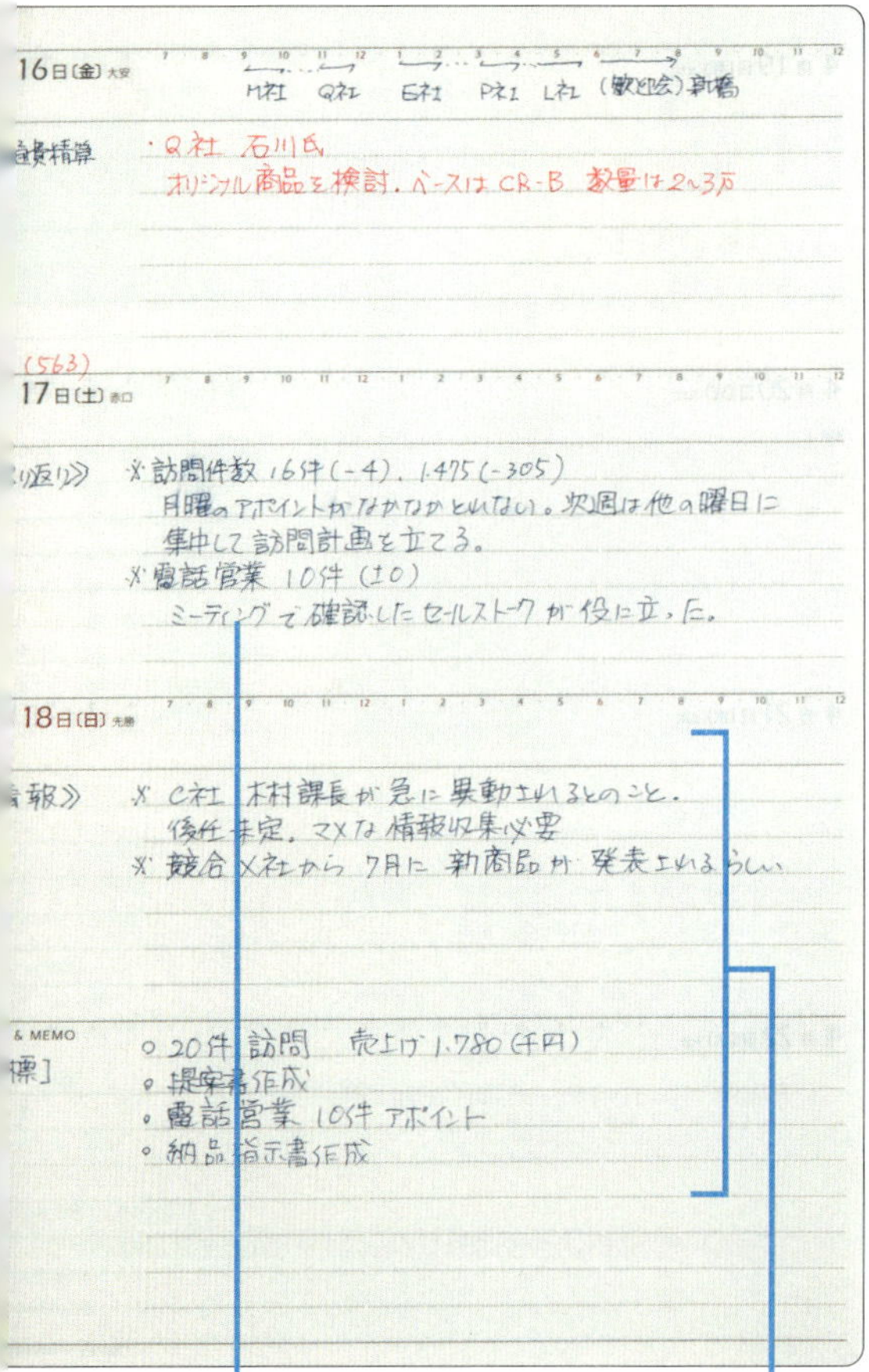

Check! 1 日曜や欄外のメモスペースは情報や目標などを書き込む

プライベートの予定はマンスリーに書き込み、日曜はメモスペースとして使うのもひとつの方法。情報や目標を書き込んでもよい。

Check! 2 土曜日は1週間を振り返るスペースに

毎週の仕事でやり残したことや反省点、進み具合などを土曜日の欄に書き込む。

Check! 3

日付下のスペースはTodoリストに

毎朝、日付けの下のスペースにTodoリストを書き込むようにする。仕事が終えたらチェックできるよう、□を入れることを忘れずに。

Check! 4

色分けすることで見やすくする

社外にまつわることと、社内の特記事項を色分けして書いておくと、後で見直すときに、わかりやすい。

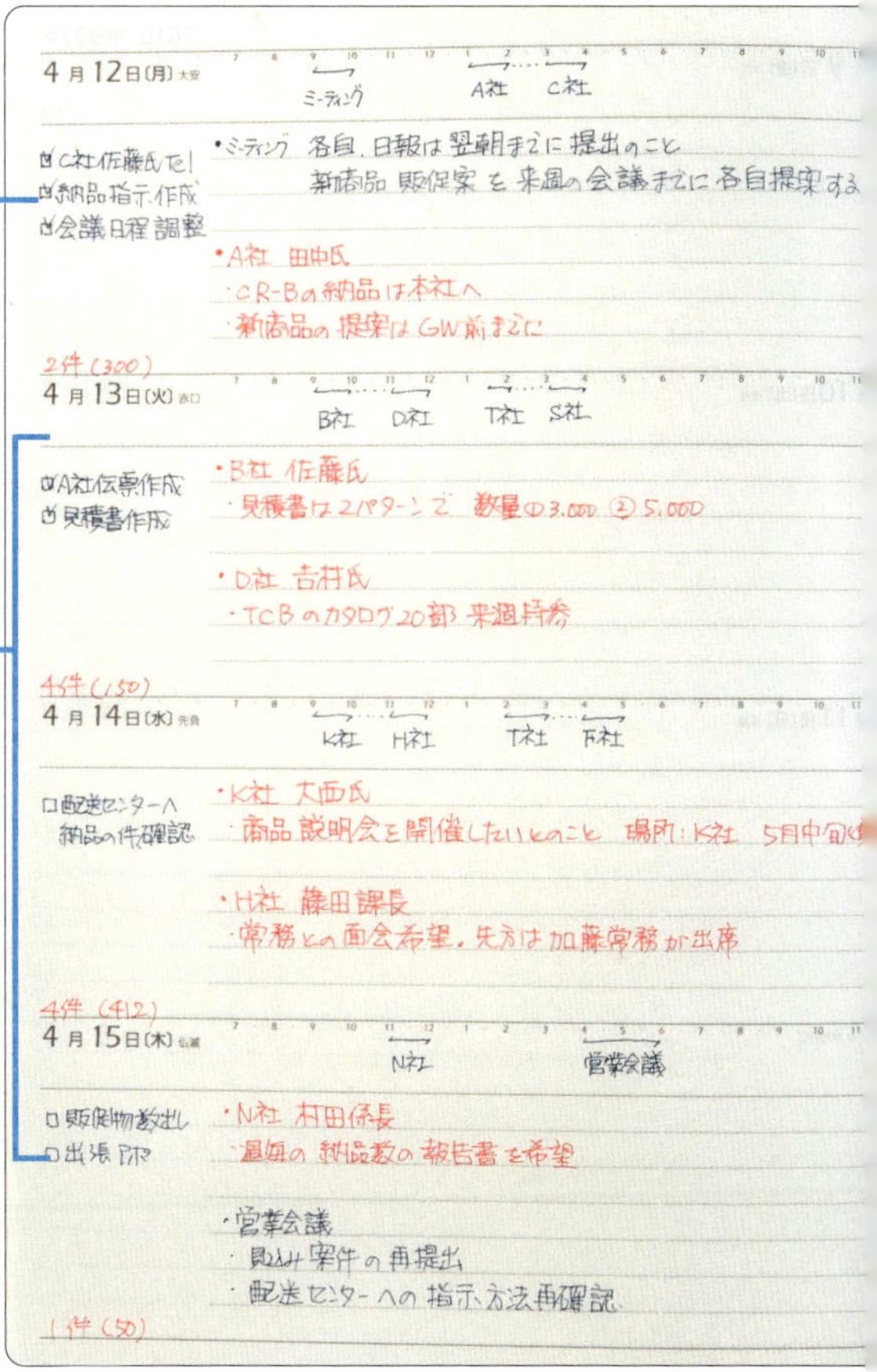

こんな使い方もあり

マンスリーにスケジュールを書きウイークリーは日記に

予定がそんなに立て込まず、マンスリーのカレンダー部分で十分という人は、ウイークリーを日記替わりにしてもよい。改まって日記帳というとなかなか続かない人も、手帳の小さいスペースなら続けられる。

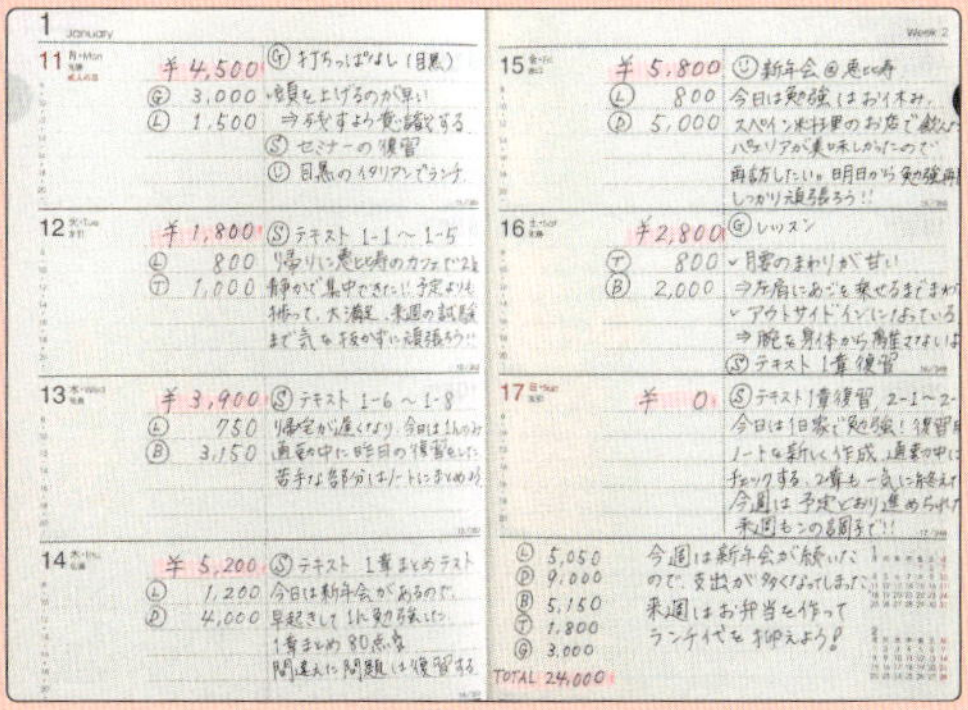

タイプ別手帳の使い方④〈カレンダータイプ〉

スケジュールの少ない人向き

仕事のスケジュールをがっつり書くというよりも、週末の予定管理や曜日ごとの決まった日程を書くときに使うとよいでしょう。また、1ヶ月の予定をひと目で把握できるので、長期的な視点で予定を管理できます。長期にわたって仕事を進める人や仕事が定期的な人に向いています。

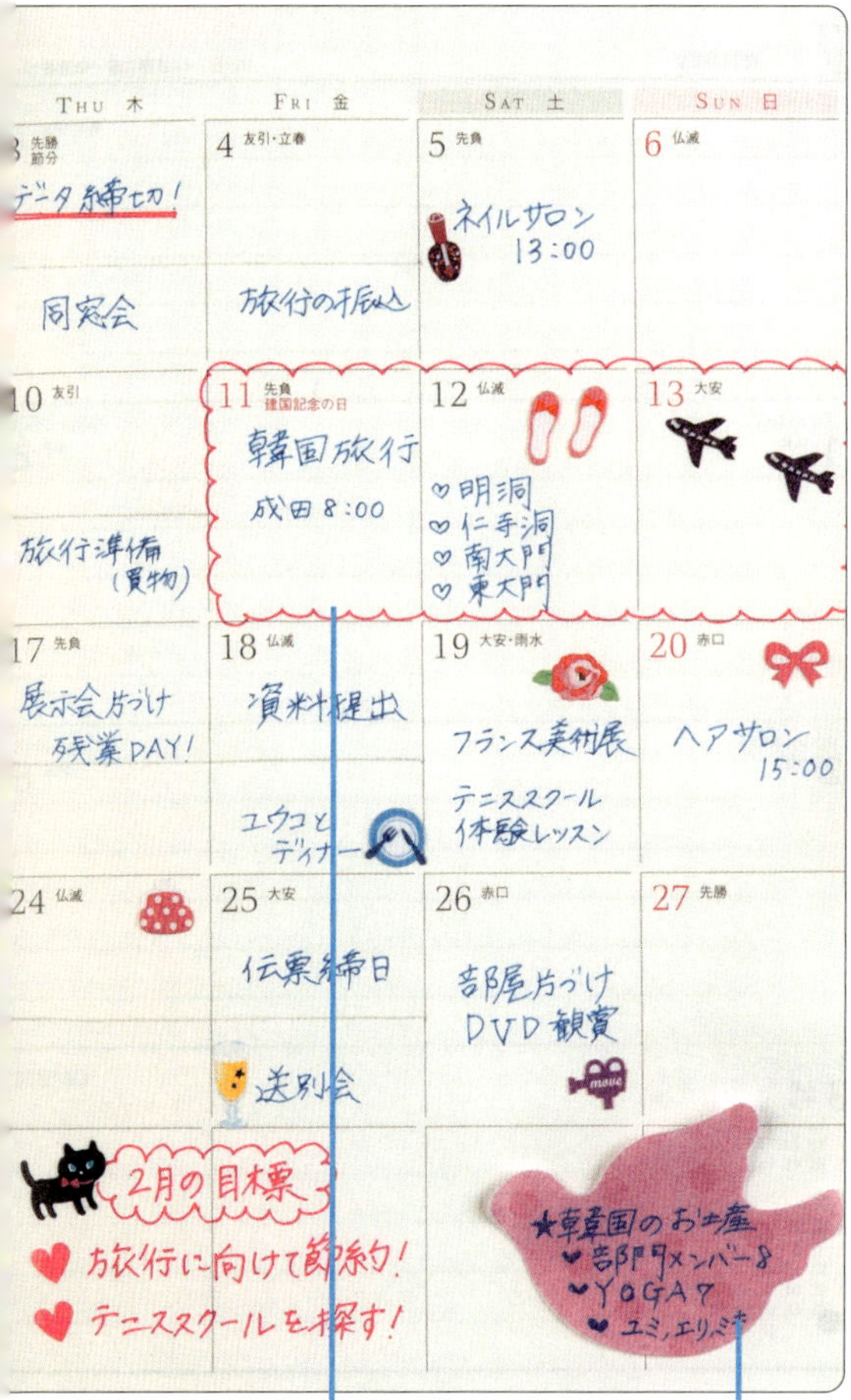

Check! 1
残さなくてよい予定はふせんに記入

カレンダータイプは記入スペースが小さいので、残さなくてよい予定はふせんに書き、不要になったらはがす。

Check! 2
期間で目立たせたいものは色で区切る

旅行の予定など、期間で目立たせたいものは色ペンや蛍光ペンなどを使って区切る。

記号や略語を使うと簡潔に書ける

記号や略号を使うと、ひと目でわかる上に、プライベート情報などが他人に見られてもわからないというメリットも。しかもすばやく記入できる。

便利な記号＆略語

よく使う会社名や部署名を英字にしたり、人の名前を○で囲んだら仕事関係、□ならプライベートというように使い分けたりするとよい。

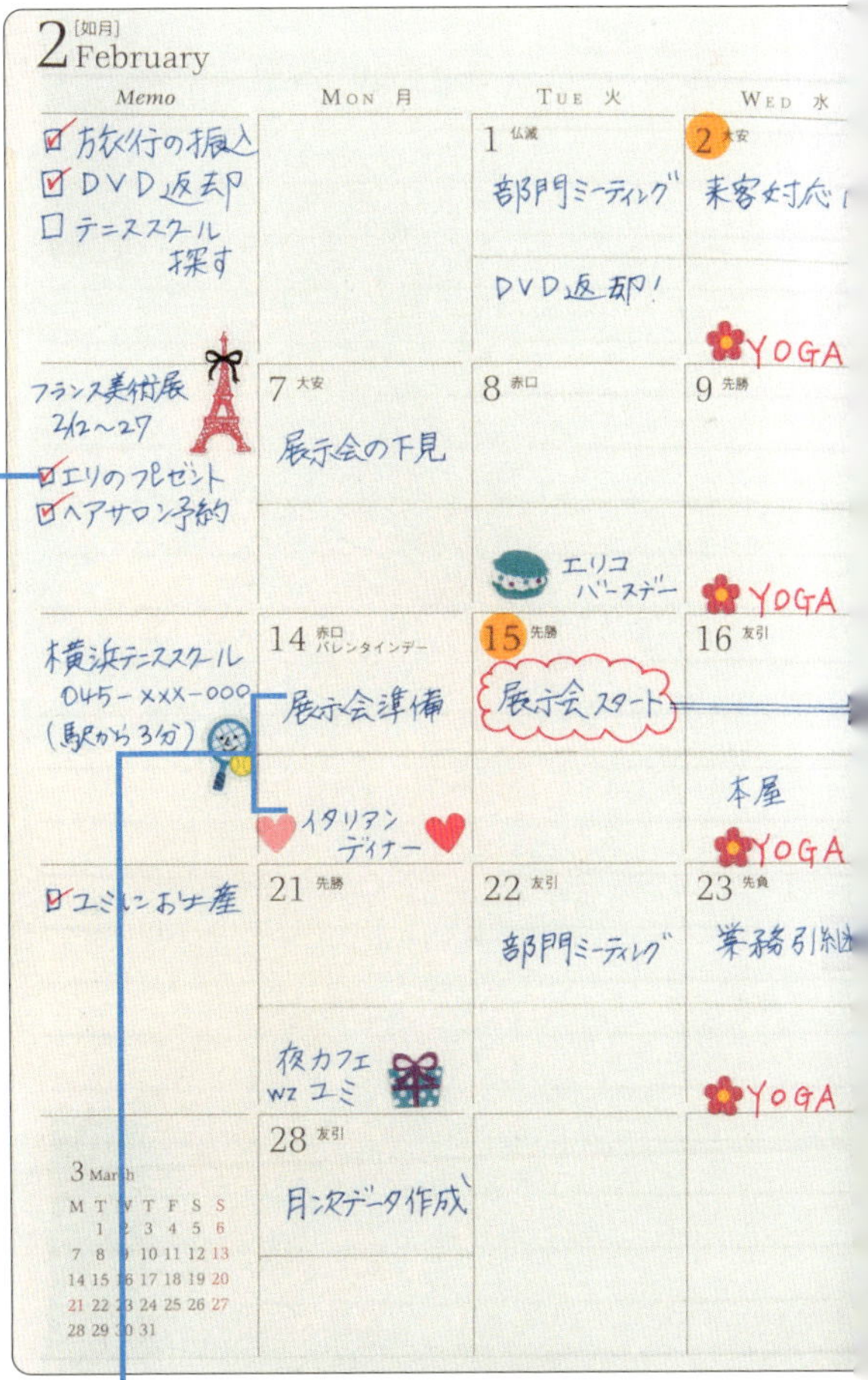

Check! 3

空きスペースにTodoリストを

空いたスペースにその週のTodoリストを書いておくと、やりもれを防げる。

POINT

手帳には忘れがちな情報も書いておく

見たい映画の上映期間やバーゲン情報、録画したいと思っている番組の情報などを手帳に記入しておくと、「気づいたら終わっていた」を防ぐことができる。手帳は「覚え書きツール」としても役に立つ。

Check! 4

仕事とプライベートを分けて記入する

真ん中に1本線を引き、仕事とプライベートを分けて記入する。習い事など決まった予定はシールなどを利用。

手帳の整理術 13

プライベートと仕事を手帳で使い分け

❶ マンスリーはプライベート、ウイークリーは仕事というように書き分ける

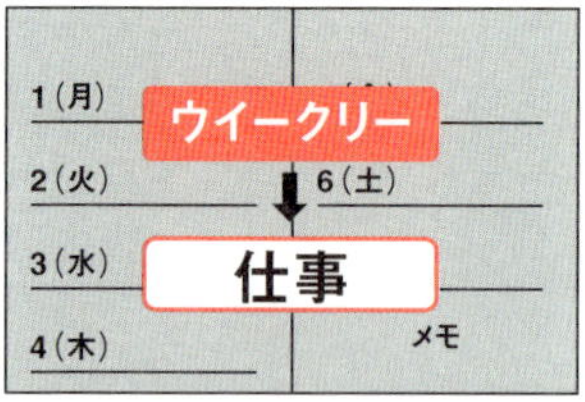

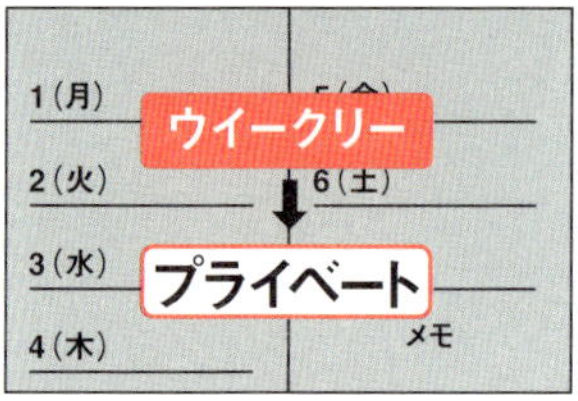

プライベートの予定が立て込む人向き

ルーティンワークで予定が入らないならマンスリーを仕事に。

プライベートの予定が立て込まない人向き

プライベートの予定が月数回ならマンスリーで十分だ。

❷ 色分けする

プライベートはシールを使うなど、ひと目でわかる工夫を

プライベートの予定にはシールを使ったり、色ペンで目立たせたりする。

③ ますを線で区切って書き分ける

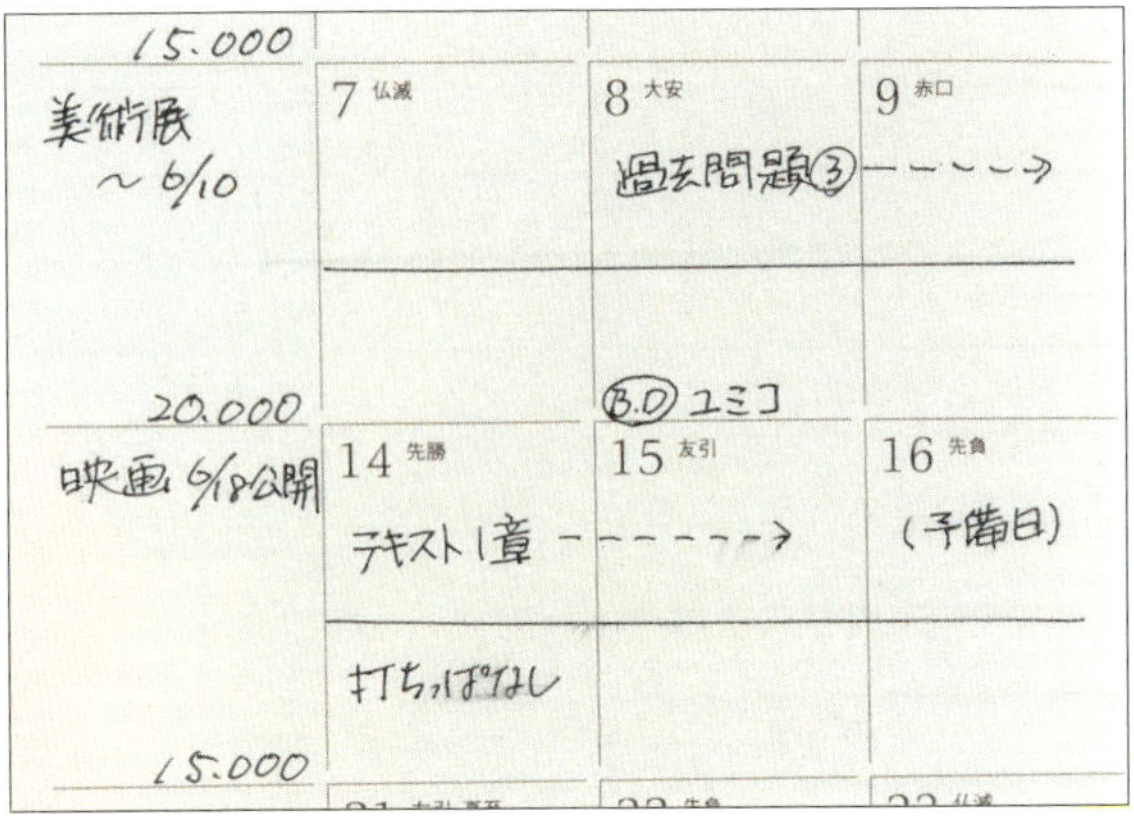

カレンダータイプは
手帳に1本線を引くだけ

真ん中に1本線を引き、上と下で使い分ける。上は資格取得に向けたスケジュールと通常スケジュールを組み合わせた例。

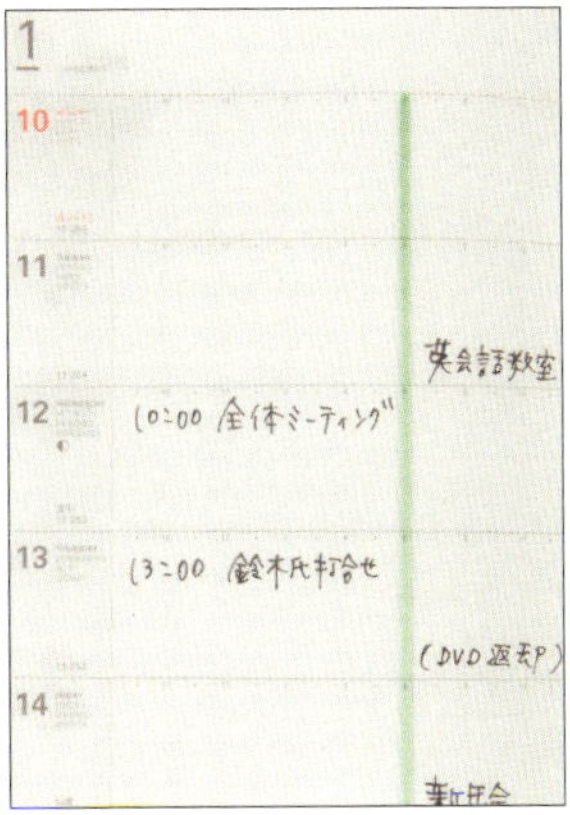

ウイークリーは
蛍光ペンで区切って

一区画を蛍光ペンで区切り、そこをプライベートスペースに。

④ 仕事用に大判の手帳を持ち、ポケット手帳をプライベートで使う

仕事用の手帳は
会社に置いておく

仕事では卓上用の大判手帳を使い、それは仕事場に置いておく。仕事場の手帳にも略語などを使い、プライベートの予定も簡潔に書いておくとダブルブッキングせずに済む。

プライベートは
ポケットに入るサイズで

プライベート用には薄くてコンパクトな手帳を購入し、これを常に携帯すればよい。

手帳の整理術 14

複数のツールでスケジュール管理するコツ

ダブルブッキングにならないよう転記は忘れずに

ダブルブッキングを避けるためにも、スケジュールを書く場所はひとつにしたほうがよいのですが、会社の卓上カレンダーやPC、携帯のデジタルスケジュールと手帳を併用しているなら、定期的に一元化をはかりましょう。できれば1日1回、時間を決めてやるようにします。

また、会社の部署などでデジタル上でスケジュール管理をしている場合、自分の時間をあらかじめ確保することが大切です。休みたい日や誰にもじゃまされず作業をしたい時間が事前に決まっているなら、スケジュールに組み込んでガードするようにしましょう。

手帳と連動して使うときのポイント

カレンダー

会社の卓上カレンダーを見て予定を組むことを考えて、大切な予定や締切りはカレンダーにも書いておく。

日記帳

1日の仕事の反省を日記帳に記入すると、後から仕事を振り返るときに役に立つ。手帳を日記がわりにしてもよい。

パソコン＆タブレット

予定だけでなく、やった仕事の実績も入力しておくと、過去の仕事履歴の検索がすぐにできて活用できる。

スマートフォン

アポイントメントの10分前にアラームが鳴るよう設定しておくと、あわてずに済む。電池切れに注意する。

デジタルツール

デジタルツールを手帳と組み合わせて使うときは？

得意なこと

- アラーム機能が便利
- 検索性に優れている
- アドレス帳の変更やスケジュールの書き替えが簡単
- 未完了のスケジュールについて、設定しておけば継続して表示される

⟷

苦手なこと

- 記入（入力）がめんどう
- 閲覧できず、一覧性がない
- 電池切れの心配あり
- 重いなど、持ち運びに不便
- すべてのスケジュールにアラーム機能をつけておくとうるさい

機能	綴じ手帳	システム手帳	パソコン	PDA	スマートフォン
スケジュール管理機能	◎	◎	○	○	◎
仕事管理機能	◎	◎	○	○	◎
アドレス管理機能	△	○	◎	○	◎
メモ機能	◎	◎	△	△	○
情報メモリー機能	○	◎	◎	○	◎
ファイリング機能	△	◎	○	△	×

参考：日本能率協会マネジメントセンター

デジタルツールはどう使い分けるかがポイントに

デジタルツールでもっとも便利なのがアラーム機能です。毎朝、その日のスケジュールを確認しながら、重要なものだけをアラーム設定するとうっかりミスがなくなります。また、重要な案件をパソコンにも登録すると、手帳のバックアップになる上、過去にさかのぼって検索するときにも便利です。

ちなみに、重要な電話番号やアドレスはデジタルツールだけでなく、手帳にも書いておくと携帯が電池切れで使えないときなどに役立ちます。

アドレス管理の使い分け

- データ化されている得意先の電話番号の一覧をスマートフォンにメールしておくと、何かと使える。
- 初めて訪問する相手の電話番号と住所は手帳のスケジュール欄にもメモを取っておくとよい。
- 仕事先の名刺をまとめてコピーに取り、手帳にはさんで持ち歩く。スマートフォンが使えないときに便利である。

手帳の整理術 15

手帳を切り替えるとき注意したいこと

年末年始の仕事の状況で切り替え時期は変わる!

手帳には前年の12月と翌年1月のスケジュール欄がついていることが多いので、切り替え時期は1～2ヶ月の幅で選べます。年末年始の仕事の状況を見て、いつ切り替えるかを考えましょう。また、手帳は10月中が一番商品が充実しています。品揃えが豊富な間に購入するようにしましょう。

早めの切り替え

12月から手帳を使い始める。年末年始が忙しく、12月から1月を継続して使いたい人におすすめ。手帳の中には10月からスケジュール欄がついていて、そこで切り替える人もいる。

遅めの切り替え

年末まで使い、新年から新しい手帳を使い始める。年末年始に手帳の整理ができるメリットがある。

手帳の切り替えスケジュール

	早めの切り替え	遅めの切り替え
11月	新しい手帳を購入 ↓ 必要な情報を転記	手帳の購入
12月	12月1日より新手帳を使い始める	遅くとも12月初旬までに 人気商品は早々に売り切れる。早めの購入がおすすめ。
年末年始	※立て込んだ仕事にも対応できる	必要な情報を転記
1月		年末年始の休み明けから使い始める 古くなった手帳を取っておくと、自分の仕事の履歴になるし、過去を振り返るツールとしても使える。

※手帳には年度に合わせて4月始まりのものもある。その場合2～4月の幅で切り替える。

❶ 今年のスケジュールですでにわかっていることを記入する

すでに決まっているスケジュールを書くのはもちろんだが、会社の行事予定や決まっている休暇予定なども書き込んでおく。月間スケジュールにいつ何をするかや、去年の反省を踏まえてのメモを書いておくと、おぼろげだった年間スケジュールがはっきり見えてくるものだ。

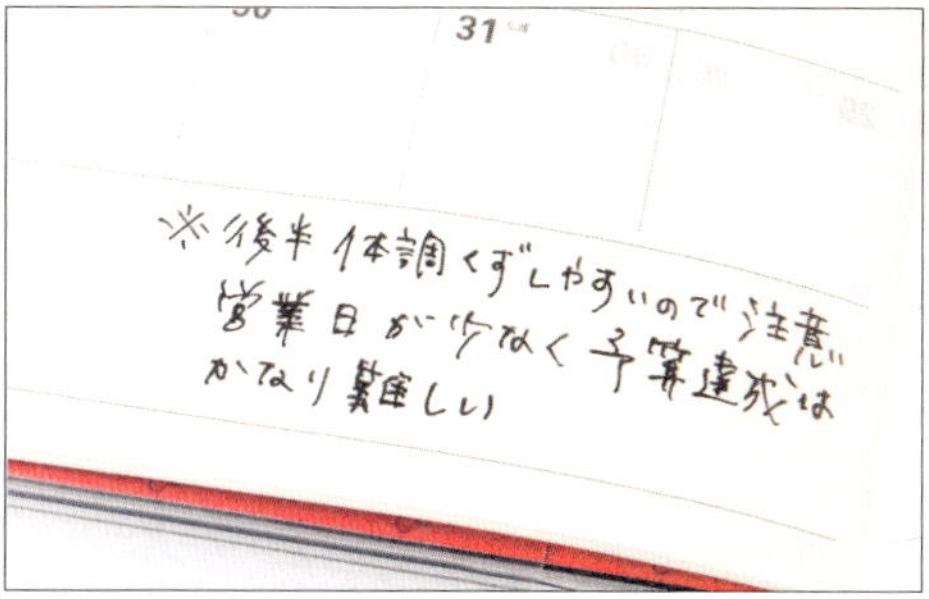

月間スケジュールのメモ欄に去年の同じ時期の反省を書いておく。

❷ 自分の個人データを記入する

パーソナル情報を巻末などの記入欄に書き込んでおく。手帳をなくしたときに、持ち主が誰かがわかるし、外出先で個人情報が必要になったときも便利だ。ただし、社会保険番号など機密事項は暗号化して書くようにしよう。

手帳に書いておくと便利な情報

- 名前 ●住所 ●電話／ファックス
- 携帯電話（メールアドレス） ●メールアドレス
- 会社名／住所／電話／ファックス／メールアドレス
- 誕生日・血液型 ●免許証番号
- 社会保険番号 ●パスポート番号

❸ アドレス情報

メモ欄に書いてあるアイデアや重要なメモ、これからも使いそうな電話番号などを新しい手帳にも書き込んでおく。よく行くお店の住所や電話番号も書き写す。また、電車の路線図を縮小コピーして貼ったり、よく使う電車の時刻表を必要な部分だけ写しておくと便利だ。

こんなものも書いておこう！

家族や友人、知人の誕生日、結婚記念日など忘れたら困る日にちを、手帳の最初のほうにある年間スケジュールに記入するとよい。また、手帳のよく開くページに今年の目標を書いておくと、いつも目にすることで目標を達成しようという気持ちが高まる。

手帳の整理術16

アドレス帳の上手な使い方

携帯があるからとアドレス帳を遊ばせてない？

スマートフォンが普及したことで、手帳のアドレス帳は使わないという人がけっこういます。ですが、携帯の通話中も見られるし、電池切れの心配もなく、探しやすく追加しやすいというメリットもあります。たしかに、書き写すのが面倒だったり、アドレスの並び替えができなかったりといったデメリットもありますが、遊ばせておくにはもったいないツールです。

情報のすべてを書くのが面倒なら電話番号だけ書くか、最重要な人だけにします。また、万が一紛失した場合を考えて、アドレス帳は年に数回コピーを取っておきます。129ページで紹介するような使い方もおすすめです。

アドレス帳の分類方法

① 50音順分類

あいうえお順で並べる方法。もっとも一般的だが、「あ行」や「さ行」はたくさんいるのに対し「ら行」は少ないといったばらつきがある。

② ジャンル別分類

プライベートと仕事に分けたり、顧客を会社別に分けたりする方法。ただし、分類できず迷子になる人が出るなど、矛盾が起こりやすい。

③ その他

別冊タイプのアドレス帳なら、新しく出会った人のページを毎年足していき、情報を更新していくことができる。

アドレス帳はこう使うと便利！

- 複数のジャンルにまたがる人の連絡先は重複して書いておくと検索性が高まる。
- 年賀状やお中元、お歳暮を贈った人、もらった人がわかるように印をつけておく。何を贈り、何をもらったかもわかるようにメモするとよい。
- 50音順で使っているとどうしてもいっぱいになる欄が出てくる。そういうときは粘着メモに書いて貼っておく。

❶ 映画や本の感想を書いておく

見た映画や読んだ本の感想を順に書いていく。スペース的に小さいから気負わず書ける。1年間の読書録、映画見聞録になる。観劇が趣味の人は観た劇の、音楽が趣味の人は購入したCDの感想を書いていってもよい。

↓

1年間の趣味の記録が自然とできあがる！

❷ お小遣い帳として使う

洋服や小物など大きな買い物をしたときは日付けとともに金額を書いておく。旅行費用や友人との飲み会の会費も書いておくと、簡単なお小遣い帳がわりになり、後々見返したときに便利である。

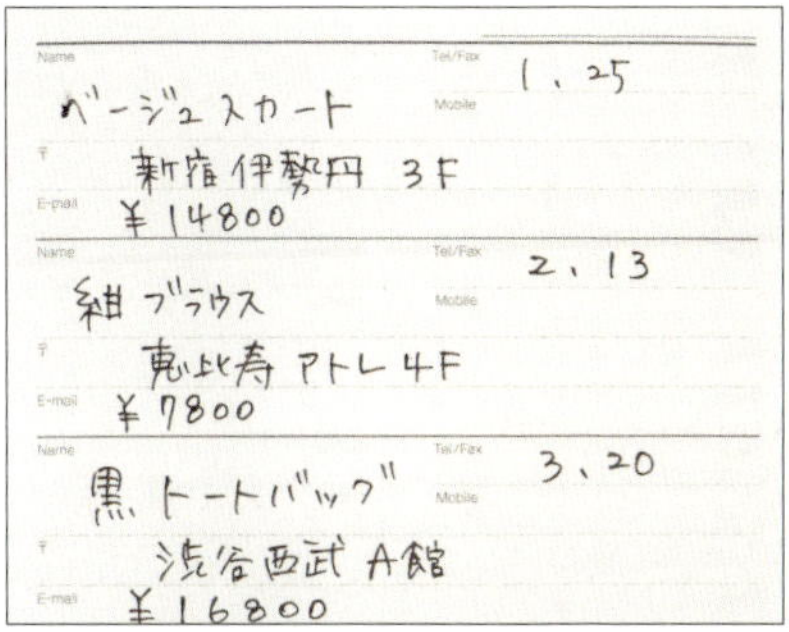

マネー記録はマンスリーに書き込んでもOK

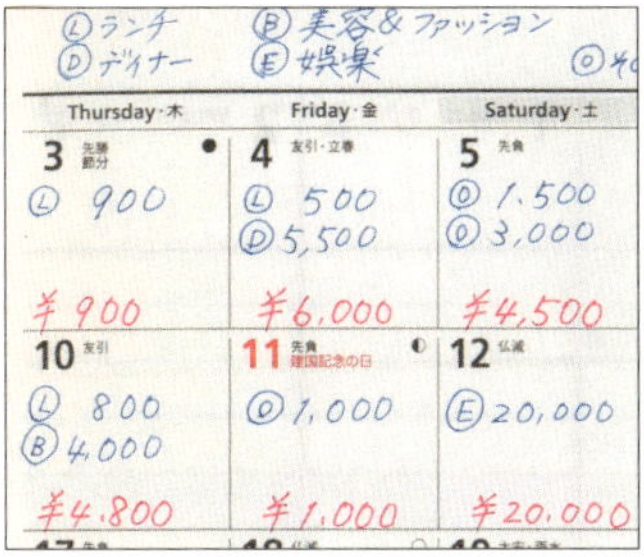

スケジュールはウイークリーがあれば十分という人はマンスリーのカレンダーを支出記録として利用するのも手。

❸ お気に入りのお店のデータを書く

お店のデータを携帯のアドレス帳に入力するのはけっこう面倒なもの。手帳のアドレス帳は行ったお店のデータにしぼり、予算や簡単なメニューも書いておくと、店探しや人に紹介したいときに使える。

アドレス帳にはこんな使い方もあります！

手帳の整理術17

粘着メモをうまく活用しよう

粘着メモを手帳と共に持ち歩けばこんなに便利

「やることはいっぱいあるのに、何から始めればよいかわからない……」と、落ち着かない気分になったときに、粘着メモがあれば、Todoリストをすぐ書けます。これを手帳に貼れば、追いかけられるようなストレスから開放されるでしょう。アイデアや覚え書きを書き留めておくのにも、とても便利です。

粘着メモはサイズやデザイン、粘着性の強弱などタイプはいろいろ。用途で使い分ければよいでしょう。

粘着メモでこんな悩みを解決

悩み1 スケジュール変更が何回もあって手帳がごちゃごちゃに

➡ 粘着メモに書いて貼っておくとすぐ貼り直せる

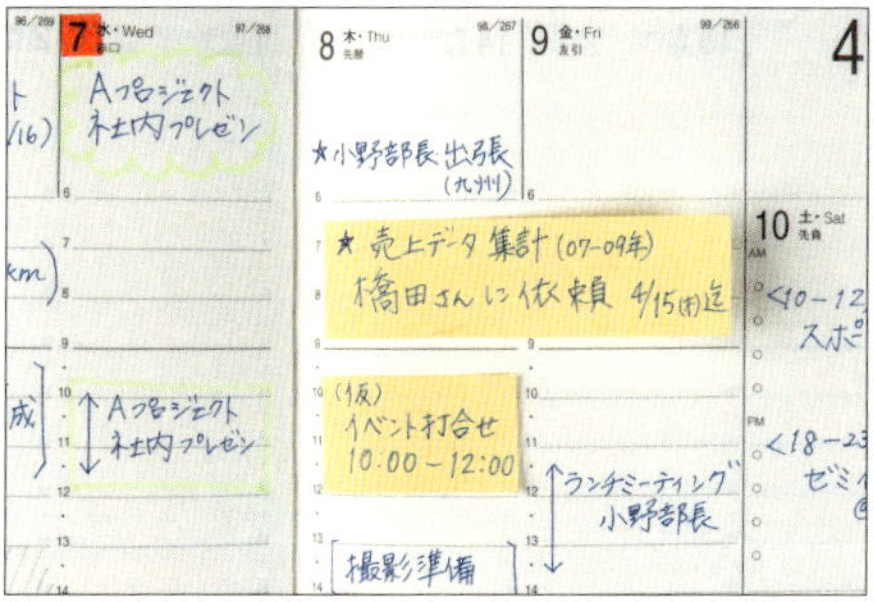

変更しそうなスケジュールはあらかじめ粘着メモに書いて貼っておく。変更になったとき、その場所に移動すればよいので、手帳がごちゃごちゃにならない。

悩み2 忘れないようメモに書いたはずなのに、他にもいろいろ書いてあり埋没。うっかりしてしまった！

➡ 矢印型の粘着メモで目立たせる

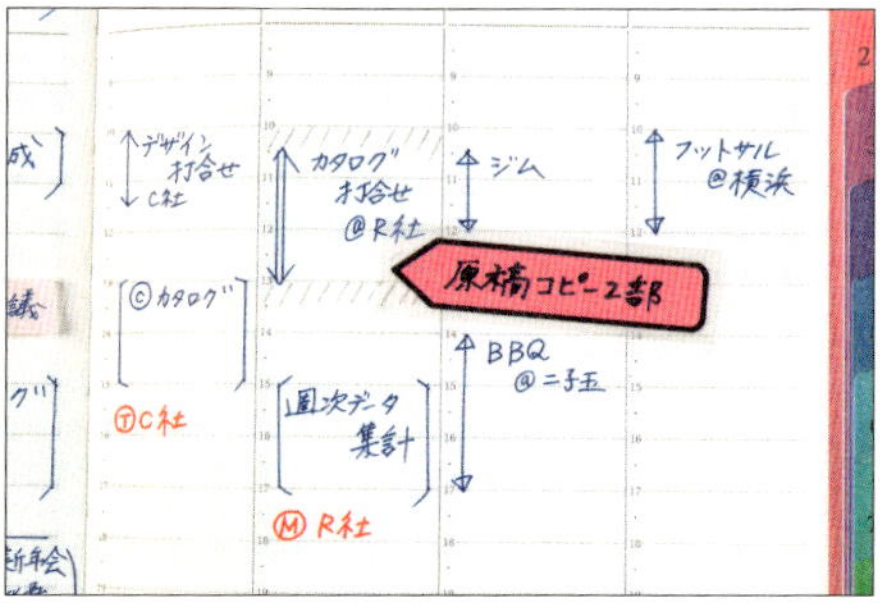

矢印タイプの粘着メモがあり、これを目立たせたいスケジュールのところに貼っておくと、ひと目でわかる。

粘着メモ＋手帳 こんな使い方もあります！

絶対忘れたくないことは粘着メモに書き手帳の表紙に貼る

絶対忘れたくない重要事項や目標は、粘着メモに書き手帳の表紙に貼っておけば、何かと目につくので、絶対忘れない。

毎月同じスケジュールは粘着メモで使い回し

家賃の支払や定例会議など毎月同じスケジュールは粘着メモに書き、何度も使いまわす。

透けるタイプの粘着メモならすっきり使える

手帳がごちゃごちゃしてきたら、透けるタイプの粘着メモを。スペースをより広く使うことができる。

マンスリーごとに粘着メモで見出しを作る

何月がどこか見出しのついていないタイプの手帳はけっこう使いづらい。そんなときは粘着メモで見出しを作ればよい。

粘着力の強い粘着メモなら貼りづらい場所にも貼れる！

粘着の強度が強いタイプの粘着メモなら、プラスチックなど貼りづらい場所でも落ちない。PCのモニタや電話機に貼っても大丈夫。たとえば、Todoリストを外出時には手帳に貼り、会社に戻ってきたらパソコンのデスクトップに貼り、帰社時にはまた手帳に貼り、それを繰り返すという使い方もできる。

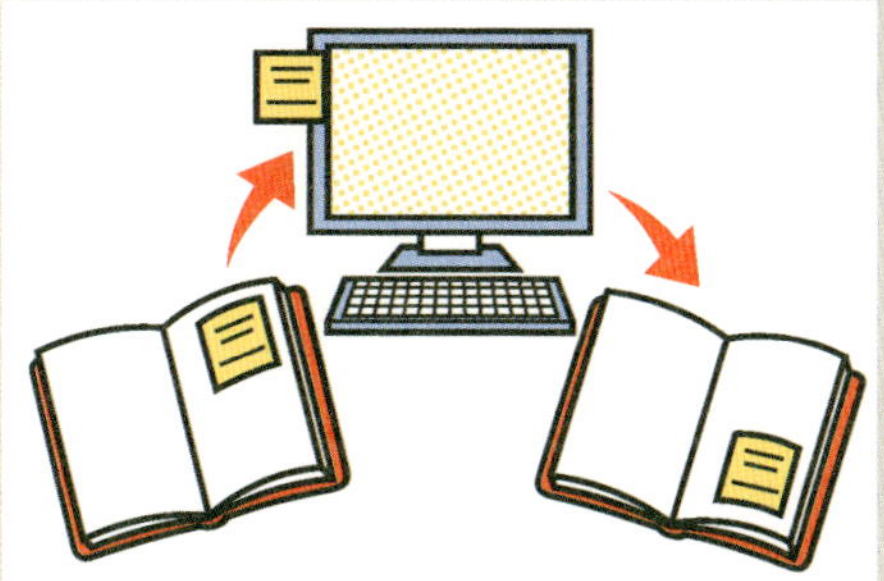

罫線入りの粘着メモならTodoリストも書きやすい

あらかじめ罫線が入っているタイプの粘着メモなら、Todoリストも書きやすい。罫線入りは会議のメモを取るときや、アイデアを書き込むときにも便利。

出張は長い粘着メモ、1日の予定は短い粘着メモで

スケジュールに合わせて粘着メモの長さを変える。何日間かに渡るスケジュールは長いものを使い、1日単位の短い予定は短いものに書くと、視覚的に予定がわかりやすい。

手帳の整理術 18

手帳＋αでもっと便利に使いこなす

こんなものをプラスしたら手帳はもっと便利に

手帳にプラスするアイテムには、
①それがあることでより手帳が使いやすくなるもの
②困ったときにそれを手帳と一緒に持っていると便利なもの
の2種類があります。ページクリップやブックバンドは前者に含まれ、お金やポチ袋は後者になります。

❶ お金

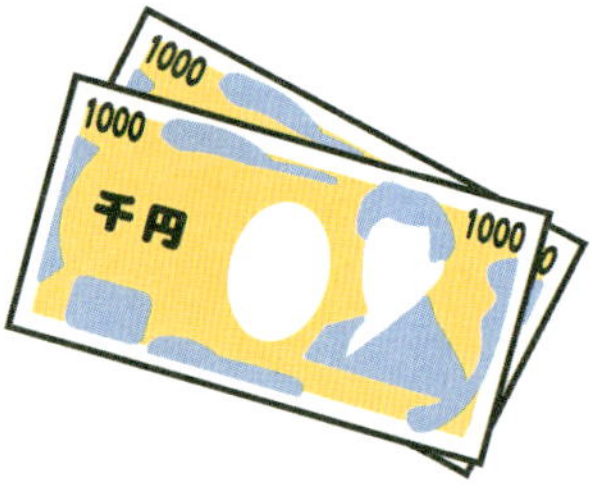

お財布を忘れたり紛失したりしたときに、手帳の中に1000〜2000円入っていると便利。ただし、手帳を落とすことを考え、高額を入れてはいけない。

❷ はがき＆切手

ちょっと時間が空いたときに、お礼状や季節の挨拶を書ける。また、訪ねたのに不在だったとき、しゃれたポストカードで伝言を残すのもおすすめ。

❸ メモ帳

手帳のメモページだけでは足りない人は小さいノートを手帳のポケットにはさんでおくとよい。専用の補充ノートも販売されている。

❹ 仕事関係の情報

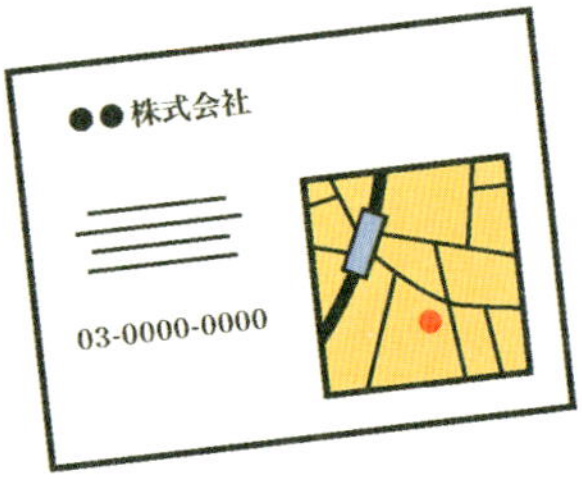

仕事先の連絡先や地図、ちょっとしたデータを縮小コピーして手帳にはさんでおくと、外出先で確認事項があったときに便利である。

5 シール

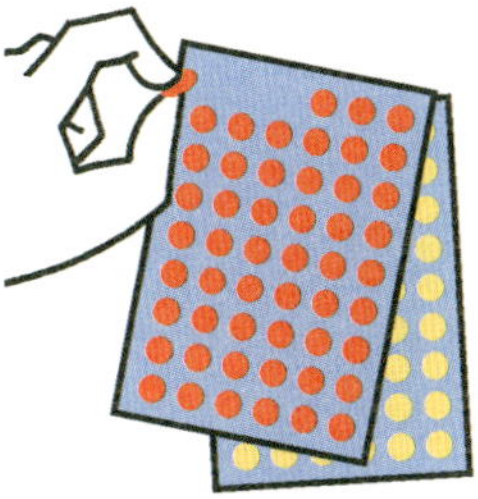

プライベートの約束に貼ったり、忘れたくない重要なスケジュールに貼ったりと、目立たせたいときにシールは使える。

6 予備の名刺

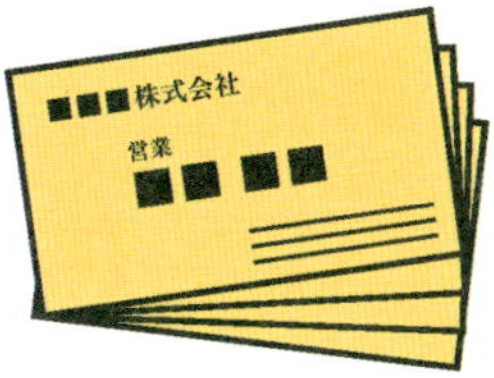

用意してあった名刺では足りないということはけっこうある。手帳に10枚ぐらい予備の名刺を入れておけば安心である。

7 カード型電卓

薄型のカード式電卓を手帳にはさんでおくと、商談のときなど何かと便利。携帯の電卓よりも使いやすい。

8 ポチ袋や懐紙

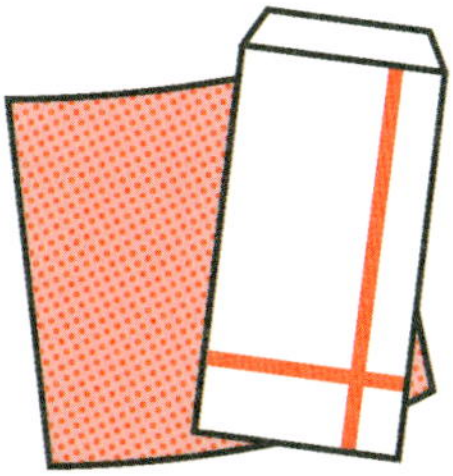

借りていたお金を返すときや、何かの代金を支払うときにお札のままでは失礼。ポチ袋や懐紙で包んで渡せばよい。

9 昨年のカレンダー

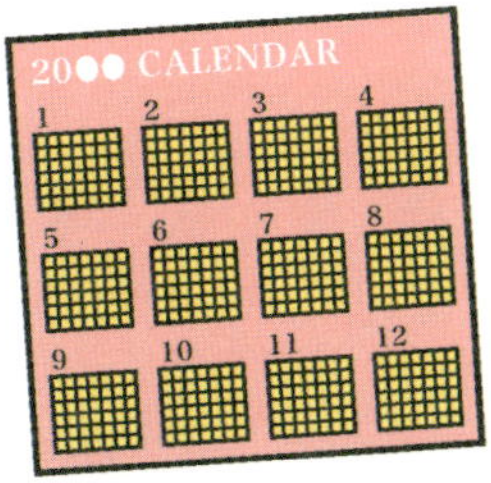

去年の今頃はどうだったかを振り返るときに、カードサイズの昨年のカレンダーを1枚、持っておくと意外と使える。

10 しおり

金属製のページクリップは重みで簡単にページが開く。電話をかけながら手帳を開くことが多い人におすすめ。

手帳に書くとき気をつけたいこと

最近はインターネットで買い物をする場合も多く、IDと暗証番号を複数持つのは当たり前です。忘れてしまったら大変だからと、それを手帳に書いている人も多いでしょう。でも、手帳を紛失しないとは限りません。他人に見られても悪用されないように、クレジット番号や銀行口座番号、暗証番号などは書かないか、書くとしても暗号化して書くようにしましょう。

11 ブックバンド

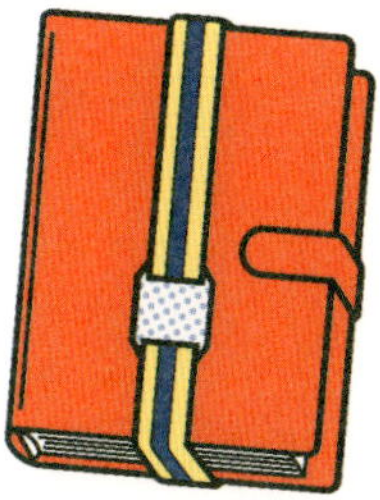

手帳にメモや資料などをたくさんはさみ込んでいる人はブックバンドで止めておけば、大事な資料の紛失が防げる。

時間管理をするために
手帳はビジネスパーソンの必需品です

株式会社 日本能率協会マネジメントセンター

スケジュール管理は自分の工夫次第で格段に進歩します。たとえば、会議や仕事の相手とのアポイントメントだけでなく、自分でやる仕事の時間を記入したり、プライベートの予定がある場合は就業時間の後に斜線を引いてしまいます。こうすることによって自律的に時間を使うことができます。

また、今年1年の主な予定や、やるべきこと、やりたいことなどを記入することによって、今月はどのように行動しようか、今日の行動は…というように日々の行動を考えることができます。

そして、行動を定期的に振り返ることによって次の行動に活かしていく。こうしたサイクルを動かすことによって仕事や人生が豊かになっていくものだと思います。

このサイクルを実行するのに最適なものが手帳で、行動を起こすための戦略ノートのようなものです。時間を上手に使うことが、自分の人生を豊かにすることになると思います。

当社の主力商品のひとつである能率手帳は、約70年前に登場した時から、時間目盛りが入っています。

それまで手帳で仕事の管理をするという概念がなかった当時の人々にとって、能率手帳はある意味、発明でした。時間は管理しなければいけないという概念を植えつけたと言っても過言ではないと思います。

手帳は、年々多様化しています。そのなかで、自分にとって一番役に立つパートナーはどのタイプなのか、ライフスタイルや仕事のやり方、性格などを鑑みて、選んでください。

NOLTYアクセスシリーズはパッと開ける。インデックス付き。テレワークにもおすすめ。

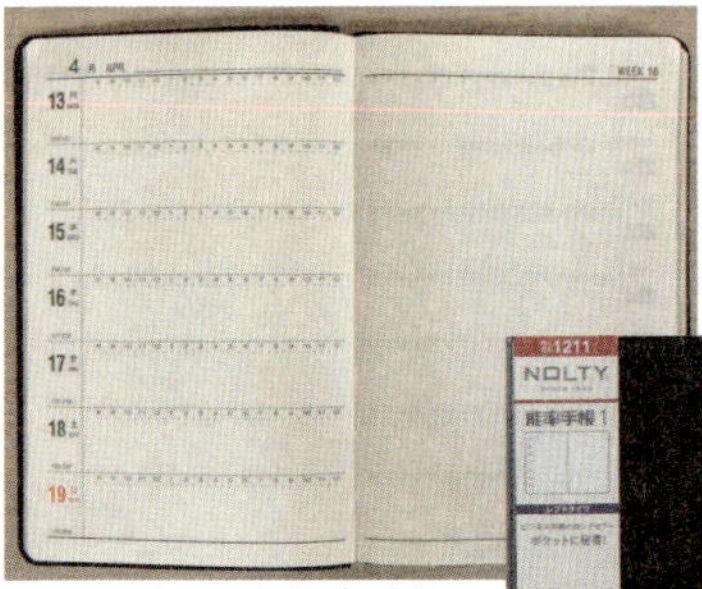

スタンダードな能率手帳。スケジュール欄に時間目盛りがついている。

第6章

ノート&メモの整理術

ノート&メモの整理術 1

ノートの必要冊数は人により違う

1冊で十分な人も 5冊必要な人も！

「すべての情報を1冊のノートに一元化したほうがよい」「ノートは役割に応じていくつか持ったほうがよい」などなど、巷でいろいろ言われていますが、「何冊ノートを持てばよいか？」という問に正解はありません。

たとえば、テーマ別にノートを持つと検索性には優れていますが、何冊も持ち歩かなければなりません。一方、1冊のノートにすべてをまとめると、情報は散乱しませんが、検索性は劣ります。自分の性格や仕事に応じて考えましょう。

パターン ❶

何でも1冊のノートに集約してしまう

どんな内容であってもすべてを1冊のノートに書いていく。1冊のノートを書き終えた段階で、そのノートに何が書いてあるか索引的なものを作っておくとよい。オンオフがあまり関係ない仕事の人に向いている。

1冊ノートのメリット

何をどこに書くか迷う必要がなく、情報があちこちに散らばらない。エクセルなどを利用して索引を作るとよい。

パターン ❷

アイデアを書き出すメモとまとめるノートの2冊を持つ

思いついたアイデアを書くメモノートと、それを整理してまとめるノートの2冊を持つ方法。常時持ち歩くのはメモノートのみで済む。アイデアをまとめる作業は忘れがちなので、毎日時間を決めて習慣にすること。

2冊ノートのメリット

ノートは書きっぱなしにしてはいけない。このスタイルなら、メモノートを見返してまとめるので有効に使える。

パターン ❸

仕事、プライベートなど役割別にノートを持つ

立場に合わせてノートを持つスタイル。仕事とプライベートで1冊ずつというのがもっとも一般的だろう。ある程度整理しなくても内容がまとまるし、④のテーマ別ノートに比べ、分類が面倒になることもない。

役割ノートのメリット

役割ごとにノートを変えると、気分の切り替えがうまくいくようになる。ノートのデザインもがらりと変えるとよい。

パターン ❹

商談ノート、企画ノートなどテーマ別にノートを持つ

企画ノート、会議ノート、業務日誌というようにテーマ別にノートを持っていくスタイル。テーマが増えすぎると、だんだん何をどこに書けばいいかがわからなくなってまとめられなくなるのが難点だ。

テーマノートのメリット

テーマに沿って書かれているので、後から見返しやすいし、情報が探しやすい。ただし、書き分けがめんどうではある。

ノートの種類

❶綴じ方

ノートの綴じ方は大きく分けて2種類ある。綴じノートと、リングで束ねたリングノートだ。綴じノートには接着剤で綴じた無線綴じと、糸綴じがある。綴じノートの最大のメリットはかさばらず安価なこと。見開きで使えるので面積を広く取れるのもよい。一方、リングノートは二つ折りにしやすく、紙を切り離しやすいというメリットがある。表紙が厚かったりプラスチックだったりと丈夫なものも多い。

綴じノート。もっとも一般的な形である。

リングノート。表紙がプラスチックや厚紙のものも。

❷罫線

もっとも一般的なのが横罫。罫の幅にはA罫とB罫がある。他に表や図版を書きやすい方眼、自由に使える無地が一般的だ。自分の字の大きさや、何を書くかを考えて、使い勝手のよいものを選べばよいだろう。

●A罫とB罫の違い

約7mmと幅が広いのがA罫で、約6mmとせまいのがB罫。ほかに5mm幅のC罫もある。

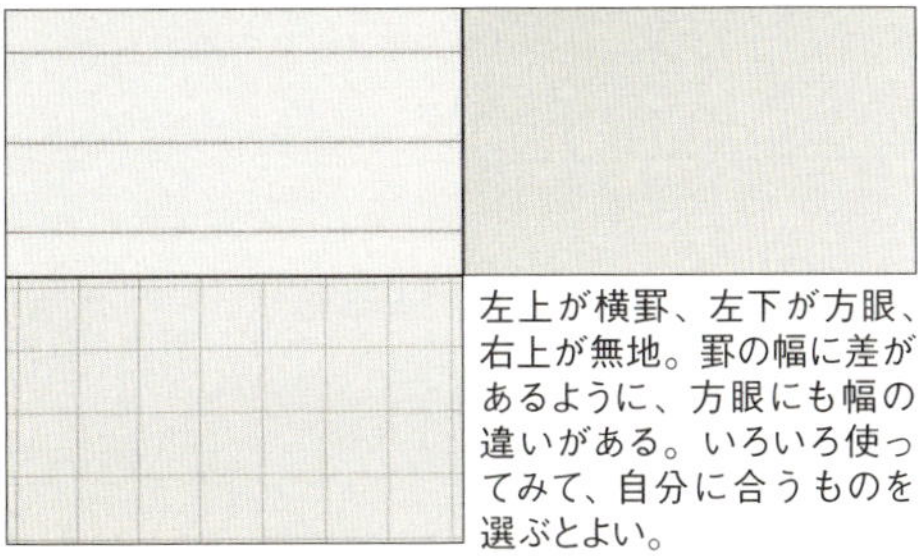

左上が横罫、左下が方眼、右上が無地。罫の幅に差があるように、方眼にも幅の違いがある。いろいろ使ってみて、自分に合うものを選ぶとよい。

❸サイズ

ノートのサイズはA6判からA4判までいろいろある。もっとも一般的なのはB5判だが、こだわらず、用途に合ったサイズを使うとよい。スーツやYシャツのポケットに入れて持ち歩きたいならA6判ぐらいの小さいものが重宝するし、バッグに入れて持ち歩くならB6判やA5判くらいがよいだろう。

ノートもA4が増加している

最近、ビジネスで使う書類のほとんどはA4サイズ。そのため、以前よりA4判のノートの需要が高まっている。ノートに書類を挟みやすいだけでなく、ノートのコピーを書類と一緒にまとめるときもサイズが合うので重宝する。A4判のクリアファイルに入れるときも便利だ。使ったことがない人はぜひ一度試してみてほしい。

ノートを選ぶときのポイントとコツ

ノートにはそれぞれ長所もあれば短所もあります。たとえば、一般的な無線綴じノートは安価ですが、耐久性は糸綴じに比べれば劣ります。どんどん消費するノートは１００円前後から手に入る無線綴じタイプにし、長期保存したいまとめノートや資料用ノートには糸綴じがおすすめです。

また、リング式も１本のワイヤーを螺旋状に巻いたスパイラルリングと、穴ごとにダブルのリングで製本したツインリングがあります。後者は少々割高ですが、開いたときに左右のページがずれません。

結局、どんなノートが使いやすいかは、人それぞれです。いろいろ試してみて、本当に使いやすいものを探しましょう。

ノートの基本的な使い方

基本1 ノートの表紙にはかならず見出しをつける

・大きくわかりやすい見出しを

そのノートに何が書いてあるかがはっきりわかるよう、ノートの表紙には大きく見出しをつける。

・いつのものかを書く

いつから使い始めたかを書いておくことは大切。いつからだけでなく、いつまでかも忘れずに。

・1項目1ノートが基本

会議ノートとアイデアノートを1冊のノートにするなど、複数のテーマを1冊にするとわかりづらくなる。

基本2 ノートは余裕を持って使う

・1ページにいろいろな情報を詰め込まない

情報を詰め込みすぎると、後から見返したときに見づらく、何が書いてあるかわかりづらい。

・ぎっしり書かず、後から気づいたことを書き込めるようにする

見返したときに、気づいたことを書き込めるよう、最初に書くときはあえて余白を作るようにするとよい。

基本3 インデックス作りを心がける

・日時、場所、タイトルをかならずつける

ノートの一番上に、かならず見出しをつける。いつ、どこで何を書いたかがはっきりわかるようにする。

・見出しシールを使うと便利

見出し用のインデックスを使って、その項目がどこにあるのかわかるようにすると、検索性が高まる。

ノートにはこんな使い方がある！

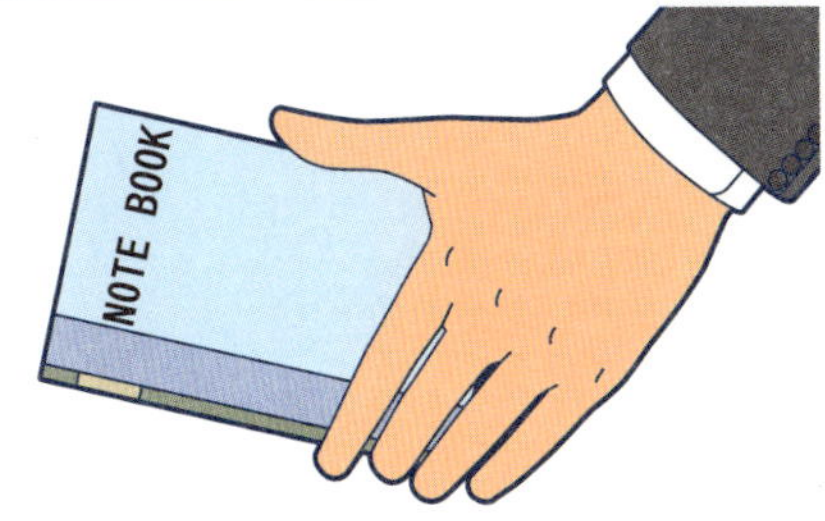

ポケットサイズのノートをいつも持ち歩き、アイデアを書きためていく

持ち歩くのは小さいノート。携帯用のペンとあわせて持ち歩く。思いついたアイデアや気づいたことをどんどん書き、それを後でまとめ用のノートにまとめる。

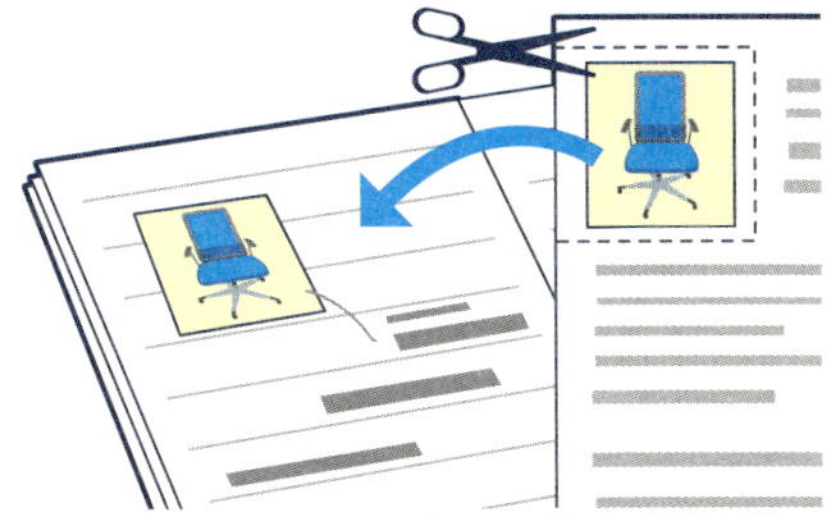

雑誌の切り抜きや、ネット情報を印刷したものなどを貼りつけて情報ノートを作る

役に立ちそうだなと思った情報はどんどん1冊のノートに貼る。これを後で見返せば、そこから有効なアイデアが生まれる。貼りつけ方は時系列でよいが、インデックスは作ったほうがよい。

ひとつの仕事はひとつのノートにすべて集約していく

ひとつの仕事が始まったら1冊ノートを作り、そこにスケジュールや議事録などまつわることをどんどん書き込んでいく。仕事が終わったときには、それを見れば何でもわかるようになる。

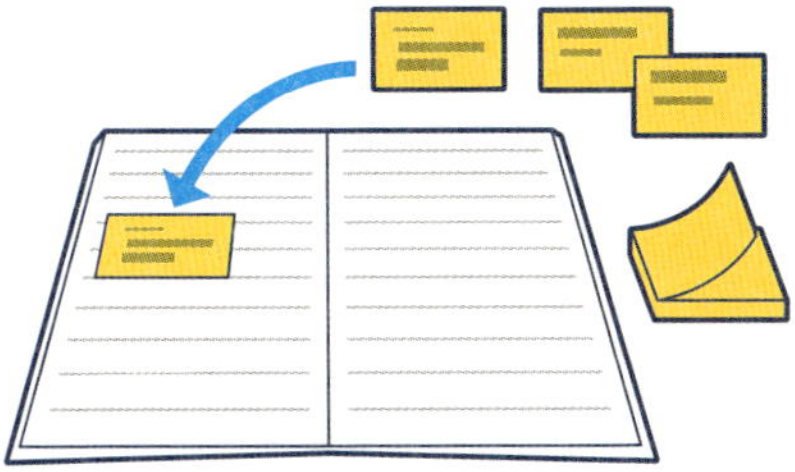

会議中のメモを粘着メモに書き込み、会議後にそれをまとめる

会議のときのメモは粘着メモにどんどん書いていき、会議終了後に別のノートにまとめながら貼っていく。こうすると、メモをもう一度書き写さなくて済み、手間がかからない。

どうしてノートを書くのかその意味を探る

ノートを書く一番の理由は、その事柄を忘れないためです。人間の記憶はあいまいなものなので、ノートに書くことで記憶に定着させていきます。やりたいことや目標を書くのも、それを常に意識するためです。

ノートは物事を整理するときにも有効です。頭の中がぐちゃぐちゃなときは、ノートに書き出すことで必要なことと不要なことがわかり、頭が整理されるでしょう。

こんなことをノートに書こう

- アイデア
- これからの目標
- やりたいこと
- やらなければならないこと
- 考えていること

ノートの書き方の基本テクニック

テクニック 1 あらかじめ分割してしまう

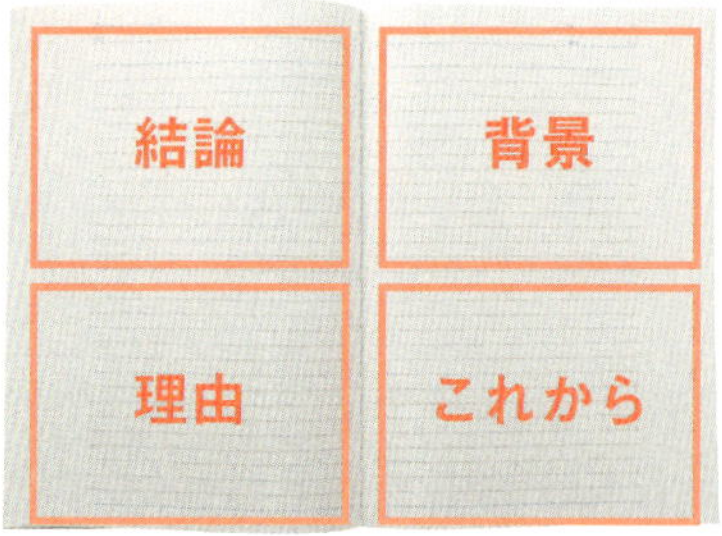

見開きを4分割する

見開きを4分割し、結論、背景、理由、展望の4つを区分けして書く。ちなみに、分割方法はこれに限らない。たとえば業務ノートなら、基本情報、スケジュール、相手とのやり取り、反省点といったふうに分けてもよい。

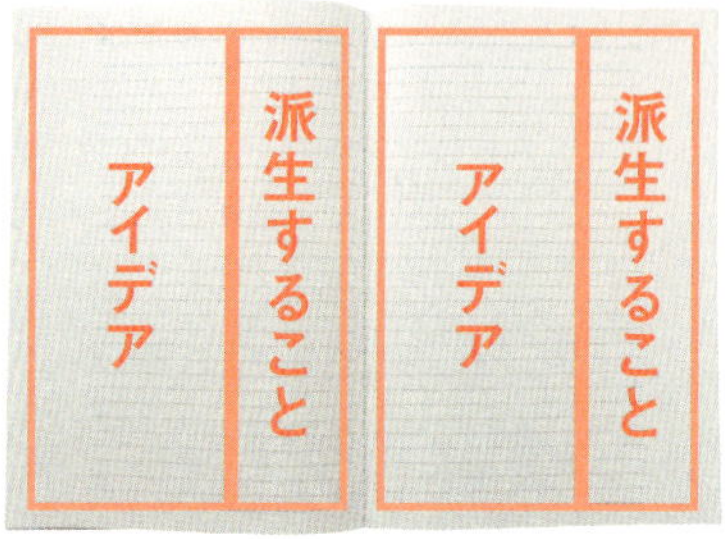

プラスαを書き込めるスペースをあらかじめ作る

ノートの右4分の1のところで線を引き、そこはあけておく。見返したときに、そこから派生したことや、特記事項を書き込んだりする。あらかじめ罫が入ったノートや余白つきのノートもある。

テクニック 2 大きく余白を取る

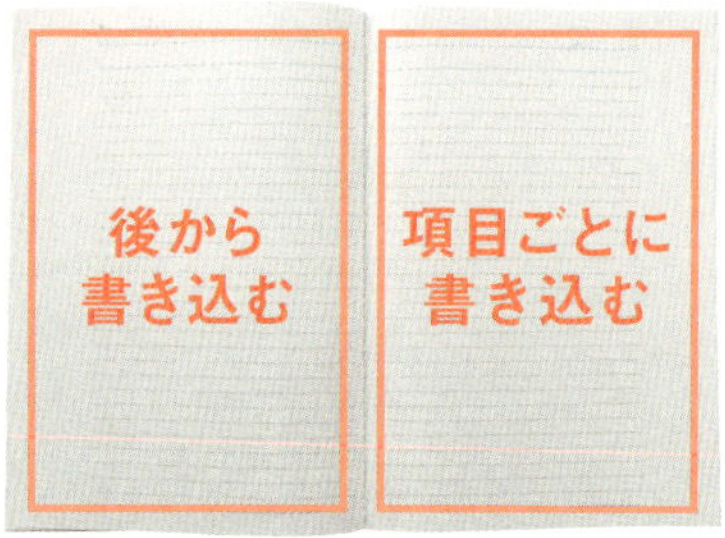

ノートを大胆かつぜいたくに使う

最初は右ページしか使わず、左ページは後から書き込めるように空けておく。左ページには、右ページを踏まえて思いついたことや反省点などを書く。左ページを埋める努力をすることで、仕事力が高まる。

あなたはノート代をケチっていませんか？

上記のテクニック1も2もノートをぜいたくに使った形だ。もったいないと思うかもしれないが、ノートはそんなに高価なものではない。ペットボトルのお茶が150円することを思えば、100円前後から買えるノートをケチるのはかえって馬鹿らしい。ノートを上手に使うことで仕事力は高まる。いろいろな方法を試し、自分に合った形を探すためにも、ノート代は惜しまずに。

テクニック 3 1日2ページと最初に振り分ける

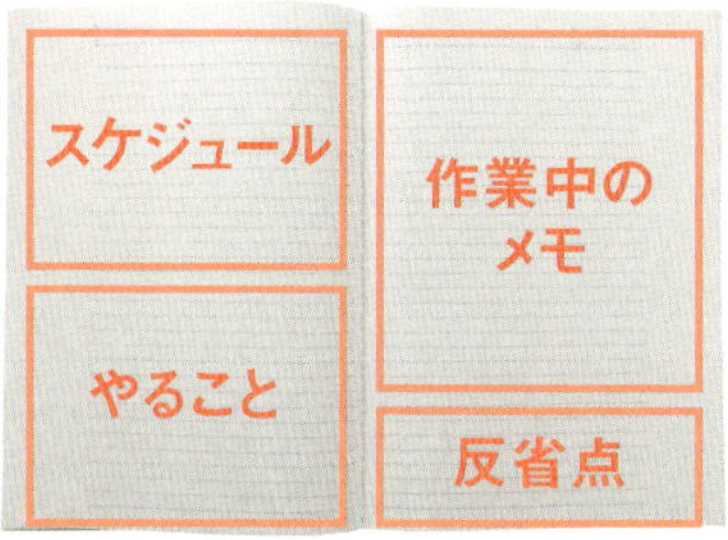

ノートを仕事や毎日の備忘録として使う

業務日誌が続かない人はノートを買ってきたときに1日2ページ使うと振り分け、日付けを書いてしまう。そして、ノートの右上にその日のアポイントメントや作業予定などのスケジュールを書き、その下にTodoを書く。ここまでは始業時間前に済ませておく。仕事中のメモは右ページに書き、終業後、反省点を書くとよい。

テクニック 4 ノートを表と裏の両方から書き込んでいく

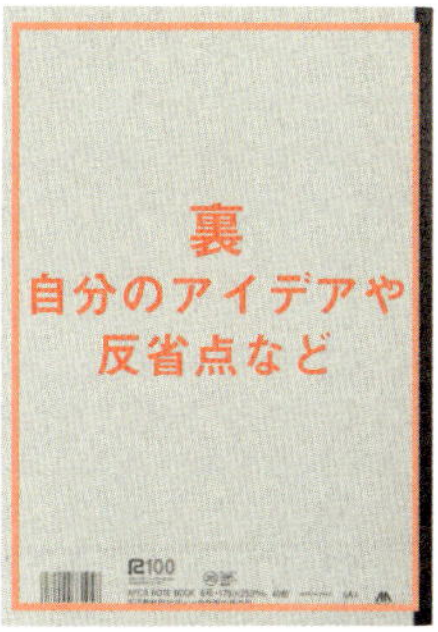

1冊のノートを2冊として使う

ノートは本来いろいろな役割を持たせず、ひとつの役割で使ったほうがわかりやすいが、何冊も持つのはやはりめんどうである。そこで、1冊のノートを表と裏の両方から使っていき、2冊のノートとして使う。このとき、大切なのはふたつの役割をはっきり分けること。たとえば、自分発信のアイデアと他人発信のメモというように、混乱しない形にすることをおすすめする。

テクニック 5 図版やラインを駆使する

視覚的に訴えることでよりわかりやすいノートに

ノートは文字だけを羅列してあっても見づらいし、わかりづらい。重要なところには蛍光ペンでラインを引いたり、図版やグラフを入れたりすると、ぐんと見やすくなる。図版やグラフを書くのが面倒なら、コピーしたものを貼りつけてもよい。また、通常は黒ペンで書き、見直したときに付け加えたことは青ペンというように色分けするのもおすすめだ。

こんなノートが便利

罫が引きやすく文頭が揃えやすいドット入りや、コピーで消える方眼罫のノートなど、図版が書きやすいノートもいろいろ登場している。

ドット入り罫線(コクヨ)

副線入りノート(アピカ)

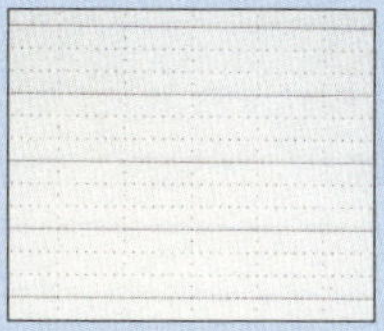
ロジカルノート(ナカバヤシ)

ノート&メモの整理術 4

ノートは見返すことでもっと役立つ！

見返すためにも きれいに書くのが基本

139ページでノートは忘れないために書くと説明しました。でも、書いただけでは、結局大切な情報を忘れてしまいます。

Todoリストやスケジュールが、見返さなければ意味がないのと同じように、ノートも見返してこそ意味があります。そのためにも、きれいに書く努力をしましょう。なぐり書きで、書いた本人さえ何が書いてあるかわからないノートでは使えるノートとはいいません。下記に注意し、見返しに耐えるノートにしましょう。

使えるノート＝こんな書き方が正解！

正解1 ていねいに書く↔なぐり書きは×

急いで書いたり、立ったまま書いたりするとどうしても字は汚くなる。もともと字がきれいな人は少々なぐり書きであっても判読不可能なことはあまりないが、クセ字や字の汚い人は、一文字一文字ていねいに書く努力をしよう。

正解2 見出しをつける↔行方不明ノートは×

そのノートに何が書いてあるか、書いてすぐならわかるが、ちょっと時間がたつとだいたいは忘れてしまう。これを防ぐためにも、ノートの表紙には見出しをつけ、大まかでいいので何がどこにあるかわかるデジタル索引を作ろう。

正解3 余白をつける↔ぎっちりノートは×

ある程度余白を作って書いたほうが、見返すときに見やすい。また、気づいたことを後で書き足すためにも余白は必要だ。B罫やC罫ノートを使い、あえて1行ずつあけて書くのもひとつの方法だ。

正解4 コピーもOK↔ムダな労力は×

図版や表組を時間をかけて書き写すのは労力のムダ。地図やデータ情報も含めて、コピーで済むものはコピーで構わない。また、そのほうがかえってきれいだ。

正解5 色や図を多用↕文字だけのノートは△

文字だけがずらずらと並んだノートよりも、大切なところが色で囲んであったり、必要に応じて図版のあるノートのほうが見やすい。また、文頭を揃えるなど、細かい気配りも大切だ。

ノートは書きっぱなしにしてはダメ。読み返すことで仕事に役立つツールに！

1 仕事ノートを見返す！ ノート→手帳へのスムーズな展開に

Step1 1日の終わりに今日の仕事ノートを見返す

Step2 今日の課題ややり残したことをまとめて、書き加える

Step3 Todoリストを作り、手帳に貼る

仕事ノートを書く目的は、明日の業務に生かすため。仕事の終わりにかならず見返し、翌日に何をすべきかを考えることでミスはなくなる。また、同じ間違いを二度しないためにも大切だ。

2 情報ノートを見返す 情報収集から新たなアイデアが！

Step1 気になる情報を手当たり次第に、ひとつのノートにまとめていく

Step2 情報がまとまったノートを、時間があるときに見返す

Step3 新たなアイデアが浮かんでくる

情報はすぐに役立つものもあれば、もしかしたら役立つかもというものもある。ここで重要なのは後者のほうだ。なんとなく集めた情報こそ、後になって生きる場合が多い。情報ノートはそんなとき役に立つ。

3 アイデアノートを見返す 新たなビジネスチャンスが生まれる

Step1 思いついたアイデアを粘着メモに書き込み、ノートに貼っていく

Step2 粘着メモを項目ごとに分類していく

Step3 新たな企画が生まれてくる

頭の中のアイデアは点のようなものだ。これをつなげて線にするためには、アイデアノートを見返す必要がある。このとき役立つのが粘着メモ。粘着メモなら移動が楽なので、アイデアをまとめやすい。

人間は忘却の生き物だから ノートが必要。そして見返しを

人間は忘れると同時に、忘れなければいけないことを忘れない。たとえば、緊急でやることがあるのに、いつでもよいことをやってしまう。それを防ぎ、優先事項を決めるためにもノートは使える。何が優先か、自分にはどんなアイデアがあるかを忘れないためにノートの見返しは重要なのだ。

ノート&メモの整理術 5

メモを有効活用するために知っておきたいこと

メモを取るときの基本

1 メモには日付けを書く

そのメモをいつ取ったかをかならず書き入れる。伝言メモであれば書いた時間も書く。日付けを書かないと、仕事の内容が変わった場合など、どちらが新しい情報かわからず、混乱しかねない。

2 メモはノートなどにまとめる

会議でとったメモや思いついたアイデアをまとめたメモは後でまとめ直す。後からまとめることを考えて、メモは箇条書きかつわかりやすく書く。単語の羅列では後から何が書いてあるかわからず困ってしまう。

3 メモ用紙は身近な場所に

どんなときでもすぐにメモを取れる状態にするのが、できるビジネスマンの必須条件だ。机の上にメモを置いておくのはもちろんだが、移動中に取れるよう、コンパクトなメモノートを携帯するとよい。

4 メモはなるべく具体的に

後で見返したときのためにも、メモはなるべく具体的に書く。抽象的な表現では、時間がたつと何が何やらわからなくなってしまう。数字や場所の名称などは間違えないよう、はっきりと書くのもポイントだ。

5 メモを目的にしない

上司に仕事を指示されたときに、メモを取らないと怒られるからアリバイ的にメモを取るというのは感心できない。メモは仕事を円滑に進めるための手段であって目的ではないということを忘れずに。

6 メモは後で補足すること

急いでいるときなど、すべてをメモすることは難しい。そんなときは記憶が確かなうちに、メモを見直して補足事項を書き込んでおくと、ミスが起こりにくい。メモは書きっぱなしにしてはいけない。

メモは取るだけでは意味がない

「上司に何か言われたらかならずメモを取る」というのは当たり前のことです。上司に言われたことを正確にとらえ、忘れないためにもメモは必要です。とはいえ、ただメモを取るだけでは意味がありません。まず、メモを取るときは考えながら情報がもれないようにとること、そしてそのメモを生かすことです。

また、メモはあくまでメモ。上司から業務的なことを指摘された場合や、取引先との打ち合わせメモなどは、後でまとめ直します。

メモの上手な取り方

ここでは、どんなふうにメモを取るといいかを具体的に説明します。
ちなみに、メモに自分の感想は不要です。
あくまで事実のみをありのまま書くようにしましょう。

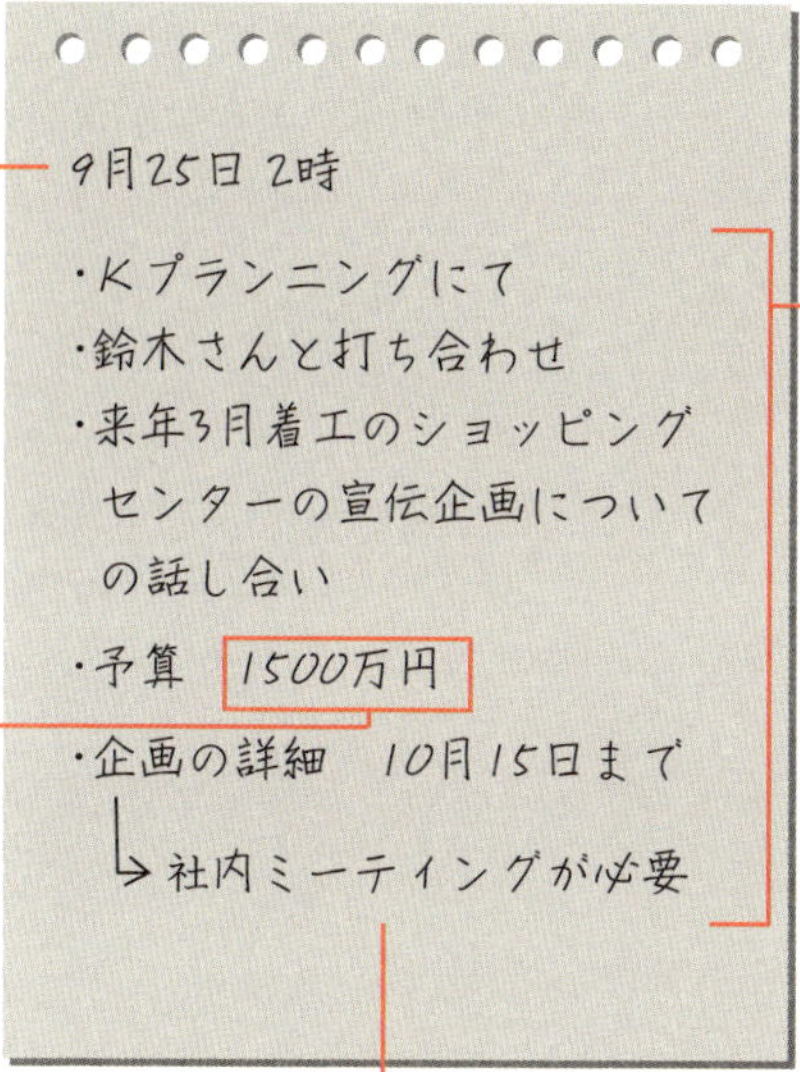
9月25日 2時
・Kプランニングにて
・鈴木さんと打ち合わせ
・来年3月着工のショッピングセンターの宣伝企画についての話し合い
・予算 1500万円
・企画の詳細 10月15日まで
→社内ミーティングが必要

日付けは必ず書き込む

メモを取るときは最初に日付けを書くことを習慣にする。時間まで書いておくと、それがいつ起きたかを正確に把握でき、後で役立つ。

金額、時間など数字は正確に

金額や約束の日時、場所などがある場合は、かならず聞いたその場で書き、復唱して確認する。後から書くとトラブルの元になる。

箇条書きでまとめるとわかりやすい

要点のみ箇条書きにするとわかりやすい。また、誰が見てもわかるようにきれいに書く。また、メモ1枚につき1案件が基本。いくつも書かない。

後から見なおして必要事項を書き足す

メモを書いた後、記憶が薄れないうちに見直して必要事項を書き足す。時間がたってから見直しても意味がないことを忘れずに。

メモは種類によって強調する場所が変わる

メモには仕事の指示を書いたもの、伝言メモ、電話伝言メモ、会議メモ、仕事先との商談メモ、アイデアメモ、資料メモなどさまざまな種類があります。書き方の基本は同じですが、強調する部分が違ってきます。たとえば、伝言メモなら伝言する内容とともに誰からの伝言なのかが重要ですし、商談メモなら予算などの数字を間違えてはいけません。どこが大切かを意識しましょう。

メモは5W2Hを考えること

メモを取るときは常に5W2Hを意識しながら書くとよい。商談であればいつ(WHEN)、誰と(WHO)、どこで(WHERE)、どういう経緯で(WHY)打ち合わせをしたか、どんな内容(WHAT)の打ち合わせだったか、今後どんなことが必要か(HOW)、そこで提示された金額はあるか(HOWMUCH)、などを盛り込むようにするとよい。これはどんなメモであっても変わらない。

伝言メモは正確かつわかりやすく

伝言メモは5つの情報が必要

1. いつ電話がかかってきたか→時間を正確に書く
2. 誰からの電話か→社名、部署名は正確に書く
3. 先方の連絡先は？→電話番号ははっきり聞き出す
4. どんな用件か？→先方はどう対応してもらいたいのか
5. 誰が代わりに伝言を受けたか→名前をはっきり書く

伝言メモの例

伝言メモ　　月　日　時　分

様

様から

□ お電話がありました
□ 折り返しお電話をください　至急　普通
TEL
□ もう一度お電話をします（日　時　分頃）
□ 用件は下記のとおりです

TEL受

名前は正確かつはっきりと
苗字だけで会社名なしではいけない。

用件を書くときは箇条書きで
だらだらと書かず、用件は簡潔にまとめること。箇条書きがわかりやすい。相手がどうしてほしいかを見極めることがポイントになる。

対応が急ぎかどうかをかならず確認
ビジネスでは1秒の遅れで大きな取引を逃してしまうことがある。緊急に対応してほしい場合は、伝言メモだけでなく、伝言相手にすぐ伝わるよう個人の携帯にかけるなど努力をする。

伝言メモ。やりやすい失敗と対策

失敗 1 伝言メモが書類に埋もれてどこにあるのかわからない

➡ 目立つ場所に貼る

机がごちゃごちゃな人の場合、伝言メモを置いておいてもまぎれてしまうことがある。パソコンのデスクトップや電話の受話器など、かならず見る場所に貼るようにすると、見落としがなくなる。

失敗 2 「ご連絡先をお聞きしたい」と聞いたら、先方が不機嫌になった

➡ 連絡先を何度も聞くのは失礼

懇意にしている取引先の連絡先を知っているのは当たり前。連絡先を何度も聞くのは失礼だ。連絡先を聞くときは、「失礼ですが、〇〇は〇〇様のお電話番号を存じておりますか？」というようにすると失礼がない。

失敗 3 担当者が帰社してから対応したら怒られた

➡ 急ぎかどうかを確認

伝言内容によってはすぐ対応したほうがよいものもある。伝言を受けたときはかならず「お急ぎのご用件でしょうか」と聞くようにする。また、相手が何時まで会社にいるかを確認することも忘れずに。

失敗 4 聞いた電話番号が間違えていた

➡ かならず復唱する

電話番号の間違いは一番やってはいけないこと。初めての相手だった場合、永遠に連絡が取れないことさえある。電話番号を聞いた後はかならず復唱し、声が小さい人ははっきり滑舌よく言うように心がける。

失敗 5 伝言内容に不備があった

➡ 所定の用紙をかならず使う

相手の部署名を聞き忘れたり、連絡先を聞き忘れたりといった初歩的なミスをしないためにも、伝言メモは所定の用紙を使ったほうがよい。所定のものが用意されていない場合は、インターネットのフォーマットなどを利用して作るようにする。

ちょっとした工夫と言い方で失敗はなくなる

伝言は間違えたら大変です。名前が聞き取りにくいときは、聞き取れるまで聞き直します。また、クッション言葉も大切です。「何度も申し訳ありませんが」と前につけ、聞き取れたら「大変失礼いたしました。〇〇様ですね」と確認しましょう。

ノート&メモの整理術 7

たかがメモ、されどメモ。メモはこんなに役に立つ

・アイデア　・スケジュール　・やるべきこと

メモを取る

・思いついたアイデアが自分の仕事にきちんと生かされる
・スケジュールを間違えない
・やるべきことを忘れない

↓

・仕事で認められる
・きちんとした人という印象を与えることができる
・能率がアップする

↓

・仕事で評価されたことで、より重要な仕事が任される
・周囲の人の評価が上がる
・時間に余裕が生まれ、プライベートが充実する

メモを取らない

・せっかく思いついたアイデアを忘れてしまう
・スケジュールを間違え、信用をなくす
・やるべきことを把握していない

↓

・ノーアイデアの人間と思われる
・ずぼらな人だと思われる
・仕事の能率が下がり、ムダな時間がかかる

↓

・仕事ができないヤツという烙印を押され、いつまでも単純な仕事しか任されない
・周囲の人の評価が低くなる
・時間はいつもぎりぎり。プライベートも充実しない

たったメモひとつで幸せにも不幸にもなる

「メモなんか取らなくても仕事は進むし、何の問題もない」と思っている人もいるでしょう。しかし、メモひとつで、あなたの評価は変わります。

　メモはあなたの「記憶」を補足してくれる大切なものです。誰かと約束した日時の記憶、上司に頼まれた仕事の内容の記憶、取引先と打合せして決めた結果の記憶があいまいでは、仕事は思うように進まないし、周囲の信頼も得られないでしょう。「忘れないから大丈夫」と言う人もいますが、機械でない限り絶対に忘れないということはありません。

　自分の記憶を過信してはいけません。忘れないためにメモを取るのは社会人として基本中の基本です。

こんなアイデアでメモはもっと使いやすくなる！

オリジナル伝言メモを作る

上司に伝言するときなど、ひと言「お疲れさまでした」と添えると、好感度が増す。また、粘着メモには絵入りのものもある。落ち着いた絵柄で、ビジネスで使用しても大丈夫なものも多いので、必要に応じて利用したい。また、インターネットのフォーマットを利用して、オリジナルの伝言メモを作るのも楽しい。いろいろ工夫してみよう。

粘着メモを片手で取り出せると便利

電話をかけているときは当然ながら片手がふさがっている状態だ。そんなときに、片手で粘着メモを取り出せる専用の入れ物はとても便利。スムーズに粘着メモを取り出せるので、あわてず余裕を持って電話に専念でき、大切な話を聞き逃すこともない。ひとつ机の上に置いておくととても便利なグッズだ。

メモは「真剣に聞いています」という意思表示にもなる

アリバイ的にメモを取るのは確かに感心しないが、メモを取らないのはもっとよくない。上司にしてみれば、自分の話をきちんと聞いているかどうかは部下を評価する大切なポイントとなる。真剣にメモを取る姿勢は自分をアピールする道具でもあるのだ。

財布にもペンと粘着メモを入れておく

メモを常に携帯するといってもうっかり忘れてしまうことはある。そんな人も絶対に持ち歩くのが財布だ。財布の中に粘着メモと手帳用の薄型のペンを入れておけば、いざというときに困らない。また、ペンと粘着メモが一緒になっているタイプのものもある。便利グッズをうまく利用するとよい。

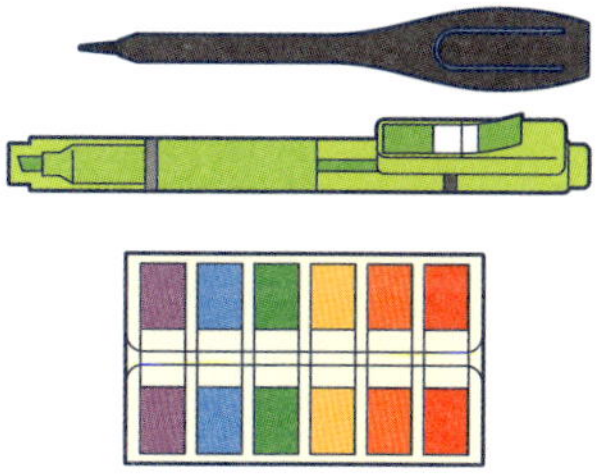

粘着メモとペンが一体型になったものは、筆記用具がこれ一本で済むのでおすすめ。また、薄型のクリップタイプのペンや、スリムなケースに入った粘着メモなどなら、財布に入れてもかさばらない。

電話をかけるときは話す要点をあらかじめメモしておく

大切な電話をかけるときは、要点をあらかじめメモしておく。話の展開も書いておくとよい。こうすると、あわてず話を進めていける。要点を書くときは5W2Hを考え、かならず言わなければいけないことを目立たせておくとよい。

会議や商談でも使える

大切な商談や会議のときも、言わなければならないことをメモにしてまとめておく。伝え忘れがなくなるし、理路整然と話ができるようになる。

スマホのメモ機能でひと言メモを

財布と並んでいつも持ち歩いているものにスマートフォンがある。紙とペンがないときにメモをしたいなら、スマホのメモ機能を使うことをおすすめする。また、手帳を持っていないときに予定が入ったときは、スケジュール機能を使えばよい。

固定観念にしばられず もっと自由にノートを使ってほしいです

日本ノート株式会社
商品開発本部

ノートは使用場所やどう使うかで変わります。外勤か内勤か、プライベート用かビジネス用かなどで、サイズやタイプが違ってくると思います。自分はこれがよいと決めつけず、自由に選んでみてください。

ノートといえばセミB5サイズが定番ですが、最近はほとんどの書類がA判なので、プリントアウトしたA4サイズの書類をきれいに貼りたいと思うなら、A4やA5のノートが、使い勝手がよいでしょう。

手帳のメモスペースが小さくて物足りないというなら、A6やB7サイズのミニノートがおすすめです。これを手帳のカバーにはさんでおけばいいのです。

小さいスペースに書くと小さいアイデアが、大きなスペースに書くと大きなアイデアが生まれると言いますが、無地や方眼にアイデアを自由に書き込めば、より発想が豊かになると思います。

当社でも青い補助線が入った副線罫ノートや、端が余白になった余白罫ノートなどのラインナップがありますが、本当にいろいろなノートがあるので、自分に合ったものを探してみてください。

最近はメールやパソコンなどデジタル化が進み、紙に書くという行為自体が少しずつ減ってきているような気がします。しかし、書くことによって脳に刺激が加わり、頭の中がまとまってきます。知識は書くことで脳に定着もします。そうした「ノート効果」はこれから見逃せないのではないでしょうか。

ノートの端が余白になっている余白罫ノート。

年月がたっても色褪せにくい中性紙を使ったものも。

サイズバリエーションが豊富なCDノートシリーズ。

第7章 パソコンの整理術

パソコンの整理術 1

デスクトップの整理方法

パソコン整理の原理は机の整理と同じ

デスクトップという名のとおり、パソコンの整理は机の整理とよく似ています。デスクトップ上にムダなファイルが並んでいる状態は、いわば書類が山積みになった机の上です。

机の上は「今作業中のものしか置かない」のが整理の基本ですが、デスクトップ上にもファイルはなるべく置かず、フォルダを作ってすっきり整理しましょう。

よくデスクトップの半分以上がファイルで占められている人がいますが、これではファイルがどこにあるかが探しづらく、作業効率が悪くなります。ファイルを安易にデスクトップ上に置くのはやめましょう。

Check! あなたのデスクトップはファイルであふれていませんか？

デスクトップがフォルダやファイルでいっぱい。検索性はもちろん、見た目も決して美しいものではない。何が必要で何がいらないかもわかりづらく、不要なファイルをムダに置いている状態だ。

解決策 まずは「とりあえず」フォルダを作って入れてしまいましょう！

まずは「とりあえず」フォルダを作り片っぱしからファイルを入れていく。見せかけではあるが、デスクトップ上がすっきり片づき、整理をしようという意欲がわく。

「とりあえず」フォルダをそのままにしないために!

第一段階　「とりあえず」フォルダ内のファイルを3つに分けましょう

「とりあえず」フォルダの中に「保存」フォルダ「保留」フォルダ「処分」フォルダを作り、ファイルを3つに分ける。保存するかどうか迷ったら、とりあえず「保留」フォルダに入れる。

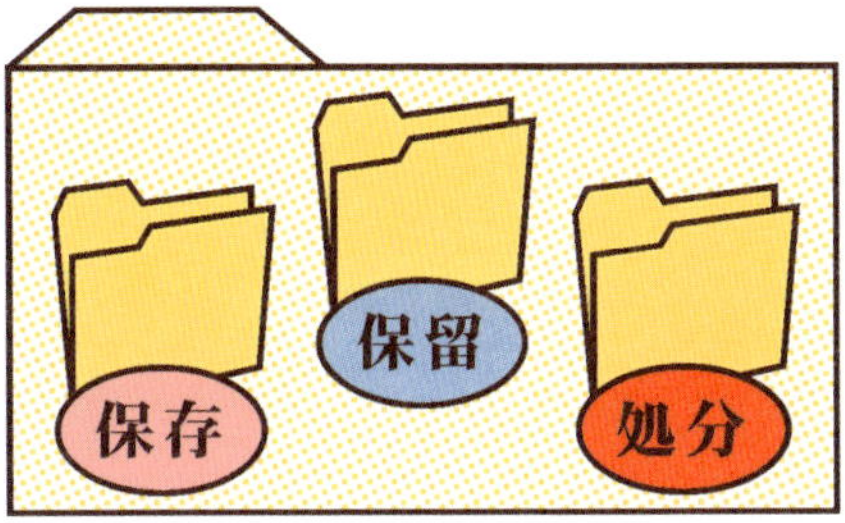

POINT

デスクトップのショートカットアイコンも整理しよう!

デスクトップには、インストールされているアプリのショートカットアイコンも並んでいる。このアイコンも、使っていないものは仕分けしてかまわない。こうした不必要なアイコンを整理すると、デスクトップがぐんとすっきりする。

第二段階　「保留」フォルダの名前に整理した日付けを入れる

「処分」フォルダ内のファイルはゴミ箱に移動し、「保存」フォルダのファイルは大まかに分類する。「保留」フォルダは整理した日付けを名前に入れておく。

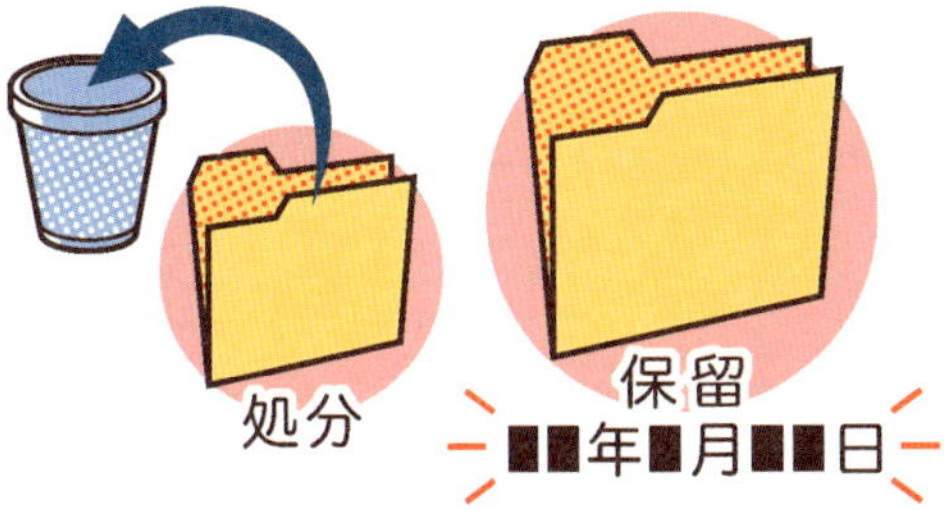

POINT

最後にいつ情報更新したかを確認しながら整理しよう!

ファイルを整理するときは更新日時を確認。半年以上前のもので終わった仕事のものは、必要がない場合も多い。同じようなファイルが複数ある場合は、一番新しいもののみ残す。

第三段階　一定期間が過ぎたらCD-RやDVD-Rに保存

「保留」フォルダは整理してから一定期間(半年など)が過ぎたら、不要なものを再度捨ててからDVD-Rなどの外部メディアに。ラベルには何が入っているかを明記し、保存期間を定めて、いつ捨てるかをはっきり書いてから保存するとよい。

POINT

ファイル整理はなぜ必要

最近のハードディスクは容量がたっぷりあるので、動画や音楽ファイルを何でも保存しがち。容量がありすぎて、何でもとっておくから整理が必要となる。

パソコンの整理術 2
ファイルの名前は管理しやすい形に

ファイル管理は入れもの作りが大事

ものはすべてにしまう定位置を作ると片づきます。パソコンのファイルも同じです。保存するときの定位置を作りましょう。ファイル管理は、フォルダという入れものをあらかじめ作ることから始まります。

また、ファイルの名前はわかりやすいものにしましょう。そして、検索性を高めるために、最初に日付けを入れます。日付けを入れるときは、月日だけでなくかならず「年」から始めるようにしましょう。

フォルダはツリー構造で整理を

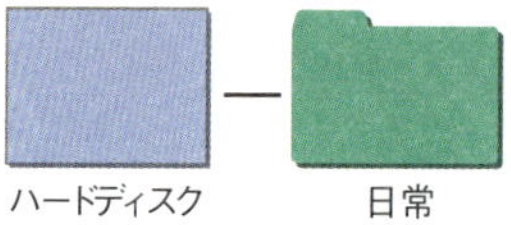

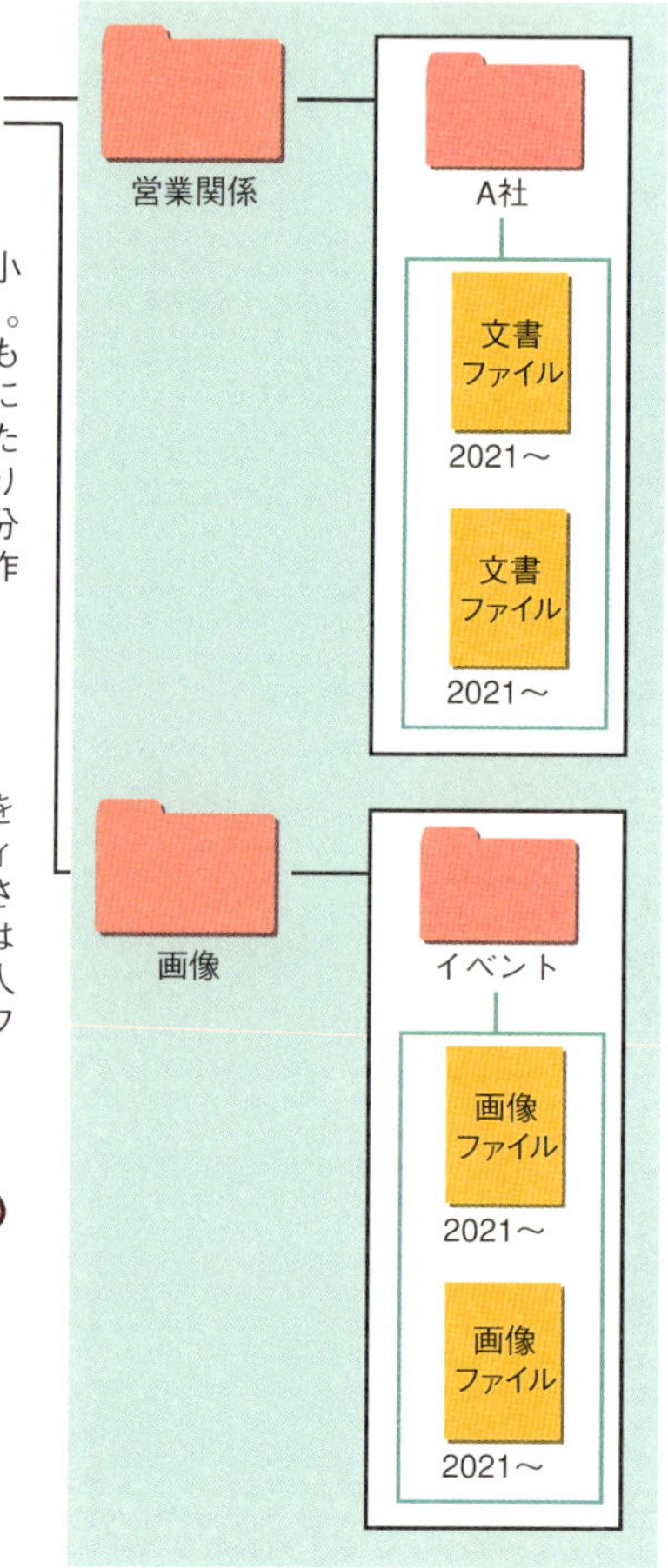

フォルダは大分類、中分類、小分類のツリー構造で管理する。分類は後から考えが変わることも考慮し、なるべく大まかなものにする。進行中の仕事、終了した仕事、その他というように、振り分けるときに悩まない形にし、分類できないファイルの置き場も作ること。

一人ぼっちファイルを作らない

分類できないファイルの置き場を作っておかないと、ハードディスク内にファイルの形で保存されるものを作ってしまう。これではツリー構造になっていない。一人ぼっちファイルを作らないのはファイル管理の鉄則といえる。

ファイル管理しやすい名前のつけ方

POINT 1 ファイル名は日付けから始める

ファイルは時系列管理をすると管理しやすい。年月日を最初にかならず入れること。

× A社請求書(△△△仕事分)

× A社請求書(△△仕事分)NO.1

△ 001A社請求書(△△△分)

○ 210520A社請求書(△△△分)

上のふたつは番号がなかったり日付けがなかったりと不十分。番号ではなく日付けのほうがよい。

POINT 2 簡潔かつわかりやすく

そのファイルに何が入っているか、ぱっと見てわかる名前をつける。～など、～関連はダメ。

× 静岡支社壮行会関連

× 静岡支社2021年度壮行会イベント(4月30日開催)

△ 壮行会参加者リスト21200430

○ 210430静岡壮行会参加者一覧

「壮行会関連」はあいまいな表現。「参加者一覧」など中身がすぐにわかる名前にする。

POINT 3 ひと目でわかる工夫をする

いくら簡潔であっても、抽象的すぎるとかえってわかりづらい。具体的な名前にすること。

× 会社説明

× 会社概要

△ ホームページ用会社説明

○ 210525作成HP用会社説明

会社説明といっても何のために作成したかがわからないと困る。作成日をかならず入れること。

POINT 4 最新版がどれかわかるように

最新版ファイルが2つあったらどちらが新しいかわかりづらい。日付けを入れればすぐわかる。

× A社○○企画書最新版

× A社○○企画書修正版

△ A社○○企画書3.15修正

○ 210401修正A社○○企画書

いつ修正したものかがわかるようにファイル名の頭に修正した日付けを入れる。

パソコンがぐちゃぐちゃになるのは?

❶ デスクトップやマイドキュメントについ保存してしまう

きちんと分類するのがめんどうで、とりあえずどこかに入れるのでは管理はできない。

❷ 分類できないファイルを保存するフォルダを作っていない

分類しきれないファイルを入れておくフォルダを作ることで迷子ファイルがなくなる。

❸ ダウンロードファイルをデスクトップに保存したまま

ダウンロード先がデスクトップになっており、それをそのままにしておく…ではダメ。

画像ファイルの整理の仕方

画像処理は専用のソフトを使うと便利

最近は画像ファイルを開くのに時間がかかるということはありませんが、メールに添付するときやホームページにのせるときを考えて、必要な画像を一括で縮小できるフリーソフトをひとつ入れておくと便利でしょう。

　また、画像を選んだり、名前を一括で変換したりするときも、専用のものがあると作業効率がぐんとよくなります。ここで紹介した以外にもいろいろなフリーソフトがあるので、自分の使いやすいものを探してみてください。

画像縮小はこんなときに使う

1 メールに添付して送りたいとき

MBクラスの画像はメールに添付して送れない。縮小すれば、添付できる上に送信スピードも早い。

2 ホームページにのせたいとき

ホームページ上にのせるときは、縮小された画像で問題はなく、きれいに表示できる。

縮小は1枚1枚行うよりも一括縮小してくれるフリーソフトをダウンロードすると便利

フリーソフト「縮小専用」はフォルダをまとめてドラッグ＆ドロップするだけで、決まったサイズで縮小ファイルを勝手につくってくれる。設定で、ファイル名の前に「縮小」とか「仮」と入れることもできるし、「縮小フォルダ」にまとめて入れることも可能だ。
http://www.vector.co.jp/soft/dl/win95/art/se153674.html

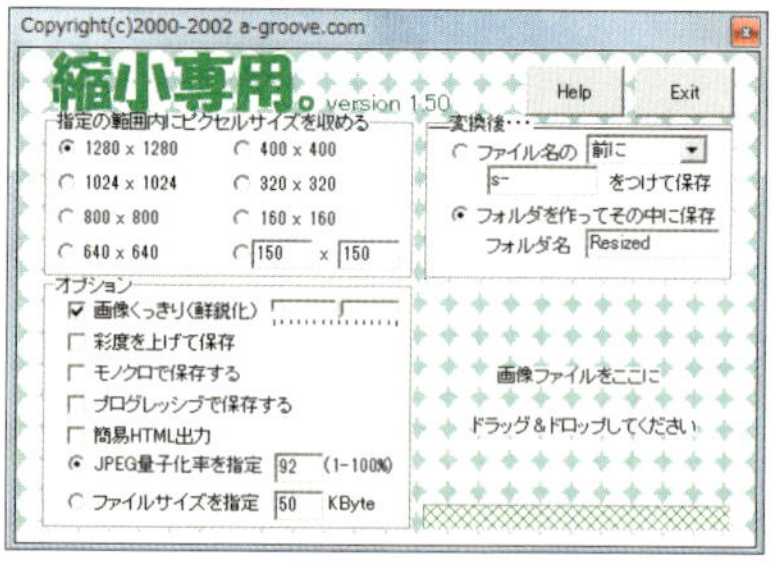

画像フォルダは見やすい形で表示

画像フォルダを開くときは、ファイルの表示設定を「中アイコン」や「大アイコン」にすると、画像が一覧にできて便利だ。

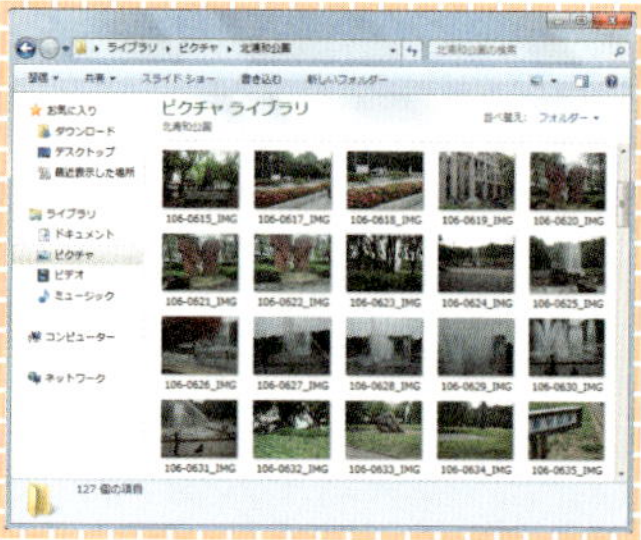

パソコンの整理術4

エクセルをもっと使いこなす!

簡単な関数で ずっと便利になる!

表計算の代表的なソフト「エクセル」はほとんどのビジネスマンが使っていますが、きちんと使いこなせている人は意外と少ないものです。関数など一度も使ったことがないという人もけっこういるのではないでしょうか。関数は本当にたくさんありますが、すべて覚える必要はありません。下記で紹介したような、自分が使えると思うものだけを覚えればいいのです。

また、デジタル索引は作るときにちょっと工夫すると使いやすくなります。

これは使えるエクセル関数

SUM関数	SUM(範囲)で範囲内を合計する。( )内に範囲を指定するだけで、文字列を含めず合計してくれる。
COUNTA関数	範囲内の空白を除くすべてのセルの数を数える関数。空白のセルを数えるCOUNT BLANKもある。
AVERAGE関数	範囲内の数値の平均値を求める関数。AVERAGEAは文字列や空白をゼロとみなして平均値を出す。
CEILING関数	基準値の倍数の近い値に切り上げる。ケース単位で発注する際、必要なケース数を求めるときなどに使う。
DATE関数	年、月、日の数値を日付けデータに変える。日付けの表示を和暦に変換する関数はDATESTRING。
WORKDAY関数	指定した稼働日数だけ前や後の日付けを求める。稼働日数に土曜日、日曜日、祝日は含まない。
JIS関数	半角の英数字とカタカナを全角に変える。また、全角の英数字とカタカナを半角に変えるのはASC。
PHONETIC関数	入力時のふりがなを別のセルに取り出す。索引などで、隣のセルにふりがなを表示させたいときに便利。
TRIM関数	文字列の余分な空白を取り除く。先頭の空白はすべて削除され、文字間の空白は1個残す。
SUBSTITUTE関数	文字列の中から検索文字列を探し、置換したい文字列に置き換える。名称が変わったときなどに使える。

※詳細はソフトの解説書などを参照してください。

パソコンの整理術5
メールのカンタン整理方法

毎日毎日の整理が メール管理のポイント

回覧で来た書類は処理するのに、メールの受信トレイは読んだ後、そのままほうってあるということはありませんか？　メール整理は基本的に書類整理と同じで、受信トレイには何もない状態にしましょう。そのためには、メールは受信したら、返信が必要なものは返信し、迷惑メールなどは捨て、保存するものは所定の場所に保存するという流れで、整理を習慣にしましょう。

受信トレイにメールがたまっているのは机の上に書類が山積みになっているのと同じことです。1000件、2000件とたまったメールを整理するのは大変です。受信ごとに整理すれば少しの労力で済むはずです。

メール管理の大原則

1 あらかじめ振り分ける形に

あらかじめ作っておいたフォルダに、指定のメールアドレスごとに振り分ける設定にするとよい。メールマガジンや特定のお知らせなどを自動的に振り分ける形にしておくと便利だ。

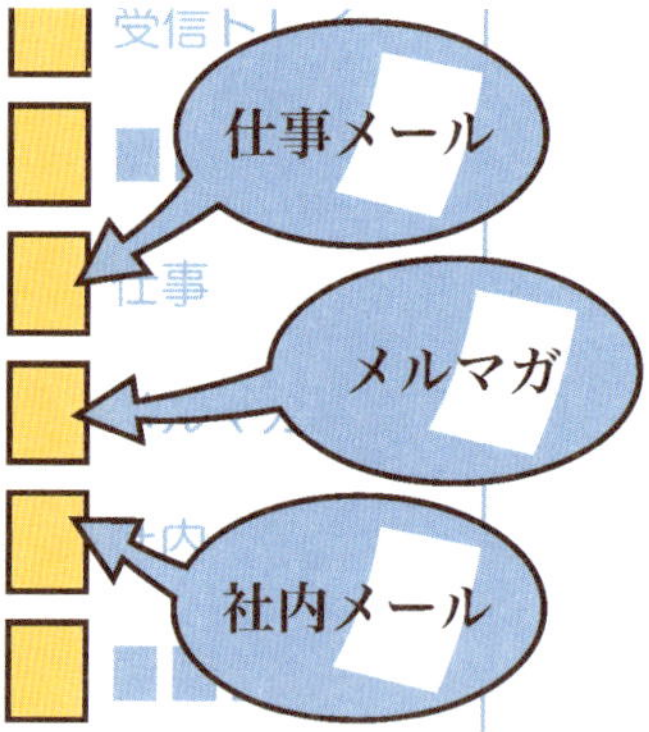

2 帰宅時には受信トレイをゼロにする!

基本的に受信トレイには何もない状態にする。受信したメールはすべて整理し、いつでもゼロの状態から受信するのが基本である。少なくとも帰社するときには、整理を済ませること。

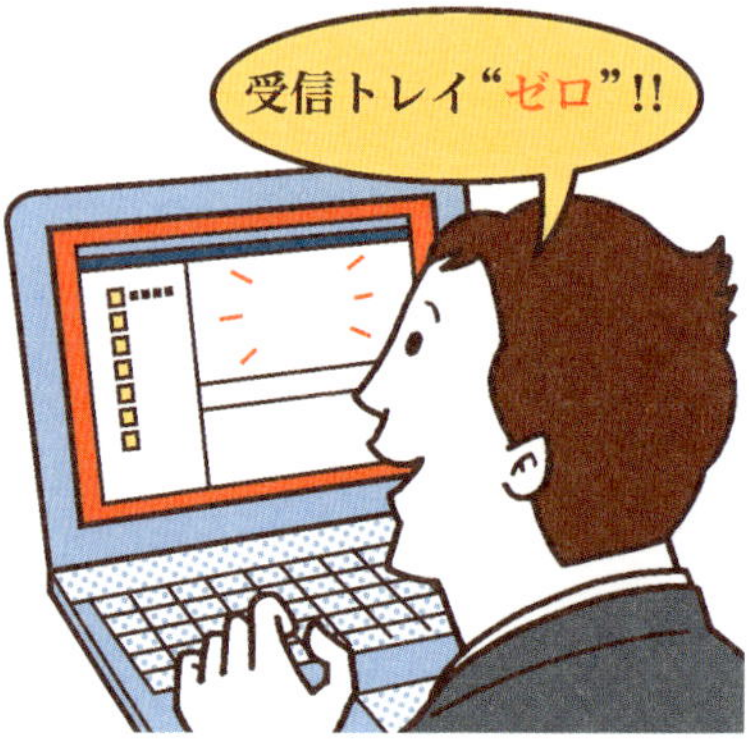

賢いメールの整理方法

朝

起床～通勤

会社のメールを自宅で受信できる設定にしているなら朝一番でチェックし、緊急なものに返信する。また、通勤中にメルマガをチェックしてもよい。

出社

メールcheck

1 迷惑メールなど読まないメールはすぐ削除

読まないメールはすぐに削除する。未読の状態で受信トレイに置いておいてはいけない。

2 緊急のメールに返事をする

すぐに返事が必要なものは返信メールを打つ。返事はなるべく早くがメールの基本。

3 急ぎでないメールは 返信メールのタイトルを作っておく

緊急でないメールの返事を後まわしにするときは、返信メールのタイトルだけ作って保存しておくと忘れない。

受信トレイはなるべくすっきりした状態を保つ！

昼

昼休み

急ぎでない時間に返事を書く

午後の仕事を始める前に、休み時間を使ってタイトルだけ作ってあったメールを打つ。

すきま時間を有効に使う

メールチェックは時間を決めて行うこと

メールチェックを日に何度もすると、そのたびに仕事が中断され、仕事がはかどらない。2時間置きなど時間を決めるとよい。

POINT

メールの上手な書き方

メールを書くときの署名欄だが、送る人によって違う署名にしたいときは、自動で貼り付ける形にせず、署名を文字登録しておくと、いちいち署名を打たなくて済む。

夜

帰社

帰社前にその日では片づかないメールを保存箱に

帰社時に再度受信トレイを整理する。その日のうちに片づかなかったメールは保留箱（フォルダで作っておく）に入れる。例外なく、帰社時は受信トレイを空にすること。

パソコンの整理術 6

ウェブの情報整理術

ちょっとした整理で ブラウザは使いやすくなる

自分なりにカスタマイズすることで、ブラウザは格段に使いやすくなります。たとえばお気に入り(ブックマーク)をそのままただ入れていくと、どんどん縦に長くなり、スクロールしないとお目当てのページに飛べなくなります。ファイルの管理と同じで、ブラウザのお気に入りもツリー構造で管理するようにしましょう。

ツールバーも自分流にカスタマイズしましょう。たとえば、ツールバー内に検索バーを置き、よく使う検索エンジンですぐに検索できるようにしておくと便利です。最初にちょっとカスタマイズするだけでブラウザは格段に使いやすくなります。これも整理整とんのひとつなのです。

「お気に入り」や「ブックマーク」はフォルダ管理を

ツリー構造で見やすく

あらかじめお気に入りやブックマーク内に分類するためのフォルダを作っておき、新しく登録したページをどんどん入れていく。ページファイルの名前がパッと見てわからないと後から面倒なので、わかりやすい名前に変更するとよい。

1. フォルダを作成
↓
2. フォルダに名前をつける
↓
3. WEBページのファイルを該当フォルダに移動
↓
4. ファイルの名前をわかりやすい形に変更

使いやすいブラウザはどれ

ブラウザはいろいろあるが、結局のところ自分がどう使うかによる。たとえばFirefoxは機能拡張には優れているが、ネットバンキングなどで使えないこともある。IEはもともとPCに入っていることが多いが、カスタマイズの点では劣るところもあるだろう。Windows10以降はEdgeが標準搭載されている。

パソコンの整理術 7

外出先で役立つパソコン管理術

スマートフォンで遠隔操作もカンタン

以前の携帯と違い、スマートフォンは画面が小さいことを除けば、パソコンと同じ条件で扱えます。設定すれば、会社のPCを遠隔操作することも可能です。

ただし、ジップファイルの解凍や、ワードの作成などは専用アプリを入れて、自分が使いやすいようにカスタマイズする必要があります。

画面が小さいなどの制約もあるため、いつも外で仕事をする人はノートパソコンがよいでしょう。

スマートフォンのメリット

メリット 1

アプリケーションを自由に使いパソコン並みの使い心地

PDFファイルやワープロ、表計算ファイルなどビジネスで使うファイルを表示できる。ポイント拡大も可能。

メリット 2

パソコンメールを転送したとき見やすい

多少重いファイルでもスマートフォンなら普通に開ける。圧縮ファイルなどもアプリを入れることで見ることができる。

パソコンの整理術 8

バックアップの基本をマスター

バックアップをルーティンワーク化 日にちを決めて必ず実行

パソコンは大変便利な機械ですが、精密機器なだけに故障と隣合わせです。ハードディスクが故障したら大切なデータがすべて失われてしまうこともあるので、定期的なバックアップは基本です。市販のソフトを使えば、ファイルをコピーするだけでなく、OSを丸ごとバックアップすることもできます。

ここにバックアップを

1 外付けHDD

もっとも一般的なバックアップの保存先。OSの丸ごとバックアップにも対応できる。

2 USBメモリ

必要なファイルを一時的にバックアップするならUSBメモリが手軽だ。

3 DVD&CD-R、BD-R

保存しておきたいデータを入れるならDVD-RやCD-R、BD-Rなどの外部メディアへ。

とっておくと便利なデータ

必要なファイルはもちろんだが、忘れがちなのがIMEなどの辞書。自分好みにカスタマイズした辞書はバックアップしておくとよい。また、メールソフトのデータもバックアップすることをおすすめする。

保存用のDVD&CD-R、BD-Rは仕事別に整理 保存したときに日付けを必ず記入すること

保存用のDVD-RやCD-R、BD-Rは保存したときにかならず日付けを入れる。同時に、いつまで保存するかを考え、処分する日付けも入れておく。また、保存するときは大まかに分類して、専用のファイルに入れるとよい。

パソコンの整理術 9

データを共有するときの約束事

相手の環境を考えることが大切

日常的に持ち歩き可能なポータブルパソコンを使っている人から、マルチディスプレイ（2つ以上のモニターを同時に使うこと）の人まで、パソコン環境は人それぞれ。データを共有するときは相手の環境を考慮することがもっとも重要です。

ハードディスクの容量やモニター画面の大きさを考え、どんな環境でも見やすい形にします。また、ファイル名も重要です。会社の部署などグループで同じファイルを共有するときは、一定のルールで名前をつけるとよいでしょう。

1 ファイル名は共通のルールを作る

➡ **送られた相手が整理しやすい形に**

名前のつけ方がばらばらだと整理がしづらい。最初に日付けを入れる、名前は大分類、中分類、小分類の順で並べるなど、共有する以上ファイル名にはルールを設けたほうがよい。

2 モニタサイズを考える

➡ **デュアルモニタからノートPCまでサイズはいろいろ**

大きなモニタなら見やすいものも、小さいポータブル画面ではスクロールしないと見えないこともある。容量の問題もあるので、画像ファイルなどは環境を確認してから送ること。

3 入力しやすい形を工夫する

➡ **横に長すぎる表組などムダな動きはNG**

表組みに追加でデータを入れてもらう場合、横長すぎると、ノートPCではかなり見づらい。入力は縦方向にできたほうが、一般的に使いやすいだろう。

達人の整理術　6

ちょっとしたひと手間で パソコンの煩雑な作業は軽減されます

株式会社 富士通ラーニングメディア
コンテンツ第一部　プロジェクト部長
下村浩

パソコン上の煩雑な作業を軽減する方法は本当にちょっとしたことです。

たとえば、1〜12月が並んだ表組みで、入力してもらうのが7月なら、見出しのそばに書き込むセルがくるように、1〜6月を隠しておく。このように、ちょっとしたひと手間をかけることで、相手の作業は格段に効率化します。

自分が作業するときももちろんですが、どうしたらより楽に作業ができるか、相手の作業内容や環境などを意識することがポイントになってきます。

また、デスクトップがフォルダでいっぱいになってしまうという方は、メールなどの添付書類をダウンロードしたときに、そのままにしておくというパターンが多いようです。ダウンロードするとついデスクトップに置いてしまいがちですからね。

このダウンロードしたファイル、案件が片づいたにもかかわらず、保存しているという方がけっこういます。メールを送り返したら、デスクトップ上のファイルは捨てるというくせをつけるといいでしょう。

ショートカットキーやファンクションキーを使いこなせていない人もけっこういます。エクセルの関数などもそうですが、同じことを何度も入力する手間を省くという発想が、パソコン作業の効率化には必須だと思います。

また、以前の仕事のやり取りメールが急に必要になるというのは誰にでもあることだと思いますが、これはけっこう見つけにくいものです。

私は、ひとつの案件が終わると、ある程度やり取りが残っているメールをメッセージファイルとして保存して、該当フォルダの中に入れておきます。こうすると、必要になったときに、メールではなく該当フォルダを探せばよいので簡単に見つけることができます。また、その案件を誰かに引き継がなければならないというときも、やり取りがわかるので簡単に引き継げます。

富士通ラーニングメディアは、集合型およびライブ配信講習会、eラーニングなどの研修形態で、最新のICT技術からビジネススキル研修、新入社員研修やグローバル人材育成まで豊富なサービスを提供し企業の人材育成を強力にサポート。東京・名古屋・大阪にあるラーニングセンターでも受講できる（写真は講習会の様子）

※インタビュー回答者とその所属および肩書きは2011年当時のものです。

第8章 思考の整理術

思考の整理術 1

ややこしい問題を整理→解決する手順

問題解決のプロセスはどれも皆一緒

「プロジェクトがうまくいかない」「営業成績が悪い」など、ビジネスではさまざまな問題が起きます。

実は、そうした問題を解決するプロセスはどれも同じです。第一に、その問題が何かを具体的かつピンポイントに絞り込み、把握すること。第二に、その問題を解決するアイデアをたくさん出し、そこから解決策を探ることです。

ここでは創造開発研究所代表の高橋誠氏が考え出した、問題解決のためのステップを元にして説明します。

問題を整理→解決する基本手順

Step 1　問題を絞り込む

「コミュニケーションがうまくいかない」では絞り込みが足りない。「重要な情報が上に伝わらない」「他部署との連絡が密でない」というふうに絞り込む。

↓

Step 2　問題を把握する

その問題にまつわるすべてのことを片っぱしから洗い出す。その問題について徹底的に分析する。

↓

Step 3　解決の方向性を決める

その問題が解決した状態はどんな状態なのかを考える。つまり、解決目標を明確にする。

↓

Step 4　解決策とその手順を決める

解決するために有効なアイデアを挙げていく。アイデアが出たらそれをまとめ、どう実行したらよいかを考える。

↓

Step 5　解決策を実行する前に、その実現性や独自性を評価する

解決策を実現するにあたって、それが本当に有効かどうかや、現実的かどうかなどを客観的に判断する。

↓

解決策を実行する

問題把握のプロセス（Step 1～Step 3）

問題解決のプロセス（Step 3～Step 5）

問題の把握には多様な情報収集が大切！

❶ 多角的に集める
問題に関係しそうな資料を媒体を問わず、徹底的に集める。関係者からもくわしく情報を聞く。

❷ 定性的に集める
統計データなど数値として表せるものだけでなく、現場の意見など、主観的な情報も集めていく。

❸ 間接的にも集める
直接関係のあることだけでなく、「もしかしたら関係する」ことや「気にかかる」ことまで、幅広く集める。

問題の解決策を出すときは ありとあらゆるアイデアを出す！

❶ なるべくたくさん出す

❷ 柔軟な思考を心がける

❸ 独自なアイデアを出す

❹ 具体的なものを出す

これはNG！
会社の会議では上司に否定されたら部下はそれ以上意見を言えない。だから、その場で「よい」「悪い」の判断をしてはいけない。

NGワード①
「それってダメでは？」
「ありふれてるよ！」
平凡な意見であってもまずは認めることが大事。

NGワード②
「ユニークすぎない？」
「奇抜すぎる」
奇抜なものでも、それが解決の糸口になることも。

NGワード③
「量より質だよ」
「もう少し考えて話して」
アイデア出しでは、質より量が重視される。

幅広いアイデアを出すためのルール
まず、よいか悪いかの判断をしてはいけない。ユニークなものも含め、多角的にとにかくたくさん出すこと。そして生まれたアイデアを発展させて別のものを考えて出していく。

「図解！ 解決力」高橋誠著／日科技連出版社

アイデアをたくさん出す方法

思考のパターンを決めれば アイデアの宝庫に

机の前でうなっていてもよいアイデアが浮かぶものではありません。アイデアは、思考のパターンを決めることで、ぐんと出やすくなります。

方法論は大きく分けて3つあります。まず、一定のルールのもと、ヒントはなしに思いつくままアイデアを出していく方法で、有名なブレインストーミング法などはこれに当たります。

後のふたつはヒントを元にアイデアを出す方法です。ひとつは何かをヒントに強制的にアイデアを考えていく方法、もうひとつは本質的に似たものから連想することでアイデアを出す方法です。

どの方法を取るにしても、アイデアを出すときは、自由に出しましょう。

❶ヒントなしに自由にアイデアを出す

➡ ブレインストーミング法、ブレインライティング法 カードBS法、カードBW法

❷何かをヒントにして強制的にアイデアを出す

➡ チェックリスト法、マトリックス法

❸本質的に似たものをヒントにしてアイデアを出す

➡ NM法、ゴードン法

基本的なアイデアの出し方

たとえば、新しいコップのアイデアを出すとします。ヒントはなしに自由に出すなら「牛乳専用のコップ」「熱いものを入れても熱くないコップ」「ばかでかいコップ」というようにどんどんアイデアを出していきます。

次に何かのヒントを元に強制的に出すなら、コップを元に「若い女性向けにしたら」「左利きの人専用にしたら」などと結びつけてアイデアを考えます。

最後に似たものから連想する方法なら、コップを「液体を入れるもの」と定義し、同じ用途を持つバケツをヒントに、「取っ手のついたコップ」など新しいアイデアを探していきます。

アイデアを出す方法 1

会議などでよく使われているやり方

次から次へと順番にアイデアを出していく〈ブレインストーミング法〉

アレックス・オズボーン氏が1939年に考案した方法。わかりやすく具体的なテーマに対して、次々とアイデアを出していく方法です。すべてのアイデアを記入していきます。

ブレインストーミング法4つのルール

1 批判厳禁。人の発言に批判をしてはいけない。

2 自由奔放。奇抜なことなど何を言っても許される。

3 質より量。とりあえず何でもよいからたくさん出す。

4 結合改善。人の発想に便乗しても構わない。

ブレインストーミング法の進め方

1 テーマは具体的なものにする

テーマが抽象的だとアイデアがなかなか出づらい。具体的で誰にも簡単にイメージしやすいものにする。

2 向かい合ってぐるりと座る

全員が見渡せるように座る。A3の紙の一番上にテーマを書く。黒板に模造紙を貼ってそこに書いていってもよい。

3 リーダーは乗せ上手。メンバーは混成部隊で

リーダーは全員をうまく乗せられるような人がよい。また、メンバーはいろいろな立場の人がいたほうが多角的にアイデアが出る。

4 自由に発言していく。すべての発言を記録

自由に発言し、それを要約しながら記入していく。1時間程度続け、評価をするときは「独自性」と「実現性」があるかで判断する。

「図解！ 解決力」高橋誠著／日科技連出版社

アイデアを出す方法 2

発言が苦手な人がいる場合に向くやり方

沈黙のままアイデアをカードに書いていく〈ブレインライティング法〉

ドイツ人のホリゲル氏が1968年に開発した技法。沈黙の状態でアイデアを出していきます。6・3・5法とも呼ばれ、これは「6人の参加者が3つずつのアイデアを5分ごとに考え出す」からです。

ブレインライティング法の基本

1. **基本は6・3・5法。6人の参加者がアイデアを3つずつ、5分ごとに出す**
2. **テーマは自由。ただし、具体的なものに限る**

ブレインライティング法の進め方

5分

第1回発想タイム

全員が5分の間に3つのアイデアを出し、シートのⅠ欄に書き込む

→ **シートを左の人に渡す**

5分

第2回発想タイム

5分の間にⅡ欄に、前の人が書いたアイデアをふくらませたもの、自分独自のアイデアを3つ書き込む

これを第6回まで繰り返す

各自3案ずつ、6人が6回アイデアを出すので、計108個のアイデアが出る。このアイデアを評価してまとめる

テーマ（　　　　　　）

	A	B	C
Ⅰ			
Ⅱ			
Ⅲ			
Ⅳ			
Ⅴ			
Ⅵ			

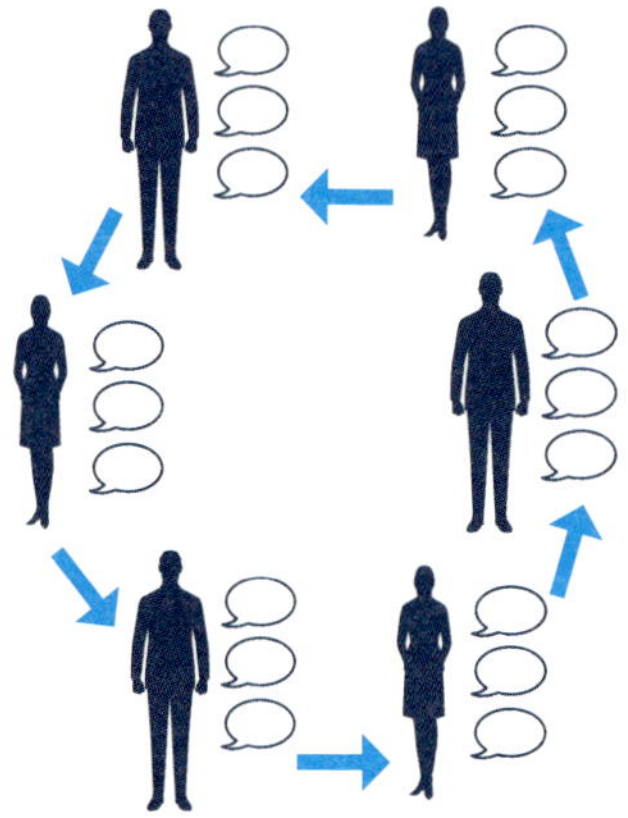

「ブレインライティング」高橋誠著／東洋経済新報社

アイデアを出す方法 3

ブレインストーミング法の進化形〈カードBS法〉

各自がカードにアイデアを書く個人で発想する時間と、それを発表する時間を交互にする方法。高橋誠氏がBS法を進化させる形で考案。

1 机の真ん中に数枚のA3用紙、各自にA4用紙を1枚ずつ用意。机を囲んで着席し、全員がカード(ふせん)を持つ。

2 5分間の個人発想と順番に発表を、繰り返す

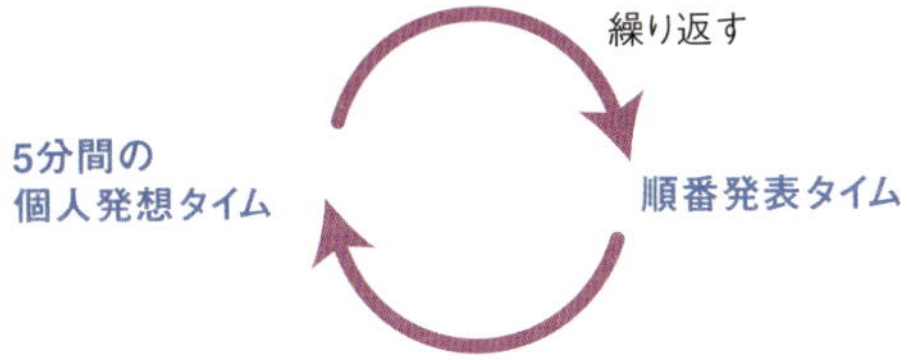

個人でもできる。タイマーを5分にセットし、5分間アイデアをカードに書く。時間が来たらそれを読み、次の5分で追加発想をする。これを繰り返す。

アイデアを出す方法 4

ブレインライティング法よりまとめが簡単〈カードBW法〉

高橋誠氏がブレインライティング法を進化させる形で考案。進め方は基本的にブレインライティング法と同じ。カードではなく、ふせんに書くのが特徴。

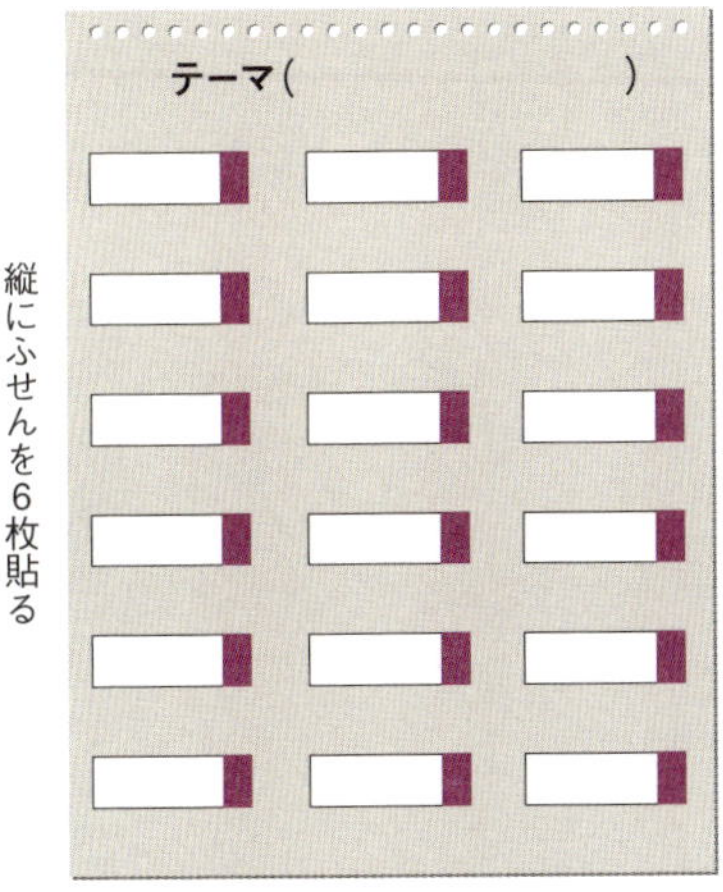

カードBW法は後処理が簡単。個人で行うときも、アイデアをどんどんふせんに書く。終わったらこれを分類しながら、自分のアイデアをまとめていけばよい。

アイデアをまとめ直すときはふせんを動かすだけ

「ブレインライティング」高橋誠著／東洋経済新報社

アイデアを出す方法 5

多角的に強制的に発想する方法

発想に抜けがないよう考えられた〈チェックリスト法〉

アイデアを出すときはしらみつぶしに出していったほうがよいもの。このチェックリスト法は、ブレインストーミング法の考案者、オズボーン氏により考え出されました。

基本となるテーマ 「マッチのアイデア」

転用	そのままで新しい使い道はないか？他に用途はないか？他分野に適用できないか？	マッチ棒でミニチュアハウスを
応用	似たものはないか 何かマネはできないか 他からヒントは得られないか	箸立てからアイデアを得て円筒型マッチ
変更	意味や色、働き、音、匂い、様式、形などを変えられないか	四角いマッチではなく、丸や三角形のマッチ
拡大	何かを追加したり、時間や頻度を多くしたり、強度を高めたり、高くしたり、長くしたり、高価な材料にできないか	超ビッグサイズのマッチ
縮小	減らしたり、小さくしたり、濃縮させたり、低くしたり、短くしたり軽くしたり、省略したり、分割したりできないか	ミニマッチ
代用	人や物、材料、素材、製法、動力、場所を、何か他のもので代用できないか	素材を木から紙に変える
再利用	要素や形、配置、順序、因果関係などを、他のものに再利用できないか	使ったマッチをコレクション
逆転	反転したり、前後や左右、上下を逆にしたり、順番を入れ換えたり、役割を入れ換えたりできないか	超豪華なマッチ
結合	何かと組み合わせたり、目的を追加したり他のアイデアを足したりできないか	占い用マッチ

「図解！ 解決力」高橋誠著／日科技連出版社

アイデアを出す方法 6

解決の糸口を探し出す〈マトリックス法〉

2つの切り口を組み合わせて考える方法

発想する観点を絞り込むときに適した方法です。考えるテーマが大まかすぎるときはこれを使って、解決すべき課題を絞り込んでいくと考えやすくなるでしょう。

マトリックス法の進め方

1. **具体的なテーマを決める**
2. **マトリックス法シートを用意する**
3. **テーマの切り口を洗い出す**

   切り口として考えられるもの
   テーマの切り口としては対象、場面、機能、用途、心理、形態などが考えられる。

4. **切り口を2つ選び、表頭（列見出し）と表側（行見出し）に記入する**
5. **切り口ごとにさまざまな要素を洗い出す**
6. **洗い出した要素を表頭と表側に書き出す**
7. **重要と思われる課題を選ぶ**
8. **選んだ課題についてアイデアを出していく**

マトリックス法シートの例
（テーマ「若い女性のファッション」）

用途／対象	Ⅰ 通学・通勤	Ⅱ スポーツ	Ⅲ おしゃれ着	Ⅳ 家着
中学生				
高校生				
大学生		課題①		
20代前半OL				
20代後半OL				課題②

上記は用途と対象を切り口にし、それぞれ要素を書き出したもの。ここから課題①大学生のスポーツファッション、課題②20代後半OLの家着という解決課題が浮かび上がってくる。

「図解！ 解決力」高橋誠著／日科技連出版社

似たものから発想を広げていく方法

ユニークな解決策が生まれやすい〈NM法〉

テーマの持つ特性と何か似たものを探し出し、そこから発想を広げていく方法です。創造工学研究所所長の中山正和氏により考案されました。独自のアイデアが生まれやすい方法です。

NM法の進め方

1. **キーワードを設定する（KW）**
2. **類比（KWと類似したもの）を発想する（QA）**
3. **類比の背景を考える（QB）**
4. **テーマとQBを結びつけて発想する（QC）**
5. **QCから解答を導き出す**

テーマ「新しい灰皿」

NM法の例

KW　「隠して貯める」

QA

- **長い鉛筆立て**　短い鉛筆は入れると隠れる
- **忍者屋敷の回転扉**　人間を回転扉で隠す

QB

- 短い鉛筆は中に入って見えなくなる
- 形は丸く筒状である
- 壁が回転して中に人が入る
- 回転部分が壁で扉に見えない

QC

- ★鉛筆立てと兼用の灰皿
- 床置の長い筒型灰皿
- ★回転して隠れるしくみを考える
- 一見灰皿に見えない工夫をする

鉛筆立て型隠し灰皿

（★を用いて発想をまとめた）

「問題解決手法の知識」高橋誠著／日経文庫

アイデアを出す方法 8

本当のテーマを隠した状態で発想するやり方

抽象的なテーマゆえに本質的なアイデアが生まれることが〈ゴードン法〉

最初に発想するときは本当の課題を明らかにせず、抽象的なテーマからアイデアを出していくのがゴードン法です。アメリカ人のウィリアム・ゴードン氏により開発されました。

ゴードン法の進め方

❶ 本当のテーマからゴードン法のテーマを見つける

下記のように、本当のテーマに対して、抽象概念を討議テーマとし討論していく。たとえば駅のゴミ箱からはイメージが広がりにくいが、貯めるというテーマならユニークな発想が得られる。

本当のテーマ		討論するテーマ
駅のゴミ箱	→	貯める
新型缶切り	→	開ける
自転車	→	運ぶ
新しい歯ブラシ	→	汚れを取る
新しい芝刈り機	→	刈り取る

❷ リーダーが討論テーマを提示し、メンバーはアイデアを出していく

「貯める」という討論テーマから自由にアイデアを出す。発言者が「ダムは水を貯めるところですよね」と言ったら、リーダーが「ある一定量まで貯めてから放出しますね」というように誘導していく。本当のテーマを知っているのはリーダーだけで、それゆえにリーダーの力量が問われる方法でもある。

❸ 第二の会議で本当のテーマを明らかにする。第一の会議で出たアイデアを活用して発想していく

ゴードン法のメリット・デメリット

メリット

テーマが抽象的なため、飛躍的なアイデアが生まれやすい

デメリット

テーマがわからず、ストレスが貯まる。リーダーの力量が大切

「図解！ 解決力」高橋誠著／日科技連出版社

思考の整理術 3

アイデアやデータをうまくまとめる方法

アイデアをまとめて整理しなければ意味がない

さまざまな方法論を使ってアイデアを出しても、それをうまくまとめなければ意味がありません。

アイデアをまとめる方法には、似通ったものを集めてそこから解決策を探っていく方法と、アイデアを流れに沿って並べてまとめる方法のふたつがあります。アイデアだけでなく、データをまとめるときにもこの方法論は使えます。

どんな方法でまとめるかは、状況によって違ってきます。たとえば、全体像が見えず、何が重要な問題かを見つけていくならKJ法（１７７ページ参照）が適していますし、大量のデータやアイデアをまとめるならブロック法（１７９ページ参照）が向いています。

アイデアやデータのまとめ方①

内容の類似性でまとめる

データやアイデアで似ているなと思うものをとにかく集めていき、そこから何らかの解決策を得る方法。類似するものをグループ分けし、優先順位を付けたり、作図したりしてまとめていく。貼りはがしが自由な粘着メモを使うとまとめるときにやりやすい。

アイデアやデータのまとめ方②

原因と結果、時間軸などの流れでまとめる

発想したアイデアやデータになんらかの流れ（因果関係や時間軸など）を見出すことでまとめていく方法。論文や会議で発表するときの原稿作りなどにこの方法は向く。こちらも粘着メモを使うと、並べ替えがしやすく便利だ。

おもなまとめ方

まとめ方① に分類されるのは

1. **KJ法**（177ページ参照）／似たものをまとめて分類する。
2. **クロス法**（178ページ参照）／優先順位をつけてまとめる。
3. **ブロック法**（179ページ参照）／ブロックごとにまとめる。

まとめ方② に分類されるのは

1. **フィッシュボーン法**（180ページ参照）／特性要因図法とも呼ばれる。問題にまつわる原因の特定に有効。
2. **ストーリー法**（181ページ参照）／文章などを流れでまとめる。

アイデアやデータのまとめ方 1

内容が似たものを集約していく方法

全体像が見えないときに有効〈KJ法〉

発想したアイデアやデータの似たものを集め、小分類、中分類、大分類にくくっていく方法。文化人類学者で東京工業大学名誉教授の川喜田二郎氏により考案されました。

KJ法の進め方

❶ 明確かつ簡潔なテーマを決める

❷ アイデアやデータをカードに書く（1枚のカードに1アイデア）

カードBS法やカードBW法（171ページ参照）を使い、アイデアを出し、カードに書いていく。

❸ カードを集める

本質的に似たアイデアのカードを集めて、グループを作る。まとめられないものは単独カードとして残す。

❹ 各カード群にタイトルを付ける

ルール
- カード群の内容の要点を押さえたタイトルに
- 内容の一部を表現したタイトルは避ける
- タイトルは重複しないものにする

❺ グループ分けしていく

各グループをタイトルに沿ってさらにグループに分ける。小分類、中分類、大分類にまとめる。

❻ 模造紙に作図していく

大分類を上手に配置し模造紙に貼る。まとめきれなかったものは似通ったものの近くに貼りつけ、関係図を作る。

❼ 作図を元に文章化したり発表したりする

例）「創造的な仕事と職場」をテーマにした場合

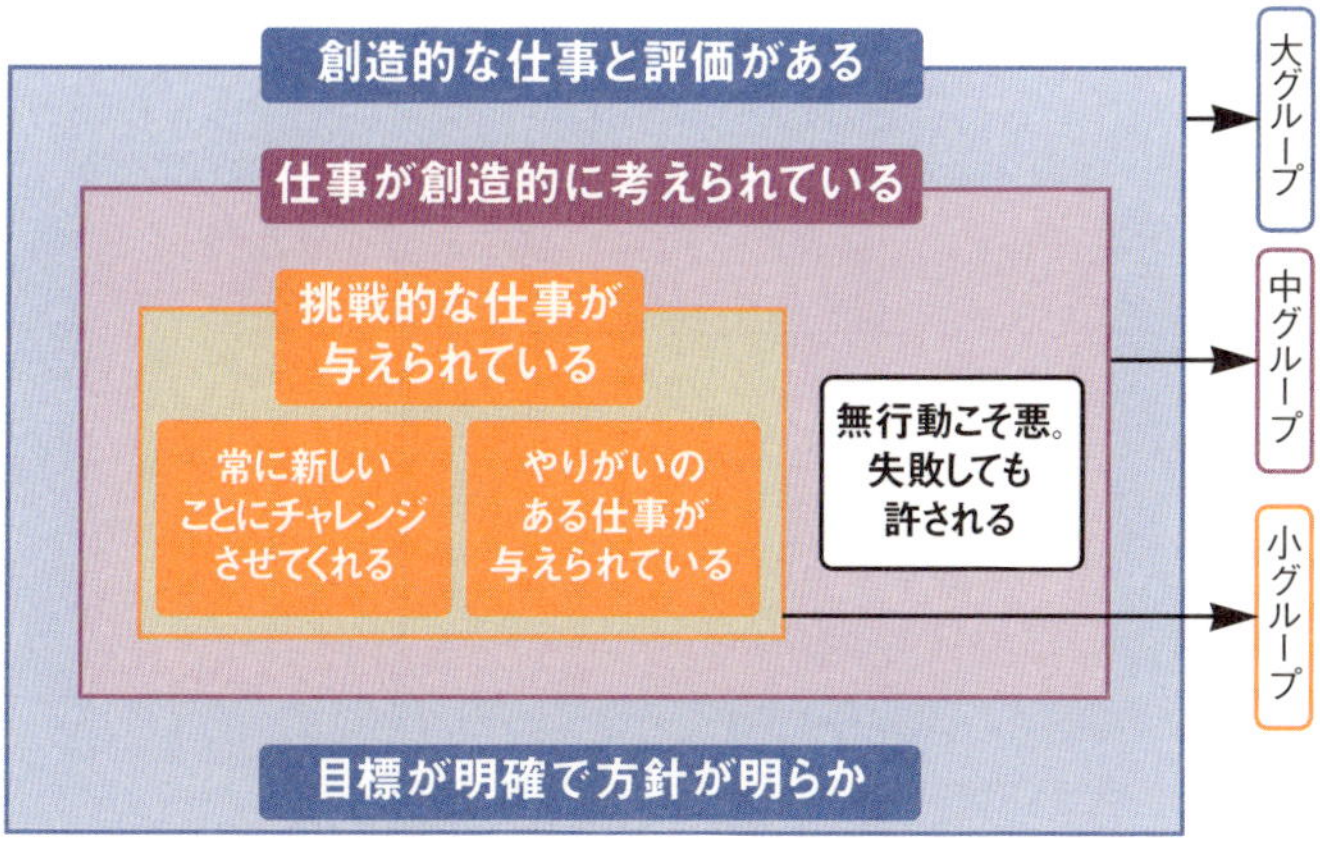

「図解！ 解決力」高橋誠著／日科技連出版社

アイデア分類と順位づけを一緒に行う方法

ゲーム感覚でできる手軽なやり方〈クロス法〉

出したアイデアなどを似た内容ごとにまとめ、それに優先順位を付けることで解決法を模索する方法です。アメリカの経営コンサルタント、カール・グレゴリー氏の「7×7法」を基に高橋誠氏が考案しました。

❶ テーマを「電話を3分で済ませる」に決める

❷ テーマのアイデアをカードに書いていく

❸ テーマを卓上に広げ、項目別に分類する

❹ 項目別に分類したものに項目名をつける

❺ 項目の順位をつけ、用紙の表頭に左から右の順に貼る。

❻ 項目別にそれぞれ優先順位をつけ、上から下に貼る

← 重要

項目名	（Ⅰ）事前準備	（Ⅱ）かけ方
1	要点をメモする	まず一方通行で話す
2	FAXを活用する	簡潔明瞭に話す
3	時計を準備する	まとめて話す
4	5W1Hで話す	3分以内で切る
その他	メモを用意する	

↑ 重要

上から下へ重要度の順にカードを貼っていく

電話を3分で済ませるにはどうしたらよいか？

- **あらかじめ要点をメモし、かけながら時間を気にする**
- **最初は一方通行で話し、寄り道しない**
- **FAXやメールで伝えられることは伝えておく**
- **話はまとめて、簡潔かつ明瞭に**

「図解 解決力」高橋誠著／日科技連出版社

アイデアやデータのまとめ方 3

大量のデータを短時間で処理できるやり方〈ブロック法〉

大量のデータを短時間で処理できるやり方

大量のアイデアなどをまとめる方法として、高橋誠氏が考案しました。各自が分担してカードを分類してから、全員でカードをブロック群に集約することにより短時間でアイデアをまとめられます。

ブロック法の進め方

❶ 各自にB4用紙を1枚、机の上にA3用紙を4〜5枚用意する

❷ 発想したアイデアをカードに書く

❸ ②のカードをメンバー全員に均等に分ける

❹ 各自がカードを内容の同一性で集め、B4用紙に貼る

❺ 順番に1グループごとにカードを読み上げ、机の上のA3用紙に貼る

❻ 全員から⑤のグループに類似したカードを集める

❼ そのグループにタイトルをつけ、別色のカードに記入し貼る

❽ ⑤〜⑦を繰り返す
すべてのカードがまとまるまで繰り返す

❾ すべてのカードをA3用紙に整理して貼る

ブロック法のまとめ方

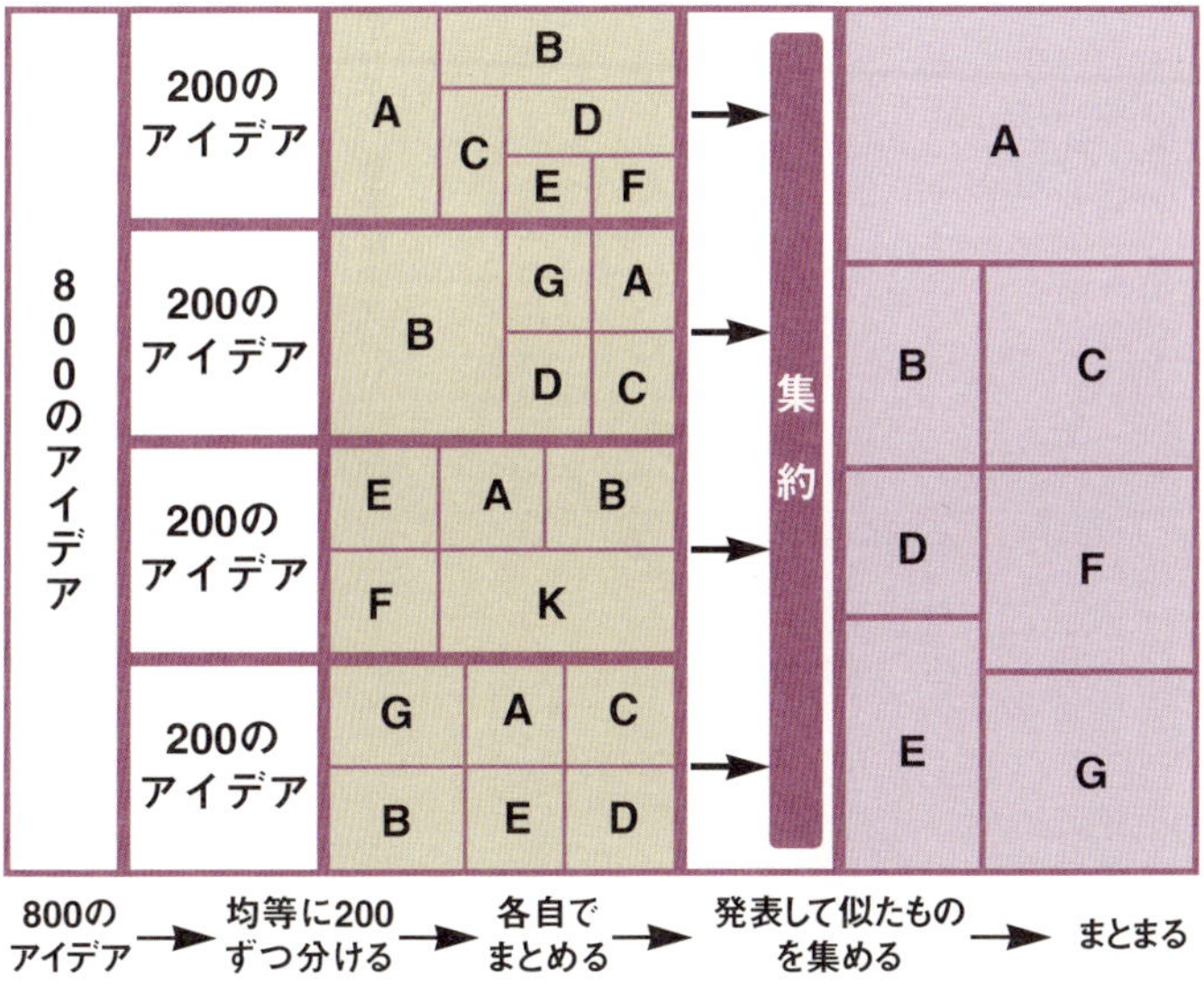

「問題解決手法の知識」高橋誠著／日経文庫

原因をもれなく集められる〈フィッシュボーン法〉

問題に対して原因が何かを探るやり方

フィッシュボーン法は特性要因図法とも呼ばれ、日本の品質管理の父とも称される石川馨氏の考案です。問題にまつわるあらゆる要因をまとめることができます。左図はカードを使ったやり方です。

カード式フィッシュボーン法の進め方

1. 問題を決める
2. 問題の原因になるものをすべて洗い出す
3. フィッシュボーン図（特性要因図）を作る
4. 重要な原因が何かを探る

フィッシュボーン図（特性要因図）

問題の原因を書き出し、似た内容ごとに大中小に分類し、それを下記のようにレイアウトする。

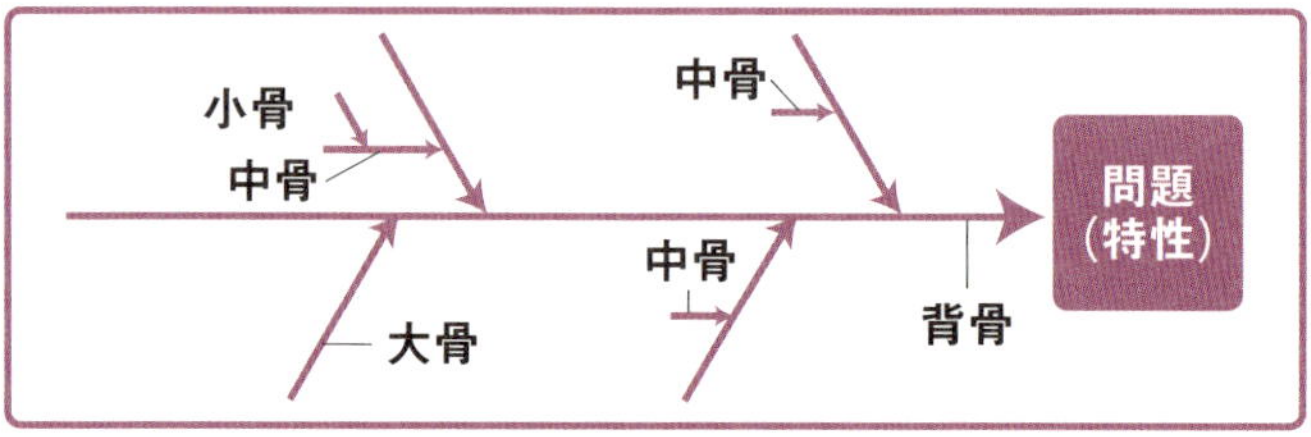

フィッシュボーン図の例

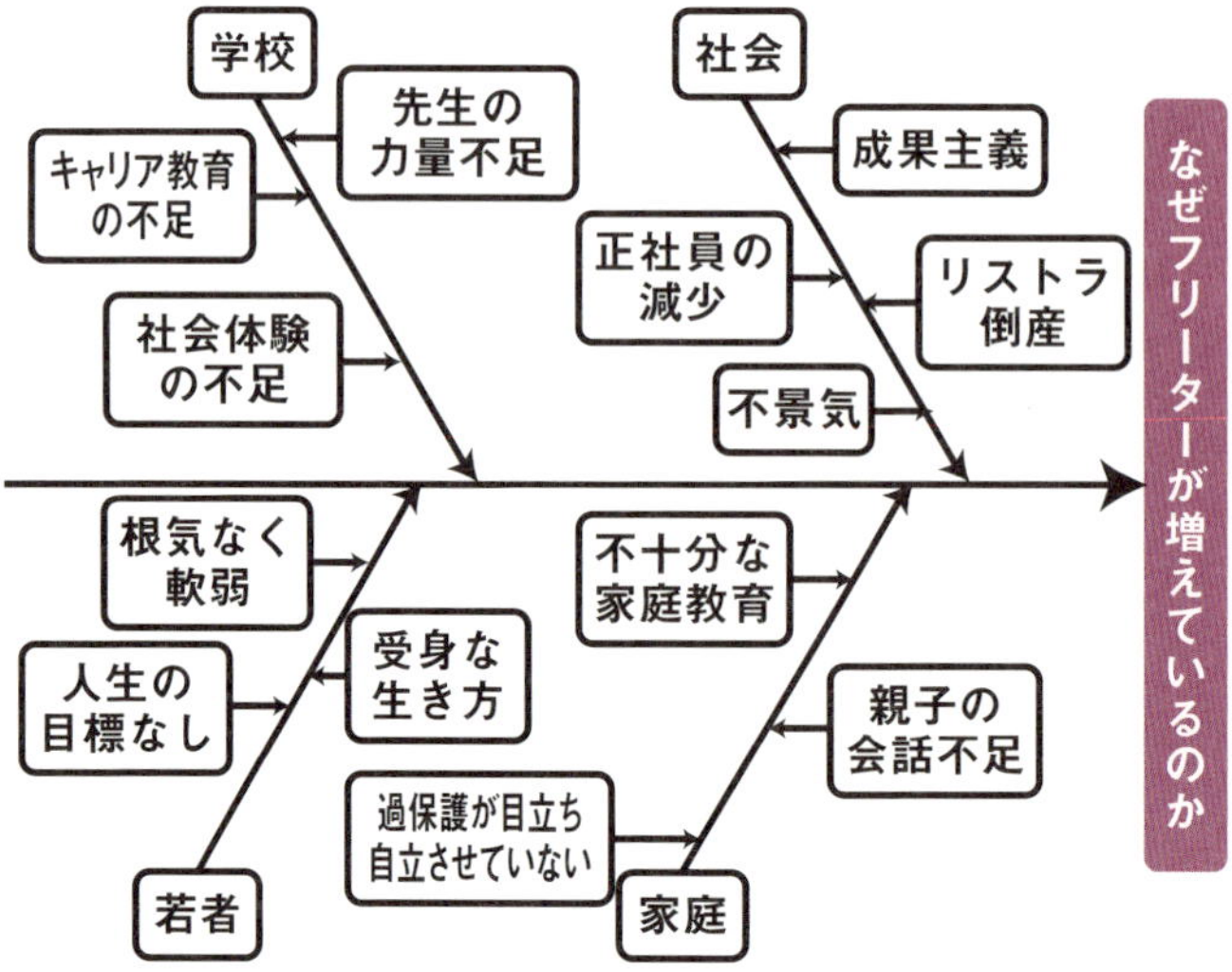

「アイデアが面白いほど出てくる本」高橋誠著／中経出版

アイデアやデータのまとめ方 5

アイデアを因果や論理の流れでまとめるやり方

スピーチ原稿やレポートをまとめるときに〈ストーリー法〉

アイデアを「主行動」「内容や事例」「補足や詳細」の3つに分け、それを主行動の時間軸で並べます。講演内容や文章のまとめに気軽かつ手軽にできる方法として高橋誠氏が考案しました。

ストーリー法の進め方

1. **レイアウト用紙（B4）を縦に3つ折りにする**
2. **アイデアを書いたカードを用紙にレイアウトする**
   まず主要な内容を一番左に縦に並べ、その横に個別内容や事例を貼る。一番右に補足や説明を貼る。
3. **テーマ名と記号を記入する**

ストーリー法の例

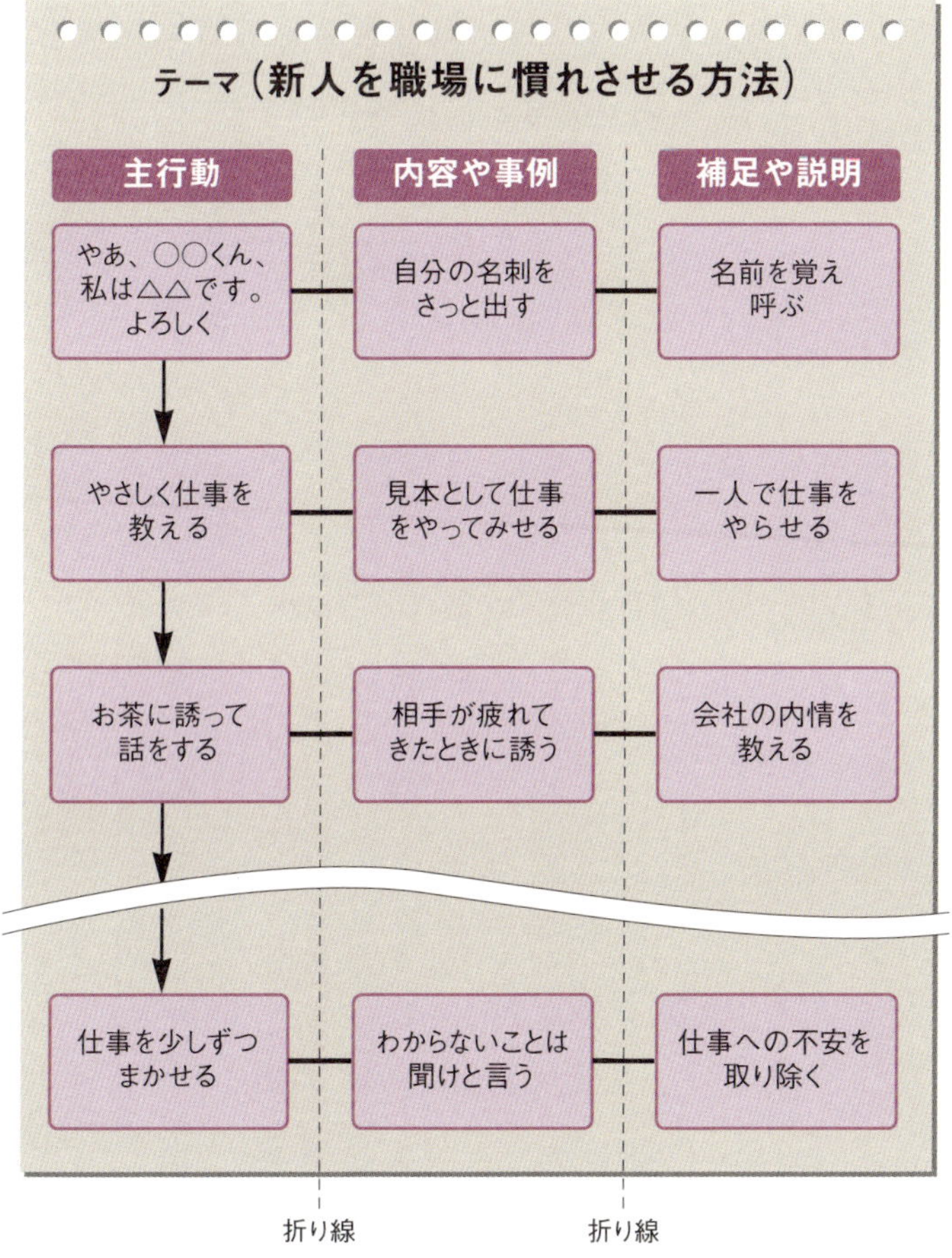

「図解！ 解決力」高橋誠著／日科技連出版社

達人の整理術　7

問題を解決したいなら
発散→収束技法を覚えるとよいでしょう

株式会社 創造開発研究所 代表
高橋誠

普通に侃々《かんかん》諤々《がくがく》、会話をする会議では、1時間に15~20ぐらいしかアイデアが出ません。これは会議のやり方自体に問題があります。

　1時間の会議を前半30分と後半30分に分け、前半はブレインストーミング法などの技法を使ってアイデアをどんどん出します。技法を使えば50~100ぐらいのアイデアはすぐ出ます。

　このとき、そのアイデアをよいか悪いか判断はしません。重要なのは質より量。たくさんのアイデアを自由に出すことが重要です。これが「発散」です。

　そして後半の30分でアイデアの取捨選択をし、よりよい方向にまとめていきます。これが「収束」です。こうすることで、たくさんのアイデアからよりよい解決策を生み出すことが可能になります。

　この発散と収束にはさまざまな技法があります（くわしくは166~181ページを参照のこと）。技法はいわば、発散と収束をうまくやるためのハウツーと思ってください。

　もちろん、発散→収束技法は会議だけで使える手法ではありません。個人的な問題を解決したい場合でも同じことです。

　論文やスピーチをまとめたいときにもこの方法は使えます。たとえば、1時間くらいスピーチをしなければならないというときは、テーマにそって思いつくことを、どんどん粘着メモに書き出していきます。ある程度出し終えたら、ストーリー法などを利用して、話の骨子を組み立てていきます。粘着メモならば貼り直しがいくらでも可能なので、まとめあげたものがそのままスピーチの元原稿として使えます。

　ちなみに、問題を解決するときは、「その問題は何か」を明確に把握するのが大前提です。

　たとえば、「コピーをとってほしい」と言われたときに、それが何のためのコピーかを理解してからでないと、的確な仕事はできません。A4サイズかB5サイズか、クリップで止めるかなどの基本的なことはもちろん、重役会議などで使う資料の場合、ものによっては拡大コピーも必要となるでしょう。

　どんな問題でも、ピントはずれな方向からアプローチしても意味がないと覚えておいてください。

取材協力
アスクル株式会社
日本ノート株式会社
株式会社キングジム
スリーエム ジャパン株式会社
株式会社創造開発研究所
株式会社日本能率協会マネジメントセンター
株式会社富士通ラーニングメディア

問い合わせ先一覧

■株式会社アスカ
住所：愛知県名古屋市東区矢田南3-9-21
お問い合わせ：050-3381-5100
（受付時間：月曜日～金曜日、午前10時～12時／午後1時～5時（祝祭日・年末年始・夏季休暇期間を除く））
URL：http://www.asmix.co.jp/

■アスクル株式会社
住所：東京都江東区豊洲3-2-3 豊洲キュービックガーデン
アスクル商品サポートデスク
一般電話：0120-56-1147
IP電話：03-6731-7989
祝日を除く月～土曜日の午前9時～午後6時まで

■日本ノート株式会社
住所：東京都江東区冬木11-17 イシマビル14F
お問い合わせ：03-6865-5175
URL：http://www.nippon-note.co.jp

■株式会社キングジム
住所：東京都千代田区東神田2-10-18
お客様相談室：0120-79-8107
https://www.kingjim.co.jp/

■スリーエム ジャパン株式会社
文具・オフィス事業部
住所：東京都品川区北品川6-7-29
問い合わせ：0120-510-333
（受付時間 9:00～17:00月～金（土・日・祝を除く））

■セキセイ株式会社
住所：東京都文京区春日1-7-1
問い合わせ：0120-281-281
（受付時間：午前9時～午後5時30分（土・日・祝を除く））
URL：https://www.sedia.co.jp/

■株式会社創造開発研究所
住所：東京都新宿区納戸町27-2-105
問い合わせ：03-3235-7811
URL：http://www.soken-ri.co.jp

■株式会社日本能率協会マネジメントセンター
NPB事業本部
住所：東京都中央区日本橋2-7-1 東京日本橋タワー
問い合わせ：03-6362-4555
URL：https://www.jmam.co.jp/

■フェローズジャパン株式会社
住所：東京都品川区西五反田4-32-1
東京日産西五反田ビル 2号館7F
お問い合わせ：03-5496-2401
（受付時間：午前10時～午後4時）
URL：https://www.fellowes.co.jp/

■株式会社富士通ラーニングメディア
住所：東京都港区港南 2-13-34 NSS-Ⅱ ビル
お客様総合センター　0120-55-9019
URL：http://jp.fujitsu.com/flm/

■株式会社LIHIT LAB.
住所：大阪市中央区農人橋1-1-22
お問い合わせ：06-6946-3931
（受付時間：月曜日～金曜日、午前9時～午後5時（土・日・祝を除く））
URL：https://www.lihit-lab.com/

1 第3章で掲載している商品はすべて株式会社キングジムの製品です。
2 第6章で商品に会社名の記載がないものは日本ノート株式会社の製品です。

◆参考文献◆「新編　創造力事典」高橋誠編著／日科技連出版社・「問題開発手法の知識」高橋誠著／日本経済新聞出版社・「アイデアが面白いほど出てくる本」高橋誠著／中経出版・「ブレインライティング」高橋誠著／東洋経済新報社・「図解！解決力」高橋誠著／日科技連出版社・「会議の進め方」高橋誠著／日本経済新聞出版社・「イラストでわかる　仕事ができる人の問題解決の技術」高橋誠著／東洋経済新報社・「戦略的な人の超速_仕事術」西村克己著／中経文庫・「夢をかなえるプロフェッショナル手帳術」季刊Think!編集部編／東洋経済新報社・「ビジネス整理力トレーニング」坂戸健司著／株式会社　秀和システム・「イラスト図解版最強の整理術」三橋志津子著／株式会社河出書房新社・「すごい！整理術」坂戸健司著／PHPビジネス新書・「仕事の快適整理術」ドン・アスレット、キャロル・カーティノ著／ジャパンタイムズ・「絶妙な「整理」の技術」福島哲史著／明日香出版社

※商品データは2021年2月末のものです。

本書の内容に関するお問い合わせは、**書名**、**発行年月日**、**該当ページを明記**の上、書面、FAX、お問い合わせフォームにて、当社編集部宛にお送りください。**電話によるお問い合わせはお受けしておりません。**
また、本書の範囲を超えるご質問等にもお答えできませんので、あらかじめご了承ください。
FAX：03－3831－0902
お問い合わせフォーム：http://www.shin-sei.co.jp/np/contact-form3.html

落丁･乱丁のあった場合は、送料当社負担でお取替えいたします。当社営業部宛にお送りください。

本書の複写、複製を希望される場合は、そのつど事前に、出版者著作権管理機構（電話：03-5244-5088、FAX：03-5244-5089、e-mail：info@jcopy.or.jp）の許諾を得てください。

JCOPY ＜出版者著作権管理機構 委託出版物＞

ビジネス力がUPする 整理術のきほん

2021年３月15日　初版発行

編　者　新星出版社編集部
発行者　富永靖弘
印刷所　公和印刷株式会社

発行所　東京都台東区台東２丁目24　株式会社　新星出版社
〒110-0016　☎03（3831）0743

Ⓒ SHINSEI Publishing Co., Ltd.　Printed in Japan

ISBN978-4-405-10335-1